ライブラリ 民法コア・ゼミナール **4**

コア・ゼミナール
民法 Ⅳ

債権法2 契約各論・事務管理・不当利得・不法行為

平野 裕之

Core Seminar

新世社

はしがき

　本書『コア・ゼミナール民法Ⅳ　債権法2』は，拙著『コア・ゼミナール民法Ⅰ　民法総則』，同『コア・ゼミナール民法Ⅱ　物権法・担保物権法』及び『コア・ゼミナール民法Ⅲ　債権法1』の続刊である。本書は，他の「コア・ゼミナール」と同様に，「ライブラリ　民法コア・テキスト」の副読本として作られたものであり，姉妹書である『コア・テキスト民法Ⅴ　契約法［第2版］』（ただし，契約各論部分）及び『コア・テキスト民法Ⅵ　事務管理・不当利得・不法行為［第2版］』に対応するものである。

　「コア・ゼミナール」は，「コア・テキスト」を読みつつ，知識の確認用に使用してもらうための事例問題集である。もちろん，「コア・テキスト」を利用していない読者がこの問題集だけを利用できるように，最小限の説明はしてある。基本コンセプトは論点ごとにばらした事例問題の千本ノックともいうべきものである。

　注意していただきたいのは，知識確認のためだけの問題集ではなく，事例問題集だということである。ずばり「論点」，たとえば「胎児には，相続に関しては出生前に権利能力が認められるのか」といった質問ではなく，その論点がその事例で問われていることを探し出す能力が必要になる。その意味で，事例からの論点発見能力を鍛える「事例」問題集である。民法の学習では，その条文や判例理論を必ず事例とセットにして覚える必要があり，民法の条文からインプットした知識を，今度は事例を見て何が問題になるのかを探し出すためにアウトプットしてもらいたい。

　「コア・テキスト」は，定義・要件・効果をまとめることを意識しつつも，具体的事例を示しながら解説しているので，屋上屋を重ねることになることを危惧するが，再度，事案を見て使える知識になっているかどうか確認をしてもらいたい。このような基本コンセプトの本なので，再度の不必要に多くの解説をすることは控えている。

　上に「問題集」と書いたが，事例問題を解きながら読む参考書といってもよい。問題集的に使用したい読者は，解説の部分を隠して問題文を読み，自分で考えて

から答え合わせ的に解答を読んでもらいたい。これに対して，事例で考える参考書として使用しようという読者は，事例を読んですぐに答えを見て，どうしてそうなるのか解説を読みながら確認をしていただければよい。適用条文は，2020年4月に施行された2017年改正法に拠っている。改正法を理解するために必要な限度で，改正前規定に言及することもある。

　以上のようなコンセプトであるので，何らかの客観的解答を用意しておかなければならず，条文から明らかな場合には条文の適用で答えが出せるが，条文からは当然に解答が導かれない問題については，判例を基準として正しいかどうかを判断することにした。そのため，完全に区別できるとは思われず，一応の区別にすぎないが，以下のような基準で各記号を付けることにした。

○　判例から結論が正しい場合
×　判例から結論が誤りの場合
△　最上級審判決がなく，結論について学説上議論がある場合
　　または，要件の充足如何により○にも×にもなる場合

　なお，「コア・ゼミナール」は「ライブラリ 民法コア・テキスト」の「演習書版」であるが，「コア・テキスト」の既刊6巻をもとに，「親族・相続」の要旨も含めて，民法全体が一冊でわかるようにまとめた「ダイジェスト版」ともいうべき概説書も執筆を終え，刊行準備中である。

　「コア・テキスト」は考える力を鍛えてもらうことも意図して判例とは異なる学説の提案さらには自説も必ず書き添えているが，概説書のほうは基本的に条文と判例，条文趣旨，要件事実の説明だけに留め，財産法部分については「コア・テキスト」6巻をダイエットして骨と皮だけにした形で解説を精選し，効率よく必須の基礎知識が得られるようにした。法学部におけるテキストのほか，予備試験，司法試験，あるいは公務員試験など種々の試験の直前に知識の確認をするために用いてもらうことを想定している。

　最後に，本書も「コア・テキスト」及び「コア・ゼミナール」の他の巻同様，新世社編集部の御園生晴彦氏と谷口雅彦氏にはお世話になった。お二人に感謝したい。

　2020年4月

平野　裕之

目　　次

第 2 編 事務管理・不当利得・不法行為

第 1 部 事 務 管 理

第 2 部 不 当 利 得

第3部　不 法 行 為

第1編

契 約 各 論

■第 1 章■

売買契約及び交換契約（総論）

[1] 売買一方の予約

(a) 予約完結の意思表示の要件

CASE1-1　　　Aは，その所有する甲地につき，Bとの間で，1年間に限りBが5000万円で買い取ることを認める売買予約を締結した。

契約から1年が経過する前に，Bは甲地を買い取ることを決意し，予約完結の意思表示をして，Aに対して甲地の引渡し及び所有権移転登記手続を求めた。これに対してAは，代金5000万円の提供をして予約完結の意思表示をすることが必要であり，代金の提供がないので予約完結の意思表示は無効であると主張して，予約完結による売買契約の成立を争っている。

AB間で話合いがつかないまま時間が経ち，Bが仕方なく5000万円を提供して予約完結の意思表示をしたが，その時には既に売買予約から1年が過ぎていた。そのため，Aは，提供があった時には既に契約から1年が経過していたので，予約完結の意思表示は無効であると主張している。

【Q】　Bの予約完結の意思表示は有効であり，売買契約は成立しているか。

【A】　○（予約完結の意思表示には，代金の提供は必要ではない）

[解説]　売買予約の予約完結の意思表示を行使するための要件を考える問題である。民法は，買戻しの意思表示については代金の返還を要件としているが（579条），「売買の一方の予約」については，「売買を完結する意思を表示した時から，売買の効力を生ずる」ものと規定するだけである（556条1項）[*1]。したがって，代金の提供は必要ではなく，予約完結の意思表示がなされれば売買契約が成立することになる。予約完結の意思表示は1年以内に有効になされているので，○が正解である。

　　*1 『民法V』8-3

2

⒝　予約完結の意思表示ができる期間

CASE1-2　Aは，その所有する甲画につき，Bとの間で，特に期間を定めることなく，Bが500万円で買い取ることを認める売買予約を締結した。契約から2カ月が経過した時点で，Aは他に販売しようと考えて，Bに対して，予約完結をするのかどうか1カ月以内に返答するようメールにより求めた。これに対して，Bはただちにメールで，もう少し検討したいと返信した。その後1カ月経ったが，Bから何の返答もないので，Aは甲画を買いたいと言ってきたCにこれを販売した。ところが，その直後に，BがAに対して，甲画を買い取るというメールを送ってきたため，Aは既に販売してしまった旨を返信した。これに納得しないBは，期間が定まっていないので，5年の時効期間まで予約完結権の行使ができるはずであると主張し，Aに対して損害賠償を求めた。

【Q】　BのAに対する損害賠償請求は認められるか。

【A】　×（Aの催告から相当期間経過により，Bの予約完結権は消滅している）

[解説]　売買予約につき予約完結の意思表示ができる期間が定められていない場合に，いつまで予約完結が許されるのかを考えてもらう問題である。

　AB間で，いつまで予約完結ができるのかは合意で取り決めなかった。しかし，5年の時効期間（166条1項1号）まで，Bの予約完結権は存続し，Aは5年もの間いつBが予約完結をしてくるかわからず，甲画という財産を販売できず財産が固定化されるのは，取引秩序の規律としては適切とはいえない。

　そのため，民法は，「前項の意思表示について期間を定めなかったときは，予約者は，相手方に対し，相当の期間を定めて，その期間内に売買を完結するかどうかを確答すべき旨の催告をすることができる。この場合において，相手方がその期間内に確答をしないときは，売買の一方の予約は，その効力を失う」ものと規定した（556条2項）。本問にもこの規定が適用される結果，Aの催告から相当期間経過すれば――指定された期間が相当期間でなかったり，催告に期間の定めがなくても，催告から相当期間が経過すればよい――，予約の効力が消滅することになる[*1]。Bがその後に予約完結の意思表示をしてもそれは無効であり，Aに対してBが損害賠償を請求することはできない。よって，×が正解である。

[*1]　『民法Ⅴ』 *8-5*

⒞ 予約完結権の譲渡可能性及び予約義務者への対抗

> **CASE1-3**　Aは，その所有する甲地につき，Bとの間で，1年間に限り，Bが5000万円で買い取ることを認める売買予約を締結した。Bは，甲地につき，予約を原因とする仮登記をすることなく，Aの承諾なしに，本件予約完結権をCに200万円で売却し，代金の支払を受けた。BはAに対して，予約完結権をCに譲渡した旨をメールで通知した。
>
> 　その後，CがAに対して予約完結の意思表示をして，甲地の明渡しと所有権移転登記を求めてきた。これに対してAは，予約完結権は譲渡できない，たとえ譲渡ができるとしても仮登記をして予約完結権移転の付記登記をしない限り，譲渡を自分（＝A）には対抗できないと主張して，Cの予約完結の効力を争っている。
>
> 【Q】　Cの予約完結の意思表示は有効か。

【A】　○（予約完結権は譲渡でき，仮登記がなくても譲渡人による譲渡通知により予約義務者に対抗できる）

［解説］　売買予約の予約完結権の譲渡の可能性，また，譲渡の相手方（予約義務者という）への対抗について考えてもらう問題である。

　民法は，予約完結権の譲渡について何も規定していない。契約上の地位の譲渡（539条の2）に類似しているため，予約義務者の承諾が必要であるという考えもあるが，判例・通説は予約義務者（本問のA）の承諾なしに譲渡ができると考えている[*1]。

　次に，Cが予約完結権を取得するとしても，債権に準じたAに対する相対的権利なので，177条は適用されず，登記による公示は必要ではない。むしろ債権に準じて467条1項が類推適用されており，本問でいうと，BがAに対して，Cに予約完結権を譲渡した旨を通知したために，譲渡がAに対抗できることになる[*2]。この結果，Cの予約完結の意思表示は有効となり，○が正解になる。

［関連して考えてみよう］　もしBが甲地について予約を原因として所有権取得の仮登記をしていて，Cに予約完結権の譲渡を原因としてその移転の付記登記をしていたならば，Bによる譲渡通知なしにCは予約完結権取得をAに対抗できるであろうか。この関係は，動産債権譲渡特例法において譲渡登記がされたにすぎない状態によく似通っている。その場合には，第三者対抗力は認められるが，債務者への対抗力は認められず，債務者には必ず譲渡通知をして知らせなければ対抗

できないのである。ただし，譲渡登記があり，ごまかすことは避けられるので，登記事項証明書を交付して譲受人が通知をすることができると考えるべきである（動産・債権譲渡特例法4条2項参照）。

この趣旨を応用して，仮登記についての付記登記だけでは当然にはAに対抗できないが──第三者には対抗できる──，Cがこの部分の登記抄本を交付して通知をすることにより，Aに対抗できるようになると考えてよい。

*1 『民法V』 8-6　　*2 『民法V』 8-7

(d)　予約完結権の譲渡の第三者への対抗

CASE1-4　　Aは，その所有する甲地につき，Bとの間で，1年間に限り，Bが5000万円で買い取ることを認める売買予約を締結した。Bは，甲地につき，予約を原因とする仮登記をした上で，本件予約完結権をCに売却し，代金の支払を受けた。BはAに対して，予約完結権をCに譲渡した旨を内容証明郵便により通知した。ところが，Bは本件予約完結権をさらにDにも売却してしまい，D仮登記について予約完結権譲渡の付記登記を行った。Cが予約完結の意思表示をした上で，仮登記に付記登記がされているため，Dに対してその抹消登記を求めた。

【Q】　Cの予約完結の意思表示は有効であり，CはDに対して上記の抹消登記請求ができるか。

【A】　×（予約完結権の譲渡の第三者対抗要件は，仮登記がある場合には，これへの付記登記のみが認められる）

[解説]　売買予約の予約完結権の譲渡の第三者への対抗について考えてもらう問題である。この点，不動産についての権利関係であるため，仮登記による公示がある場合には，177条を適用（類推適用）して，登記により優劣を決すべきであると考えられている。そのため，467条2項は適用（類推適用）にならず，BのCへの譲渡通知は第三者対抗力を生じさせることはない。先に付記登記をしたDが優先する*1。したがって，Cの予約完結の意思表示は，予約完結権のない者がなしたことになり，無効である。よって，×が正解ということになる。

[関連して考えてみよう]　仮登記がない場合には，467条2項が適用になり，Cへの譲渡につき確定日付ある証書による譲渡通知に第三者対抗力が付与されることになる。467条2項により第三者対抗力が付与された後には，その後にBが仮

登記をしてこれにつきDのために付記登記をしても，一度生じた対抗力を覆滅させることはできない。

*1 『民法V』8-8 以下

(e) 売買予約につき仮登記がされた不動産の第三者への譲渡

CASE1-5　Aは，その所有する甲地につき，Bとの間で，1年間に限り，Bが5000万円で買い取ることを認める売買予約を締結した。Bは，ただちに甲地につき予約を原因とする仮登記をした。その後，Aは甲地をCに売却し，代金の支払を受けて，所有権移転登記をなし，また引渡しを済ませた。Bはこのことを知り，甲地の取得を既に決めていたため，仮登記があるので予約完結権を177条により第三者に対抗できると考え，Cに予約完結の意思表示をした上で，Cに対して所有権移転登記及び甲地の明渡しを求めてきた。

【Q】　BのCに対する上記請求は認められるか。

【A】　×（仮登記によるAからBへの売買についての保全効を問題にすべきである）

[解説]　売買予約の仮登記がされた不動産が譲渡された場合，予約完結の意思表示の相手方（Bへの売主）になるのは誰かを考えてもらう問題である*1。

仮登記がある以上，Bは予約完結権をCに対抗できそうであり，Bの主張は一見するともっともである。しかし，BがCに予約完結の意思表示をして，BC間に売買契約が成立するというのは，Cは覚悟していないところである。Cは，甲地には仮登記があるので，Bが予約完結をするとAB間の売買契約と二重譲渡の対抗関係になり，Bの仮登記の順位保全効（不動産登記法106条）により，自分の取得した所有権移転登記が覆滅されることを覚悟していたにすぎない。

予約契約関係はAB間に残ったままであり，Bは予約関係の意思表示をAに対してなして，Cには所有権移転登記の抹消登記を求めることになる（不動産登記法109条1項）――本登記申請には添付情報としてこの承諾証明情報，またはこの第三者に対抗できる裁判の証明情報（判決書等）を提供し，第三者の権利の登記は職権で抹消される（同条2項）――。したがって，BがCに対してなした予約完結の意思表示は無効であり，Aに対して予約完結の意思表示をすべきである。×が正解である。

*1 『民法V』8-11 以下

[2] 手付（解約手付）

(a) 手付の意義

CASE1-6　Aは古美術商を営んでおり，来店した蒐集家Bが甲壺を気に入り，AB間で甲壺の50万円での売買契約が合意された。特に契約書は作成されていないが，契約に際して「申込み証拠金」と称して，AはBから1万円を受け取り，その受取書をBに交付した。Bは1週間以内に残金49万円を支払い，入金を確認してからAがBに甲壺を配達することが約束された。ところが，Bは家に戻って妻にこっぴどく怒られたため，やはり購入するのを諦めて，Aに対して，電話により，契約を反故にしたい，申込証拠金は放棄すると連絡してきた。

【Q】　Bによる残代金の支払拒絶また甲壺の受取拒絶は認められるか。

【A】　○（名称の如何を問わず契約締結時に支払われた金銭は「手付」と扱われ，買主は手付放棄により契約を解除できる）

【解説】　売買契約締結に際して金銭が交付された場合の，その法的意味を問う問題である。「手付」が解約手付と認められるのを覆すための反証について考えてもらう問題である。

　民法は，「買主が売主に手付を交付したとき」，①当事者の一方が契約の履行に着手する前であれば，②「買主はその手付を放棄し，売主はその倍額を現実に提供して」，契約の解除をすることができるものと規定した（557条1項）。「手付」の定義はないが，契約に際して買主から売主に交付される金銭その他の有価物といわれている。名称また金額は問わない。そのため，本問の「申込証拠金」も手付と扱われ，557条1項が適用になる*1。

　ただし，557条1項は推定規定にすぎず，異なる合意を否定するものではないので，反証を挙げて推定を覆すことができる。しかし，金額が少なくても，判例は容易に反証とは認めない（大判大10・6・21民録27輯1173頁など）。本問でも，特に反証となるような事情はなく，Bのなした手付放棄による解除——と法的には評価される——は有効である。よって，○が正解となる。

*1 『民法V』8-19 以下

CASE1-7 Aは古美術商を営んでおり，来店した蒐集家Bが甲壺を気に入り，AB間で甲壺の50万円での売買契約が合意された。特に契約書は作成されていないが，契約に際して「申込証拠金」と称して，AはBから1万円を受け取った。Bは1週間以内に残金49万円を支払い，入金を確認してからAがBに甲壺を配達すること，1週間以内に入金がなければ支払われた1万円は違約金として没収されることが約束された。ところが，Bは家に戻って妻に怒られたため，やはり購入するのを諦めて，Aに対して，電話により，契約を反故にしたい，申込証拠金は放棄すると連絡した。

【Q】 Bによる残代金の支払拒絶また甲壺の受取拒絶は認められるか。

【A】 ○（違約金として明示的に合意されていても，手付損倍戻しによる解約権の留保という推定は覆されない）

[解説] 売買契約に際して金銭が交付され，それが違約金と明示的に合意された場合に，解約手付という推定が覆されるのかを考えてもらう問題である。

民法は，[CASE1-6]にみたように，手付の交付があった場合に，解約手付の合意があったものと推定しており，違約金として交付を受けるという明示の合意は，この推定が覆す事実と認められるのであろうか。判例は，違約金という合意がされていたというだけでは，「民法の規定に対する<u>反対の意思表示とはならない</u>」としている（最判昭24・10・4民集3巻10号437頁）[*1]。学説には反対が強いが，判例による限り，○ということになる。

   [*1] 『民法Ⅴ』*8-21*

(b) 手付解除の要件

CASE1-8 A会社は，その所有の中古の甲ブルドーザーをB会社に500万円で販売し，契約締結に際して，BからAに50万円が「申込証拠金」として交付された。AB間では，Bは代金残額を翌日Aの口座に振り込み，Aは甲ブルドーザーを整備し，Bのロゴや会社名を車体にプリントして，1週間後に引き渡すことが合意されている。ところが，Bはやはり甲ブルドーザーの購入を思い直し，翌日の代金の振込期日に代金の振込みをしなかった。Aはただちに甲ブルドーザーの整備に取り掛かり，整備また約束のロゴのプリントも契約の2日目に完了した。契約から3日後に，BからAに対して，

手付を放棄して本件売買契約を解除する旨の通知がなされた。

【Q】 Bによる解除は有効か。

【A】 ×（期限前であるが，Aにより履行の着手が認められるため，Bの解除は認められない）

[解説] 手付による解除ができるための要件につき，履行着手の意味，また履行の着手は履行期前でもよいのかということを考えてもらう問題である。

　　手付による解除は，「契約の履行に着手した後は」できない（557条1項但書）――解除を争う側が証明責任あり――。履行が終わっている必要はなく――本問でいえば，Aが甲ブルドーザーの引渡しまで終了している必要はなく――履行の「着手」があれば，もはやBによる解除は許されない。

　　判例によると，履行の着手は，「客観的に外部から認識し得るような形で履行行為の一部をなし又は履行の提供をするために欠くことのできない前提行為」をすることと定義されている（最大判昭40・11・24民集19巻8号2019頁）[1]。履行の準備は履行期前に行うので，履行の着手は履行期前でもよいことになる[2]。本問のAの整備及びロゴのプリントはこれに該当し，Bのなした解除は無効である。よって，×が正解となる。Bが履行遅滞になっていることは，手付解除を妨げる理由にはならない。

　　[1] 『民法Ⅴ』 8-24　　[2] 『民法Ⅴ』 8-26

CASE1-9　A会社は，その所有の中古の甲ブルドーザーをB会社に500万円で販売し，契約締結に際して，BからAに50万円が「申込証拠金」として交付された。Aは甲ブルドーザーを整備して1週間後にこれを引き渡し，Bは点検確認後ただちに代金残額をAの口座に振り込むことが合意されている。Aは甲ブルドーザーの整備を終了し，1週間後の引渡しに備えていた。

　　契約から4日後に，Aは，得意先のC会社より，どうしても緊急にブルドーザーが必要であり，甲ブルドーザーを600万円で購入したいと言われたため，これをCに販売し，引き渡した。そのため，同日，AはBに100万円を提供して，AB間の本件売買契約を解除する旨を通知した。Bは，その銀行預金から代金を支払う予定であり，特に代金支払いのため融資を受けるなどの用意はしていない。

【Q】　Aによる解除は有効か。

【A】　○（履行に着手した者からの解除は可能である）

[解説]　履行着手があっても，履行に着手した者からの解除は可能なのかを考えてもらう問題である。

　手付による解除は，履行の着手があったら認められず，Aによる整備の完了は，[CASE1-8]にみたように，履行の着手に該当する。そのため，Bによる解除はできなくなるが，Aも解除ができなくなるのであろうか。2017年改正前は「当事者の一方が契約の履行に着手するまでは」と規定されていて，この点は明確ではなかった。この点，判例は履行に着手した者からの解除は認め，改正法はこれを明文化し，「相手方が契約の履行に着手した後は」と限定し（557条1項但書），反対解釈として契約の履行に着手した側からは解除が可能なことを示している*1。よって，履行に着手したAからの解除は有効であり，○が正解となる。

　　*1 『民法V』8-25

CASE1-10　　A会社は，その所有の中古の甲ブルドーザーをB会社に500万円で販売し，契約締結に際して，BからAに50万円が「申込証拠金」として交付された。Aは甲ブルドーザーを整備して1週間後に引き渡し，Bは受領を確認後ただちに代金残額をAの銀行口座に振り込むことが合意されている。翌日，Aは，得意先のC会社より，どうしても緊急にブルドーザーが必要であり，甲ブルドーザーを600万円で購入したいと言われたため，これをCに販売し，整備を始めた。この話を聞きつけたBがクレームを入れ，必ず約束の日には甲ブルドーザーを持ってくるように求めた。これに対してAは，手付を倍にして返還するので，本件契約をなかったことにしてくれるようBに打診した。しかし，Bが断固認めないという態度を示したため，AはBに対して解除の意思表示をメールによりなし，100万円を振り込む振込先を教えてくれるよう付言した。しかし，Bはこれを拒絶し，振込先口座を知らせていない。

　【Q】　Aによる解除は有効か。

【A】　×（Aからの解除には手付の倍額の「現実の提供」が必要になる）

[解説]　売主からの解除のための要件，とりわけ買主が受領を拒絶している場合には，倍額につき口頭の提供をすれば足りるのかを考えてもらう問題である。

　2017 年改正前の 557 条 1 項は，「売主はその倍額を<u>償還して</u>」という規定であったため，「償還」の意義が問題になった。判例は，この点，弁済提供とは異なり，買主からの解除とのバランスも考慮して——既に売主に補償金を渡してあるので意思表示だけでよい——，売主からの解除には口頭の提供では足りず現実の提供をすることを要求した（最判平 6・3・22 民集 48 巻 3 号 859 頁）。弁済提供については，明確な受領拒絶では，準備さえすれば口頭の提供さえ不要とされているが，手付解除では現実の提供は必須とされる。

　2017 年改正法は，これを明文化して，「売主はその倍額を<u>現実に提供して</u>」（557 条 1 項本文）と規定した*1——現実に「償還」する（口座への振込み等）のでもよいことは当然である——。よって，A が倍額を準備し受取りを催告するといった口頭の提供では足りず，A による解除は無効である。×が正解となる。

　　*1 『民法 V』*8-27*

CASE1-11　　A 会社は，その所有の中古の甲ブルドーザーを B 会社に 500 万円で販売する際に，B に対して 50 万円の「申込証拠金」を支払うよう求めた。ところが，B は用意した手持ちの現金が 20 万円しかなかったため，20 万円を交付し，残りの 30 万円は会社に戻りすぐに入金すると約束して，売買契約を締結してもらった。合意では，A が甲ブルドーザーを整備して 1 週間後に B に引き渡し，B は検収後すみやかに残代金を支払うことになっている。ところが，同日，B の工事先で事故があり，その対処に追われ，B は手付残額 30 万円の入金をすることができなかった。

　翌日，A は，得意先の C 会社より，どうしても緊急にブルドーザーが必要であり，甲ブルドーザーを 600 万円で購入したいと言われたため，これを C に販売し，整備を始めた。A は，B が 20 万円を支払ったままなので，その倍額 40 万円を B の銀行口座に振り込んだ上で，B に対して手付に基づく解除の意思表示をした。

【Q】　A による解除は有効か。

【A】　×（A からの解除には，受領した 20 万円の返還とともに 50 万円の補償金の支払〔合計 70 万円の支払〕が必要になる）

[解説] 手付の合意がされたが未だ手付の全額が買主により交付されていない場合に，売主からの倍額を償還しての手付解除を考えてもらう問題である。

　557条1項では，「買主が売主に手付を交付した」ことが，手付契約の成立，またしたがって手付による解除の要件になっている。ところが，本問では，50万円の手付の約束がされたが，買主からは20万円しか払われていない。では，手付の全額の交付は未だないため，手付契約は成立していないのであろうか，それとも，20万円の限度で手付契約が成立しており，Aは40万円を倍返しすれば解除できるのであろうか。

　この点，判例はない。しかし，手付による解除契約（解除権留保契約）は手付金を補償金として解除を認める合意であり，50万円と約束したのに，受領した20万円は契約を解除するので返還するのは当然として，それにプラスして支払う補償金が20万円というのは，約束に反している。そのため，補償金50万円をプラスして合計70万円が支払われるべきである[*1]。よって，売主Aが振り込んだ40万円では足りず，×が正解である。

　なお，「交付し」て契約をするので手付契約は要物契約と考える余地もあるが――そう考えると契約が成立していないので，Aは70万円を支払っても解除できない――，通常の事例を想定しただけであり，何よりも557条は任意規定にすぎないので，50万円を相手に現実に補償して解除ができるという合意（諾成契約）は有効であり，Bが50万円を支払って初めて手付契約が成立すると考える必要はない。

[*1] 『民法Ⅴ』 *8-28*

■第 2 章■

売買契約及び交換契約（各論）

[1] 売主の義務

CASE2-1 　　　Aは，甲養鶏場を，土地及び設備とともに今飼っている鶏をすべて含めて，Bに2000万円で売却する合意をした。AB間において，甲養鶏場の引渡しは約1カ月後の2020年10月1日と合意された。引渡しまでの間の法律関係については特に合意がされることはなく，Aが従前通り毎日鶏の世話をして，また卵を収穫して，これを販売している。

【Q】　BはAに対して，売買契約後に収穫した卵の代金を自分に渡すよう請求できるか。代金については，①引渡しと同時に支払う合意の場合，②契約後ただちに支払われている場合とを分けて考えよ。

【A】　①×（引渡しまでの果実は売主が取得できる），②△（代金が支払われていると，引渡し前でも果実は買主に帰属するが，引渡義務の遅滞を要すると考える余地がある）

【解説】　売買契約において，引渡しまでに目的物より果実が生じた場合に，その帰属について考えてもらう問題である。

　　果実は元物の所有者に帰属するのが原則である（89条）。特定物売買の場合には，その目的物の所有権は契約と同時に買主に移転するため（176条），所有者に果実が帰属するという原則に従えば，引渡し前でも買主に果実は帰属することになる。

　　ところが，民法は，「まだ引き渡されていない売買の目的物が果実を生じたときは，その果実は，売主に帰属する」ものとした（575条1項）。大連判大13・9・24民集3巻440頁は，575条1項の趣旨を「売主が目的物を使用したる場合に，買主より売主に対して其の果実若は使用の対価を請求することを得せしむるときは，売主より買主に対して目的物の管理及保存に要したる費用の償還並代金の利息を請求し得ることとなり，相互間に錯雑なる関係を生ずることにより，之を避けん

13

とするの趣旨に外ならざる」と理解する。Bに果実が帰属するとすればAに卵の代金の引渡しを請求でき、他方、AはBにエサ代や管理費用また未払代金の運用益（利息）の支払を請求できることになるが、いずれも請求を認めず、簡易に清算したというのである*1。

　この結果、①では果実はAに帰属し、×が正解である——果実と費用の差額たる収益はAが取得できる——。②については、代金の支払と目的物の引渡しが同時履行の関係にあるということが575条の前提になっており、既に代金が支払われていれば、未引渡しでも買主Bに果実を取得させてよいと考える余地がある——エサ代等の償還義務は免れない——。ただし、575条1項の適用を否定したのは、代金が支払われ引渡しが遅滞している場合についての判例であり（大判昭7・3・3民集11巻274頁）、本問②のように引渡義務の遅滞がない場合には別異に解する余地がある。そのため、△とした。

[関連して考えてみよう]　もし、Aが1カ月後の引渡期日に引渡しをするのが遅れ（履行遅滞）、その遅れた間も卵を採取して販売し、代金を収益している場合にも、575条が適用になるのであろうか。上記大連判大13・9・24は、代金の支払いがない限り、売主が目的物の引渡しを遅滞していても575条の適用を認める。Bは債務不履行による損害賠償により不利益の填補を求めるしかない。

*1 『民法V』9-8 以下

[2]　他人の権利の売買の売主の責任

> **CASE2-2**　　Aは、山林である甲地（登記簿上400平方メートル）を、Bに5000万円で売却し、所有権移転登記をなした。その際、境界を誤って、隣地のC所有の乙地の一部（以下、丙地という）も甲地の一部と説明して、丙地を甲地とともにBに引き渡した。占有を開始してから1年後に、Cより丙地は乙地の一部であると主張がされた。そのため、BC共同で筆界調査委員に境界（筆界）の調査を依頼したところ、丙地は乙地の一部であることがわかった。甲地は登記簿上表示された通りの400平方メートルの面積があり、丙地を加えると500平方メートルになる。
>
> **【Q】**　BはAに対して、丙地の分の代金の減額請求をして、1000万円の返還を請求したが、Aは甲地は登記簿通り400平方メートルぴったりの面積であり不足はないと主張して、これに応じない。Bの代金減額請求は認められるか。

【A】　×or△（400平方メートルの数量指示売買ならば不足はないが，数
　　　　量指示売買ではなく，丙地を含む境界までの土地の売買として代金が
　　　　算定されていれば減額請求の可能性がある）

[解説]　土地の売買契約において，数量不足といえるかどうかを考えてもらう問
題である。

　2017年改正法は，特定物も含めて，「引き渡された目的物が……数量に関して
契約の内容に適合しないものであるとき」には，買主に追完請求（562条）また
は代金減額請求（563条）を認めている。改正前は，特定物売買において数量不
足といえるためには，**数量指示売買であることが必要**とされていた。土地でいえ
ば，正確ではない登記簿上の面積を記載したのではなく，正式に測定の上でこの
土地はこれだけの面積があることを保証し，これに基づいて1平方メートル当た
りいくら，として代金を算出することが必要である*¹。品質については契約で品
質が約束されているのと同様に，数量についても契約で数量が合意（保証）され
ていることが必要であり，従前の旧565条の判例は2017年改正後も先例価値が
認められる（[CASE2-4]）。

　①もし，甲地の売買が数量指示売買であれば，甲地が売りの対象であり，丙地
は売買の目的物ではなく，面積も400平方メートル正確にあり不足はしていない
ことになる。Bは丙地の境界を誤認したという錯誤があるにすぎないことになる。
②他方で，登記簿上の面積を表示しただけで，現地をAの案内で見た上で，Bが
丙地も含めて目的物と考え，これを含めて代金を算定した場合であれば，1000
万円の減額請求を認める余地はある。微妙であり，×とはしたが，○の可能性も
あり，△も正解とした。

[関連して考えてみよう]　数量不足については，566条の除斥期間は適用になら
ない――事例によっては類推適用する学説がある――。しかし，166条1項1号
の5年の時効期間は適用になる。その起算点は，債権者が権利を行使できること
を知った時である。本問では，BがCから丙地の所有権の主張を受けた時なのか，
それとも，境界画定の調査報告書が出された時であろうか。改正前の旧564条の
1年の権利行使期間の起算点である「事実を知った時」の意義をめぐって，最判
平13・2・22判時1745号85頁は，「売買の目的である権利の一部が他人に属し，
又は数量を指示して売買した物が不足していたことを知ったというためには，買
主が売主に対し担保責任を追及し得る程度に確実な事実関係を認識したことを要
する」という。この解釈は，改正166条1項1号の解釈に参考とされるべきであ
る。

*¹『民法Ⅴ』9-16

　　A は，山林である甲地を，B に 5000 万円で売却し，所有権移転登記をなした。A は境界を誤って，隣地の C 所有の乙地の一部（以下，丙地という）も甲地の一部と考えて長年占有を続けており，占有開始より 20 年以上が経過している。そのため，A は丙地も甲地の一部と説明して B に売却し，引き渡した。その 1 年後，B は，C より，丙地は乙地の一部であると主張を受けた。そのため，BC 共同で筆界調査委員に境界（筆界）の調査を依頼したところ，丙地は乙地の一部であることがわかった。しかし，B は取得時効を援用し，C に対して，丙地の分筆登記，そして B への所有権移転登記を求めた。他方で，B は A に対して，代金の減額を求める訴訟を提起した。

【Q】　B の A に対する丙地の分の代金の減額請求は認められるか。

【A】　×（確かに他人物売買であり，また，B の時効の援用により丙地の所有権を取得したのであり，A から履行として所有権を承継取得したのではない。しかし，丙地を時効取得しつつ A から代金の返還を受けられるというのは不合理である）

[解説]　土地の売買契約において，その一部が他人物であるが，既に売主において取得時効が完成していた場合につき，売主の責任について考えてもらう問題である。

　最高裁判決はないが，東京地判昭 62・12・22 判時 1287 号 92 頁は，「このような代金減額請求権の行使を認めれば，本件土地の買主は無償で本件畦畔の所有権を取得できる結果になる」として，代金減額請求権の行使を権利濫用とした[1]。

　解除条件説では，時効完成により当然に丙地は A 所有となり，B は有効に所有権を取得しており，債務不履行はない。ところが，判例は，援用を所有権取得の要件とする停止条件説を採用しているために問題になる。丙地の引渡しにより，A から B への時効援用権の承継が認められ，B が C に対して訴訟を提起するなどの費用がかかる点において A への損害賠償責任の追及は可能であるが，代金減額請求は権利濫用になり認められない——B が C に対する訴訟で勝訴することが必要——。よって，×が正解である。

　　[1]　『民法Ⅴ』*9-17*

[3] 契約不適合給付に対する売主の責任

(a) 数量の契約不適合に対する担保責任

> **CASE2-4** Aは，山林である甲地の売却を考え，正確な面積を測量してもらうためにB会社に測量を依頼した。Bは，社員の測量ミスにより，実際の面積は4500平方メートルであるにもかかわらず，5000平方メートルという測量結果をAに伝えた。そこでAは，C会社に5000平方メートルであることを保証して，代金5000万円で甲地を販売し，代金の支払を受け，引渡しまた所有権移転登記をなした。ところが，引渡しを受けて，Cが測量をし直してみたところ，甲地は4500平方メートルしかないことが判明した。
>
> 【Q】 CのAに対する500平方メートルの不足分の代金の減額請求は認められるか。

【A】 ○（数量指示売買であり，買主は代金減額請求が可能である）

[解説] 土地の売買契約において，代金減額が認められるためには数量指示売買であることが必要なことを確認してもらう問題である。

562条また563条の数量不足の責任追及が可能とされるためには，2017年改正前の565条の要件についての解釈が妥当し，いわゆる**数量指示売買**であることが必要になる。本問では，Aが測量を行い実測面積として5000平方メートルということを表示しており，これを基礎に5000万円という代金が算出されているため，数量指示売買に該当する[*1]。不足分の土地の追完はできないので，買主Cは代金減額請求権を即時に行使できる（563条2項1号）。減額分は10%分の500万円である。たとえCに過失があっても，代金減額には過失相殺はされない。よって，○が正解である。

[関連して考えてみよう] もしBの社員が計測を誤って，実際には6000平方メートルなのに5000平方メートルとして報告し，Aが甲地を5000平方メートルとして販売したのであったらどうであろうか。数量不足の反対の**数量超過**の事例である。改正前の判例は，565条の類推適用を否定し，売主の代金増額請求権を否定した（最判平13・11・27民集55巻6号1380頁）[*2]。

ただ注意すべきは，改正前は**特定物ドグマ**が認められていたということである。買主Cは甲地の引渡しを受ける権利を有し，その面積が説明より多くても不当利得は成立しなかったのである。ところが，改正法では特定物ドグマが否定され，

数量指示売買である限り，5000平方メートルの土地しか受ける権利はないのであり，1000平方メートル分は不当利得になる。1000平方メートルの土地分の1000万円を不当利得として返還するよう請求することが考えられるようになっている。

*1『民法V』9-19以下　　*2『民法V』9-25

(b)　種類，品質の契約不適合に対する担保責任（旧瑕疵担保責任）

❶　担保責任と同時履行の抗弁権

CASE2-5　　A会社は，その所有の工場跡地（以下，甲地という）を，B会社に売却することを合意し，売買契約書を作成し，手付を支払った。契約書では，その1カ月後の2021年2月20日までに，甲地に置かれている施設を撤去すること，同日に引渡し及び所有権移転登記手続を行い，また，残代金が支払われることが合意された。その後，Aが甲地上の施設を撤去し，施設の敷地を調査したところ，土壌汚染が発見された。土壌汚染を改善するためには，その部分の土壌を入れ替えることが必要である。

【Q】　Bは，2021年2月20日に，土壌汚染が改善されるまで，引渡しまた所有権移転登記を受けず，また代金の支払を拒絶すると主張した。Bの主張は認められるか。

【A】　○（適合物の提供があるまで同時履行の抗弁権が認められる）

[解説]　特定物売買において目的物に契約不適合（以下，単に不適合という）がある場合に，引渡し前に買主に認められる権利について確認してもらう問題である。

　562条の追完請求権また563条の代金減額請求権は，「引き渡された目的物」についての権利である（562条1項参照）——担保責任の基準時は引渡時——。これは，2017年改正により不特定物売買にも担保責任の規定が適用されるようになり，不特定物売買では引渡し後に初めて不適合が問題になるからである。

　ところが，特定物では契約時から目的物が特定されているため，その時点で不適合かどうかの判断ができる。にもかかわらず，引渡しが上記2つの権利の要件になっているので，引渡し前には，BはAに対して，562条に基づいて施設の撤去請求，土壌汚染の改善請求はできなくなる。一旦引渡しを受けた上でないとこれらの権利は認められないことになる。

ただし，引渡し後は追完義務のみになるというだけで，引渡し前はそもそも修補等をして適合物を引き渡すよう請求でき（本来的な契約上の履行請求〔483条〕），適合物の提供があるまでは同時履行の抗弁権を行使して代金の支払を拒絶することができる。不適合物でも引渡しがあれば不完全履行として不完全ながら履行（弁済）としての効力が発生し，追完義務に縮減されることになる——追完請求権は債務不履行の救済として別個に発生する権利だという学説もある——。契約時に不適合があっても，修理をして引渡時には不適合がなくなっていれば担保責任は生じないという意味で，特定物でも引渡時が基準時である。

　確認までにいうと，引渡しまでは追完義務がないというよりは，適合物引渡義務に包含されており，適合物にして引き渡すよう請求ができる。引渡期日までにそのための作業が相当期間かかる場合には，引渡期日前でも不適合の除去工事をするよう求めることができてよい[*1]。いずれにせよ，Bには同時履行の抗弁権が認められるので，○が正解である。

　　[*1] 『民法Ⅴ』9-29 以下

❷　種類の違う物の引渡し

CASE2-6　　A会社は，機械の製造販売を業とするB会社に，その工場に設置するための機械をBのカタログから選んで注文した。Aが注文したのは，B社製の甲型機械 A-Ⅰ型であったが，Bは間違って甲型機械 C-Ⅰ型を製作し，引き渡した。C-Ⅰ型は A-Ⅰ型よりも機能が劣り，価格も 50 万円ほど安いものである。
【Q】　Aは，引渡しを受けたが，これでもよいと思い，C-Ⅰ型をそのまま保持し，50 万円の代金の減額を主張できるか。

【A】　△（不適合物給付には「種類」違いの給付も含まれるが，催告しても追完されないことが必要である）

【解説】　不特定物（種類物）売買において，種類の異なる物が引き渡された場合の買主の権利について考えてもらう問題である。

　特定物では，目的物が特定しているので，他の物の引渡しでは「無」履行であり，「契約の目的物」を引き渡すよう買主は請求できる[*1]。種類物売買において，いわゆる異種物の引渡しについて，従前は瑕疵担保になるのかは問題があったが，改正法「種類」の適合しない物の引渡しも不適合物給付の対象とした（562 条 1

項）。ただし「種類」違いがどこまで容認さるのかは微妙である。新潟産こしひかりの注文に対して山形産こしひかりの事例はよいが，ジャガイモの注文に人参を持ってくるというのは野菜の「種類」違いといえなくはないが，同じジャガイモの中での「種類」違いまでに限定すべきである。

　本問では，A-1 型と C-1 型の差であるが，トラクターの注文にブルドーザーを引き渡したのではなく，「種類」不適合の範囲内であるといってよい。そのため，A は C-1 型を履行として認容し，代金減額（563 条）により解決をすることが許される。ただ，563 条 1 項により，A-1 型の引渡しを催告して B が持って来なかったことが必要であり，ただちに減額は求められない。契約通りの物を給付して当初の代金を受け取る B の利益を確保する必要があるからである——A-1 型を返還できなくした場合には，548 条の趣旨より追完として C-1 型の引渡請求はできなくなり，代金減額のみの主張に限られることになる——。よって，△が正解である。

[関連して考えてみよう]　数量指示売買における数量超過のように，逆に C-1 型のほうが機能が高く値段も 50 万円高い場合にはどう考えるべきであろうか。A が催告しても B が A-1 型を持ってこない場合，A は C-1 型を履行として認容できるのであろうか。たとえできるとしても，代金の差額の支払は免れないというべきである。一方的な契約内容の変更権に等しい。

*1 『民法Ⅴ』9-29 以下

❸　追完方法の決め方

> **CASE2-7**　　A 会社は土地を取得し，建物建築を業とする B 会社に建物の建築を注文し，完成した甲建物の引渡しを受けて，甲建物を土地とともに C に販売した。C が居住してみたところ，甲建物の 1 階も 2 階も床がギシギシ音がするのが気になり，A に調査をしてもらった。調査の結果，B が床張りの際に，十分に接着剤を用いなかったため，床が土台にくっついていないためにギシギシ音がすることがわかった。
>
> 　C は A に対して，床張りを全面的にやり直すよう求めた。しかし A は，接着剤の注入により対処可能であるとして，接着剤の注入工事を提案してきた。A の提案は，業界としては適切な対処法であった。
>
> 　**【Q】**　C は A に対して床の全面的張替えを求めることができるか。

【A】　×（不適合物給付の追完は売主が適切な対処法を提案できる）

[解説]　不適合物給付がされた場合に，追完の方法についてどう決められるべきなのかを考えてもらう問題である。

　不適合物給付がされた場合には，買主は「履行の追完を請求することができる」（562条1項本文）。買主は，不適合を指摘して追完を求めることができるが，その具体的な追完方法については，当事者で決められればそれによるが，合意が成立しない場合には，どう決められるべきなのであろうか。この点，562条1項但書は「買主に不相当な負担を課するものでないときは」，売主が追完方法を決めることができることにしている*1。そのため，Aの接着剤注入の方法が業界で容認される方法である以上，AはCの請求する全面的張替えに従う必要はない。したがって，×が正解である。

[関連して考えてみよう]　もし，Aの提案に満足しないCが，他の業者に全面的な床の張替えをしてもらった場合，その費用をCはAに賠償請求することができるのであろうか（564条，415条）。Aの主張が認められる以上，Aの主張した方法にかかる費用の限度でしか賠償請求ができないと考えるべきである。

　*1 『民法Ⅴ』9-35 以下

---

❹　**不適合の判断基準時**

> **CASE2-8**　　A会社は土地を取得し，建物建築を業とするB会社に建物の建築を注文し，完成した甲建物の引渡しを受け，甲建物を土地とともにCに販売した。AC間の売買契約後，約束された引渡期日までに，爆弾低気圧の通過に伴い甲建物の付近で竜巻が発生し，甲建物の外壁や屋根に被害が生じた。
>
> **【Q】**　CはAに対して外壁や屋根の被害を修復して引き渡すよう請求できるか。

【A】　○（不適合物給付の判断基準時は引渡時なので，契約時に適合していてもAは責任を免れない）

[解説]　特定物における契約後に不可抗力により生じた不適合の危険負担についての問題である。

　567条1項では，引渡し後の当事者の帰責事由によらない滅失または損傷については，買主は追完請求等の権利を有しないことを規定している。この反対解釈として，引渡し前に──提供があれば別（567条2項）──当事者双方の帰責事

由によらずに滅失，損傷があった場合には，買主には追完請求等の権利が認められることになる。滅失また追完不能な損傷については，履行不能なので536条1項が適用になるが，買主は契約解除また代金減額請求ができ，また，追完可能な場合には追完請求ができることになる*1。

したがって，契約締結後，引渡し前の後発的な不適合であるが，そのリスクは売主が負担し，CはAに対して483条により当初の適合物の状態に修補して引渡しをするよう請求できることになり，○が正解である。

*1 『民法Ⅴ』9-35 以下

❺ 借地権付き住宅の売買

CASE2-9 　Aは，Bから甲地を建物所有目的で賃借し，甲地上に乙建物を建築して居住していた。居住してから2年後に，Aは急に転勤が決まったため，Bの承諾を得て，乙建物を甲地の借地権とともに売りに出すことにした。Cが乙建物に興味を持ち，AはBの承諾を得て，借地権付きで乙建物をCに売却した。

甲地は崖地であるが，Cは引渡しを受けてから，現地の○○市の条例では，地上高が1メートルを超える擁壁には水抜き穴を設けること，また，水抜き穴は，内径75ミリメートル以上の耐水材料（硬質塩化ビニールパイプ等）で壁面の面積3平方メートルに1カ所以上設けなければならないことになっていたにもかかわらず，この要件を満たしていないことを知った。そのため，大雨が降った場合には崖が崩壊する危険性があった。

CはAに対して，水抜き穴がない点について苦情を言った。しかし，Aは自分には責任がないと主張するため，Cが自ら水抜き穴の設置工事をして，そのかかった費用をAに対して賠償請求した。

【Q】 CのAに対する上記の賠償請求は認められるか。

【A】 ×（土地は売買の目的物ではなく，その不適合は目的物とともに売却された賃借権の不適合にもならない）

【解説】 借地権付きの建物の売買契約において，その土地に不適合があり，建物の使用に支障が出る可能性がある場合に，買主の売主に対する責任追及の可否を問う問題である。

2017年改正前の旧570条の瑕疵担保責任について，借地権付建物の売買の場合，建物を支える土地の擁壁に水抜き穴が設けられていないという構造的欠陥があり，大雨により擁壁に傾斜・亀裂が生じ，敷地の一部に沈下及び傾斜が生じ，建物倒壊の危険が生じ，やむなく買主が建物を取り壊したという事例で，「敷地の欠陥については，賃貸人に対してその修繕を請求すべきものであって，右敷地の欠陥をもって賃貸人に対する債権としての賃借権の欠陥ということはできない」とされ，売主の責任が否定されている（最判平3・4・2民集45巻4号349頁）[1]。改正法においても先例価値が認められるべきであり，CはAに対して工事費用を損害として賠償請求はできない。よって，×が正解になる。

　　*1　『民法Ⅴ』9-33

❻　除斥期間経過による免責

> **CASE2-10**　A会社は，その所有の甲地（工場跡地）をB会社に売却することを合意し，売買契約書を作成し，手付を支払った。Bは，その後残代金を支払い，所有権移転登記及び引渡しを受けた。Bが，引渡しを受けてすぐに，建物を建築するために甲地の基礎工事を開始したところ，甲地の土壌汚染が発見された。そのため，BはただちにAに通知をして，善処方を求めた。ABは協議をもち，土壌汚染の解消方法について話し合ったが，協議がまとまらないまま1年が過ぎた。そのため，やむを得ず，Bが業者に土壌の入れ替え，汚染土壌の処分を依頼し，その工事費用として500万円を支払った。Aは事業資金に窮して甲地を手放したものであり，Bから500万円の賠償請求がなされたが，その支払をしていない。Bが土壌汚染を発見してから1年4カ月を経過した時点で，BがAに対して損害賠償を求める訴訟を提起した。
>
> 【Q】　Aは，土壌汚染の発見から1年以内に訴訟が提起されていないのでBの請求は認められないと主張して，支払を拒絶している。Aの主張は認められるか。

【A】　×（不適合発見から1年以内に損害賠償請求をすることは必要ではなく，不適合を通知すれば足りる）

【解説】　不適合物責任の期間制限について，その期間内になすべき買主の行為に

ついて確認してもらう問題である。

　2017年改正前の旧566条3項は，「解除又は損害賠償の請求」を瑕疵発見から1年以内にすることを要求していた。この点，判例は，具体的な金額を示して損害賠償を請求する必要はなく，具体的な瑕疵内容と損害賠償請求をする旨を伝えればよいものとしていた（最判平4・10・20民集46巻7号1129頁）。改正法はこれをさらに緩和して——もはや権利行使期間ではなく除斥期間とは言い難くなった——，買主は不適合を知ってから1年以内に「その旨を売主に通知」すればよいことにした（566条）。不適合があることを通知すればよいので，損害賠償を請求する旨を伝える必要はなく，改正法では権利行使に種々のバリエーションができたので，どの権利行使をするかは交渉しつつ決めることになる*1。

　以上のように，不適合発見から1年以内に損害賠償請求をする旨を伝える必要はなくなり，本問では，1年以内に土壌汚染の事実が通知されているので，566条の制限を受けないことになる。よって，×が正解である。

　　*1 『民法V』9-36

❼　錯誤と担保責任

> **CASE2-11**　　Aは，その所有する甲画を，Bに500万円で販売した。Aは，甲画をα作との鑑定書付きで絵画商から購入しており，Bに販売するに際してもα作と説明し，鑑定書をつけて販売しており，Bもα作としてこの値段で購入した。その後に以下の①または②の事実があった。
>
> 　①Bが購入して1年後に，甲画と同じ作品が発見され，そちらが本物で，Bが購入した甲画は精巧な偽物であることが判明した。Bはこのことをただちに知ったが，Aに対して知らせなかった。Aもこの事実をネットで知ったが，Bに対して自分から連絡することもなかった。Bが上記事実を知ってから2年を経過したところで，BがAに対して甲画の代金の返還を求めた。
>
> 　②Bが購入してから10年後に，甲画と同じ作品が発見され，そちらが本物で，Bが購入した甲画は精巧な贋作であることが判明した。そのため，すぐにBがAにこのことを知らせ，甲画の代金の返還を求めた。
>
> 【Q】　Bの代金返還請求は認められるか。

【A】　①○（錯誤取消しが可能），②○（166条1項2号により時効が完成しているが，時効援用前に解除がされている）

[解説] 本問も［CASE2-10］同様に，不適合物責任の期間制限について考えてもらう問題である。特に①については，錯誤取消しとの関係の検討が求められている。

まず，①では，1年以内に通知していないので――412条2項，607条の2第1号などのように，通知か知るか，という規定ではないので，566条では通知なしに売主が知っても566条の適用は排除されない――，担保責任は追及できない。問題は，錯誤取消しは，5年を経過していないので可能であり，担保責任と錯誤との選択を認めるかである。判例は，改正前の旧規定について，瑕疵担保責任と錯誤無効の選択を認めており，これを改正法に及ぼせば，①では，未だ5年が経過していないので，Bは錯誤取消しにより代金の返還を求めることができることになる*¹。よって，○が正解になる。

②については，不適合発見から1年以内に買主が売主にそのことを通知しており，566条による制限は受けない。しかし，引渡しから10年が経過している。そのため，改正前の判例は，167条1項の時効の適用を認めていた（最判平13・11・27民集55巻6号1311頁）*²。改正法では，166条1項2号が適用になることになり，すでに消滅時効が完成していることになる。ただし，停止条件説では，援用がない限り<u>解除権（また代金減額請求権も）は存続しており</u>，<u>その行使は有効</u>となる。損害賠償請求とは異なり，解除が一度有効になされた後に，時効を援用して解除を覆すことはできない。よって，○が正解となる。

　*¹『民法V』9-37以下　　*¹『民法V』9-36

❽　**強制競売と担保責任**

> **CASE2-12**　　　Aは，債権者Bにより，その所有する甲画を差し押さえられ，競売にかけられた。Aは，甲画をα作との鑑定書付きで絵画商から購入していたため，競売においてもα作として鑑定書付きで競売にかけられた。Cは，甲画をα作と信じて500万円で買い受け，代金を納付し，その引渡しを受けた。売却代金はすべてBに払い渡された。
>
> 　ところが，Cが甲画を競落して1年後に，甲画と同じ作品が発見され，そちらが本物で，Cが競落した甲画は精巧な贋作であることが判明した。そのため，Cは売買契約を解除し，代金をBから取り戻したいと考えている。Bは甲画が贋作とはまったく知らなかった。Aは無資力状態にある。
>
> 　**【Q】**　CのBに対する代金の返還請求は認められるか。

【A】 ×（568条1項により担保責任は認められない）

【解説】　強制競売の場合についての担保責任について考えてもらう問題である。

　　強制競売は，代理とは異なり，破産管財人のように，裁判者が債務者の財産を裁判所の名で処分するものであり，売主は債務者でもまた差押債権者でもなく，裁判所ということになりそうである。しかし，この点は明確ではなく，民法は，568条1項で，買受人は「債務者に対し，契約の解除をし，又は代金の減額を請求することができる」と規定をしている。債務者が売主で解除の相手方と考えているようである。ただし，債務者が自ら売ったわけではないので，損害賠償責任は含まれていない。そして，債務者が無資力の場合には，代金の配当を受けた債権者への代金の全部または一部の返還を請求できる（568条）*1。

　　そうすると，568条2項により，CはBに対して代金の返還を求めることができそうであるが，実は568条4項により，本問の事例には568条1項から3項は適用にならないのである。「種類又は品質に関する不適合」についての救済は，強制競売の事例には適用にならないのである――数量不足，他人物売買また権利の不適合の事例にのみ適用される――。債権者が悪意でも買受人が保護されないのは疑問があるが，本問では善意なので議論する必要はない。以上より，×が正解になる。

*1 『民法Ⅴ』9-40

(c)　債権の売主の担保責任

CASE2-13　　A会社の取引先であるB会社は，事業不振により倒産のおそれが生じ，Aの債権回収が危ぶまれる状態になった。そのため，Aは，債権回収を業とするC会社に，Bに対する売掛代金債権200万円（以下，甲債権という）を50万円にて売却し，Bに譲渡通知をした。その後，Bは事実上倒産し，廃業してしまい，Aは担保をとっていなかったため，CはBからその事業所から売却できそうな物品を引き上げて，これを中古品の買取業者に買い取ってもらったが，20万円しか回収ができなかった。

【Q】　CはAに対して，回収しえなかった180万円，または，代金との差額の30万円につき，損害賠償請求または減額による代金の返還請求をすることができるか。

【A】　×（金銭債権の売買では，売主による債務者の資力の担保がない限り，

売主に責任は認められない）

[解説] 金銭債権の売買において，譲り受けた債権の回収ができなかった場合の売主の責任を考えてもらう問題である。

Aは，Bに対する200万円の債権を有効にCに譲渡し，Cは200万円の債権を取得している。200万円の債権と説明されていたが，弁済により100万円の債権になっていて100万円の債権しか取得しえないというわけではない。そして，Cが取得したのは金銭債権という，履行を受けられるかどうか確実ではない権利である。そのため，債権の売主が債務者の資力を保証し，確実に債権の回収ができることを「担保」して初めて，売主の責任が認められるにすぎない[*1]。

本問では，いわば不良債権を買い取ってもらっているにすぎず，Cは回収できないリスクを引き受けていると考えられる。そのため，CはAに何らの法的主張はできず，×が正解となる。

[*1] 『民法V』 9-41

(d) 担保責任についての特約

CASE2-14 A会社は，その所有の甲地（工場跡地）を，B会社に売却することを合意し，売買契約書を作成し，代金も支払われ，引渡しまた所有権移転登記もなされた。契約に際しては，古くからの工場の敷地であるため土壌の汚染が生じている可能性があることを説明し，もし土壌汚染が見つかってもBの責任で対処し，Aは責任を負わないこと，そのかわりに代金を土地の評価額よりも安くすることが合意され，契約書にAは土壌汚染につき責任を負わないことが規定されている。

Bは，建物を建築するために甲地の基礎工事を開始したところ，甲地の土壌汚染が発見された。Bは免責の合意があるので，Aの責任を追及することはしなかった。ところが，土壌汚染が思ったよりも深刻なものであり，また，Aが工場の施設を撤去する工事をした際に，敷地を掘り起こしており，その際に土壌汚染を発見し，知っていたと思われることから，BはAに対して善処方を求めた。

【Q】 Aは，甲地の土壌汚染について，免責特約を援用し，責任はないと主張している。Aの主張は認められるか。

【A】 ×（悪意なので免責されない）

[解説] 不適合物責任についての免責特約の効力を考えてもらう問題である。

　担保責任を負わない特約をしても，売主が「知りながら告げなかった事実」（基準時は引渡時）については，責任を免れることはできない（572条）。ただし，悪意でも，①たとえば，中古車の販売で，車体の一部に傷があり，それを了解してもらい，その分代金の評価を下げることを合意した場合，②絵画で真贋不明なため，本物ではない可能性もあるので買主がそのリスクを引き受けて代金を本物の場合よりもかなり安く設定してもらった場合，いずれにおいても売主には責任がない。①の場合には，その傷が了解されており，傷のない目的物という合意にはなっていないので契約不適合にはそもそもならない。②は偽物の可能性のある物という契約内容であり，本物であっても売主が代金増額，偽物であっても買主が代金の減額を請求できない特約であり（一種のギャンブル），この場合には免責合意の効力で免責されるといってよい。そのため，売主が偽物と知っていたら，特約は無効となる[*1]。

　本問は②の事例である。Aは土壌汚染があることを告げず，あるかもしれないと述べて代金を減額したにとどまっており，①の事例ではなく，572条により免責合意の効力を主張しえないといわざるをえない。よって，×が正解である。

[関連して考えてみよう]　もし，Bが土壌汚染の改善工事の費用をAに賠償請求できるとなると，代金を安くしてもらったことによる利益を享受することになる。この点は，損益相殺で調整ができる。ところが，Aに対して修補請求をする場合には，損害賠償請求ではないので損益相殺による調整はできないことになる。難しい問題であるが，代金を減額するという合意部分も無効になり，Aに差額の支払請求を認めるということが考えられる。

[*1] 『民法Ⅴ』9-42

[4]　買主の義務

(a)　代金支払義務

CASE2-15　Aは，その所有の甲地をBに，売却をすることを合意したが，その際，隣接地との境界をαと説明した。ところが，Bが購入後，隣地所有者に確認したところ，境界はβであり，Aの説明よりも甲地の範囲は狭いという主張を受けた。Bは，甲地の所有権移転登記も引渡しも受けているが，境界αと境界βとの食い違う土地部分（以下，これを乙地という）を取得しえない可能性があり，その部分は土地全体の100分の1程度である。

Bは，Aからの残代金の支払請求に対して，代金の100分の1に相当する価格については，隣地所有者との間で境界についての争いが解決されるまで支払わないと主張している。

【Q】 Bの主張は認められるか。

【A】 ○（576条の規定通りである）

【解説】 一部他人物かどうかが争われている段階における，買主の代金支払拒絶権の認否についての問題である。

未だ乙地が他人の土地だと確定したわけではない。しかし，他人の土地である可能性があり，代金全額を支払っても乙地部分について他人物と判明したら代金減額請求をして返還を請求することになる。その可能性があるのに，とりあえず支払わせるというのは買主に酷なので，民法は，買主に権利を失うおそれがある場合には，代金の全部または一部の支払を拒絶できるものとした（576条）[*1]。そのため，○が正解になる。ただし，Aが相当の担保を供することにより，Bの抗弁を退けることができる。

[*1] 『民法V』9-77

(b) 利息支払義務

CASE2-16 Aは，その所有の中古の甲機械を，同業者のBに売却することを合意した。ABは知合いであるため，特に機械の引渡期日も代金の支払期日も合意しなかった。その後，Aは，甲機械の点検整備をした上で，Bの作業場まで運び込み，これをBに引き渡した。Aは，Bがすぐに代金を振り込むと思っていたところ，いつまで経っても振込みがなされない。そのため，引渡しから1カ月後に，AがBに対して請求書を送付した。

【Q】 Aは甲機械の引渡しの翌日からの利息もつけて代金を支払うようBに求めているが，Aのこの請求は認められるか。

【A】 ○（575条2項の規定通りである）

【解説】 代金の支払期日が定まっていない場合に，買主が目的物の引渡しを受けた後における代金についての利息支払義務を問う問題である。

民法は，目的物の引渡しと代金の支払とについて同時履行の関係とし（533条），

また，引渡しまでの物の果実と代金の運用利益については清算されるものであることを前提に，575条1項では，引渡しまでの果実は売主に帰属することを規定している。その代わりに，買主は代金の運用利益を支払わなくてよいのである。ところが，目的物の引渡しがあると，このバランス関係が解消されるので，民法は，目的物の引渡後は買主は「代金の利息を支払う義務を負う」ものとした（575条2項本文）[*1]。これは遅延損害金ではないので履行遅滞になっている必要はない。412条3項により，履行遅滞になるのはBがAに代金の支払請求をした時点であるが，遅延損害金とは異なる「利息」の支払義務を，目的物の引渡しの翌日から負うことになる。よって，〇が正解である。

 [*1] 『民法Ⅴ』9-6以下，9-48

(c) 目的物の滅失等について——売買における所有者危険の移転

❶ 所有者危険の移転についての原則

CASE2-17 甲乗馬クラブを経営するAは，その所有する乙馬をBに販売し，Bは代金を支払った。Bは，Aに，乙馬をそのまま甲乗馬クラブで飼育してもらうことを依頼し，毎月の管理料を支払うことを約束した。そのため，Aは，売買契約後は，乙馬をB所有の馬として管理し，Bは甲乗馬クラブに週末にやってきて乙馬での乗馬を楽しんでいる。売買契約から2カ月後に，甲乗馬クラブが何者かにより放火される事件があり，乙馬は火災から逃げ出す際に右前脚を骨折してしまい，乗馬できない状態になった。Aには過失はないものとする。

【Q】 Bは乙馬の売買契約を解除して，Aに対して代金の返還を求めることができるか。

【A】 ×（567条1項の引渡しには占有改定も含まれる）

[解説] 売買契約における危険の移転について考えてもらう問題である。

2017年改正民法は，危険負担の規定とは別に，売買契約における所有者危険の移転に特化した規定を置いた（567条）。「目的物……の引渡しがあった時以後」の目的物の当事者双方の帰責事由によらない滅失または損傷については，買主は代金の支払を拒むことはできず——536条1項は履行不能についての規定であり，履行済なので適用にならない——，不適合物の給付をしたという債務不履行もないので，担保責任の適用はない。このことを567条1項は確認した当然の規定で

ある。占有改定も引渡義務の履行になるため，567条1項の「引渡し」は占有改定でもよい[*1]。担保責任の基準時は引渡しであるが，その基準時を同時に危険の移転時——さらには果実収受権の移転時——としたのである。

　本問では，Aが売買契約後も乙馬を占有しているが，所有者としての自主占有が，売買契約＋飼育・管理委託契約という，所有権移転原因＝自主占有の移転原因＋他主占有原因により，Aの占有は占有改定によりBのための他主占有に変わっている。換言すれば，AのBに対する売買契約上の引渡義務は占有改定により履行済であり，適合物引渡義務は履行（弁済）により消滅している。その後は，飼育・管理委託契約に基づく保管義務また返還義務が問題になるにすぎない。Aに帰責事由はないので，飼育・管理契約の債務不履行は認められない。もちろん，もはや売買契約の違反は問題にならない。よって，Bは売買契約を解除して代金の返還を求めることはできず，×が正解になる。

*1 『民法Ⅴ』9-50

CASE2-18　　Aは，その所有する甲建物及びその敷地（2つをあわせて本件住宅という）を，Bに販売した。契約と同時にBは代金を支払い，所有権移転登記を受けた。1カ月後にAが荷物を搬出して，Bに本件住宅を引き渡すことが合意されている。Aが荷物を運び出し，清掃業者に清掃をしてもらって，引渡期日まで1週間前となったところで，Aが，引渡しの用意ができたので引渡しをしたいとBに連絡した。これに対してBは，引渡しは予定通りにしてもらいたいと引渡しを受けることを拒絶した。その2日後に，爆弾低気圧の通過に伴い，竜巻が本件住宅の地域一帯において発生し，甲建物の屋根の瓦が相当な被害を受けた。

【Q】　Bは本件住宅の引渡しを受け，屋根を修理業者に修理をしてもらい，Aに対してそのかかった費用の支払を求めたいと考えている。Bの請求は認められるか。

【A】　○（567条1項の引渡しによる危険の移転は，不動産についても適用される）

【解説】　不動産売買契約における危険移転について考えてもらう問題である。
　2017年改正法によって導入された567条1項は，目的物について動産か不動産か区別をしていない。そのため，不動産であっても，危険の移転は引渡しによ

ることになる。所有権移転登記がされていても，引渡しがされていなければ危険
は移転せず，逆に引渡しがされていれば，所有権移転登記がされていなくても危
険は移転することになる。いわゆる**引渡主義**を採用したことになる[*1]。

　[CASE2-17]の解説に述べたように，履行により債務が消滅し，その後には
履行不能を語り得ないが，不動産には引渡義務と所有権移転登記義務の2つの債
務があり，危険の移転に関係する債務は引渡義務に限定したのである。所有権移
転登記がされても，引渡しがされていなければ引渡義務の不履行が問題になるた
め，不可抗力で損傷しようと，損傷した物の引渡しでは適合物の引渡義務の債務
不履行になるのである。そのため，Bは修補費用分の代金減額を求めることがで
き──563条の催告等の要件を満たすことが必要──，代金減額請求により，既
払い代金のうち修補費用分の金額については，実質一部解除であり，その返還を
請求できる──実質解除だとすると，545条2項（類推適用）により受領時から
の利息をつける必要があると考える余地があるものの，損害賠償請求による場合
には催告により遅滞になるにすぎない──。よって，○が正解である。なお，期
日前の提供はその効力は認められず，567条2項は適用されない。

　[*1] 『民法Ⅴ』 9-50

❷　受領遅滞の場合

CASE2-19　　Aは，その所有する甲農園のハウス内のメロン100個を，
地元でスーパーを経営しているB会社に販売し，2020年9月20日に，Bの
担当者が甲農園に来て100個を選び，Aがそれを採取して箱詰めにしてBに
引き渡すことが合意された。引渡予定日の当日に，Aは，Bが来たらいつで
も対応できるよう準備をしていたが，Bの担当者から，遠方に買付けに行っ
ていて，交通機関に支障があり，帰って来られない旨の電話を受けた。その
ため，Aはその日の引渡しはできなかった。その深夜に，何者かが甲農園に
侵入して除草剤を散布し，甲農園のメロンが全部枯死してしまった。除草剤
が散布されたため，メロン自体も毒を吸い上げている可能性があり，すべて
売り物にならなくなってしまった。

【Q】　AはBに対してメロンの代金全額の支払を求めることができるか。

【A】　○（567条2項により履行提供により危険が移転する）

　[解説]　履行の提供があったが，買主側の事情により引取りができず，その後に

両当事者の帰責事由によらずに履行不能になった場合について考えてもらう問題である。

2017年改正法によって導入された567条1項は，目的物の引渡しによる危険の移転を認めている。これは引渡しにより引渡義務が履行される——もはや履行不能を語り得なくなる——からである。一方，引渡しがされていないが，売主が提供をしたのにもかかわらず買主側の事情により引取りができなかった場合，依然として引渡義務が残っているので，その履行不能が考えられる。この場合に危険は移転していないのであろうか。公平の観点から考えて，それは適切な解決ではない。買主が約束通り引取りをしていれば，売主が負担する必要のなかった危険だからである。

そのため，民法は，履行提供後には，当事者双方の帰責事由によらない事由により——413条の2第2項により債権者の帰責事由によるものとみなされる——目的物が滅失または損傷しても，買主は代金の支払を拒めず，また，売主の債務不履行責任，担保責任を追及することができないものとした[*1]。所有者危険が移転していたはずだという仮定に基づくものであり，所有権が移転していることは必要ではない。本問は制限種類債権であり，特定はしていないが提供は認められる事例であり，また，メロンは売り物にならなくなってしまい履行不能になったといってよく，567条2項の適用が認められるべきである。よって，Aは代金全額の支払請求ができ，○が正解である。

[*1] 『民法V』9-52

[5] 買戻し・再売買の予約

CASE2-20　Aは，その所有する甲地を，Bに1年間の買戻特約付きで売却し，所有権移転登記をすると同時に買戻しの登記をした。その後，Bは甲地をCに売却し，所有権移転登記をなした。契約から1年を経過する前に，Aが甲地を買い戻すことを検討し，Bに買い戻したいと打診したところ，Bから既に甲地はCに売却し，所有権移転登記もしてしまったので，買戻しには応じられないという返答を受けた。しかし，AはBに対して，買戻しの意思表示を内容証明郵便で送りつけた。しかし，Bはこれを拒絶し，AB間で争いが続き，契約から1年が経過した時点で，AがBに対して，返還する代金及び契約の費用を用意した上で，振込先口座を教えてくれるようメールで連絡し，その際に改めて買戻しの意思表示をした。

【Q】　Aの買戻しの意思表示は有効か。

【A】　×（買戻特約は有効に成立しているが，1年の買戻し期間内に代金を提供して買戻しの意思表示をすることが必要である）

【解説】　買戻しの要件また買戻権行使の要件を検討してもらう問題である。

　買戻特約は，売買契約と同時にすることが必要であるが（579条），この要件は満たしている。また，売買契約と同時に買戻しの特約を登記しなければ，第三者Cに対抗できないが，この要件も満たしている。そのため，約束の1年の買戻し期間内に有効に買戻しがなされていれば，Aは甲地を取り戻すことができる。この行使要件については，「代金及び契約の費用を提供」することが必要とされている（583条1項）。手付の倍返しによる解除（557条1項）のように意思表示だけでは足りないが，「現実の提供」までは要求されていない[*1]。

　本問では，1年以内にAは買戻しの意思表示はしているが，口頭の提供をしたのは1年経過後である。「代金及び契約の費用を提供」して買戻しの意思表示をしたことはAに証明責任が負わされるが，この要件を満たしていないので，Aの買戻しの意思表示は無効である。よって，×が正解になる。

　[*1]『民法Ⅴ』9-53 以下

[6]　交 換 契 約

CASE2-21　爬虫類の愛好家であるAB間で，A所有の甲トカゲとB所有の乙トカゲ及び丙トカゲとを交換する合意がされた。甲トカゲは50万円相当，乙トカゲは30万円相当，そして丙トカゲを20万円相当と評価して交換したものであった。甲トカゲはαトカゲであるとして，50万円と評価して交換がなされたが，甲トカゲの引渡しを受けた後，観察をしていて疑問に思ったBが専門家に見てもらったところ，甲トカゲは実はαトカゲによく似たβトカゲであることが判明した。βトカゲであれば，評価額は30万円程度である。Aは専門の業者からαトカゲと説明されて購入したものであり，Aにはαトカゲと思ったことにつき過失はない。

　【Q】　BはAに対して，20万円の返還または丙トカゲの返還を求めた。Bの返還請求は認められるか。

【A】 ○（反対給付につき 30 万円を超える分について返還を求めることができる）

【解説】 交換契約において一方の給付に不適合があった場合に，相手方当事者に認められる権利について考えてもらう問題である[*1]。

　交換契約には，売買の規定が準用される（559 条），担保責任の規定が性質に反しない限り適用される。まず，追完請求（562 条）は，履行不能であり認められない。代金減額請求（563 条）は，代金がないので認められない。そのため，残されるのは 564 条の準用する損害賠償と契約解除であるが，B は甲トカゲを気に入っており手放したくはないが，50 万円分の給付をしたのは取り戻したいのである。

　丙トカゲの分の一部解除ができるのかは疑問もあるものの，認める余地はあろう。損害賠償請求は A には過失（帰責事由）がないので認められない。考え方として，代金減額に匹敵する損害賠償については帰責事由を不要とすることも考えられるが，代金減額請求を類推適用するという考えが合理的である。もしそのように考えるならば，反対給付の一部返還についての価格返還を請求するということを考える余地はある。先例もなく難問である。

　結論として，B が交換契約の解除をしないで対価的調整をすることを認めるべきであり，○を正解と考える。

[*1] 『民法V』9-61

■第 3 章■
消費貸借契約
──補論・消費寄託──

[1] 消費貸借契約の意義と法的性質

(a) 消費貸借の意義

CASE3-1　　A会社は，B会社より1000万円の融資を申し込まれたが，そのような多額の貸付けには取締役会の承認が必要なため，Aの社員αは，Aの子会社Cの社員βとともにBと通謀して，売買契約を仮装することにした。すなわち，Bが，その所有の甲機械をCに1000万円で販売し，CがこれをAに1000万円で販売し，さらにAがこれをBに1000万円で販売するという形を取ることにした。甲機械は終始Bが保持しつつ，AからC，そして，CからBと，C経由でAから1000万円がBに渡ることになる。これにより実質的に融資を受けたのと同じ形になり，BのAに対する代金債務を，利息付きで分割払いにするという約束にすることにより，AB間の融資金の利息をつけての分割払いと同じ結果を実現するものである。

　　ところが，Cの社員βが，Cに振り込まれた1000万円を横領してしまい，Bに1000万円が渡されていない。そのため，BはAに分割払いの約束をした代金を支払っていない。

【Q】　AはBに対して，代金の支払を求めることができるか。

【A】　×（3つの売買はすべて仮装売買であり，隠匿行為としてAB間の1000万円の利息付消費貸借契約がなされており，貸金の交付がないので契約は成立していない）

【解説】　消費貸借を隠匿して3つの仮装売買がされた場合の法律関係について考えてもらう問題である[*1]。

　　最判平5・7・20判時1519巻69頁は，原審判決がAB間の売買契約について，CがBに代金を支払っていないことは，BがAに対して代金を支払わない理由に

はならないとして，AのBに対する請求を認容した。しかし，最高裁は，「本件契約の実質は，……金銭消費貸借契約又は諾成的金銭消費貸借契約であ」り，「割賦販売契約を仮装したものと考えるほかはない」，そうすると，Bは「融資金の交付を受けていないのであるから，本件契約に基づく右融資金を返還すべき義務がない」と，これを覆えした。

　隠匿された消費貸借契約は，要物契約であり（587条）──書面により合意すれば諾成的消費貸借契約は可能──，AからBに金銭が──Cを経由して──交付されていない限り，契約は成立しておらず，AはBに対して交付もしていない貸金の返還請求をすることはできない。よって，×が正解である。

　*1 『民法Ⅴ』10-1，10-2

(b)　消費貸借の法的性質──**実質的に要物 or 要式契約**

CASE3-2　　A（信用金庫）は，B会社より1000万円の融資を申し込まれ，審査の結果，業績も順調であり，その資金の使途についても，工場の設備の刷新という適切なものであることから，融資を行うことにした。ABは，書面により1000万円の消費貸借契約書を作成し，経営者が連帯保証人になると共に，取引先への商品の販売資金について，集合債権譲渡担保に供した。合意の成立後，Aは，Bの業績の先行きに不安を持ち，取引に依存する集合債権譲渡担保では不安であるため，Bに追加で新たな保証人を立てるよう求めてきた。しかしBは，そのような約束はないとしてこれを拒否したため，Aは1000万円の融資の実行を行っていない。

【Q】　BはAに対して融資の実行を求めることができるか。

【A】　○（書面を作成したならば諾成的消費貸借契約が成立し，貸主は貸金交付義務を負う）

【解説】　書面を作成すれば諾成的消費貸借が認められることを確認してもらう問題である。

　2017年改正前は，消費貸借契約を要物契約とする規定しかなかったが（587条），これは強行規定ではなく特約が可能であり，解釈により諾成的消費貸借が認められていた。改正法は，この点，諾成的消費貸借に一般的に変更するのではなく，書面を作成することを要件として諾成的消費貸借契約──書面が必要なので「諾成的」というのはおかしいが，要物契約ではないという程度の意味で改正法でも

こう慣用的に記述されている——を認めた（587条の2第2項)*1。本問では，書面が作成されているため諾成的消費貸借契約が成立している。よって，Aは貸金交付義務を負うため，Bはその履行を求めることができ，○が正解である。

[関連して考えてみよう] 諾成的消費貸借を認めるということは，合意だけで貸主の貸金交付義務——借主の借入金交付請求権——が認められるというだけで，貸主の貸金返還請求権——借主の借入金返還義務——が合意と同時に成立するということを意味するものではない。後者は，貸金を交付して，すなわち要物性を満たして初めて成立することになる。そのため，契約と同時に抵当権設定登記をしたり，公正証書で返還を約束する借用証書を作成した場合に，その効力を認めるためには別の説明が必要になる——抵当権の付従性の緩和，公正証書は貸金債権が成立した時から有効になる——。

*1 『民法Ⅴ』10-3，10-4

[2] 消費貸借契約上の債権関係

CASE3-3 Aはいわゆる闇金業を営んでいる。B会社が二度目の不渡りを出すのを阻止するため，Bの経営者Cは藁をも掴む思いで，Aに対して100万円の借入を申し込んだ。Aは，無担保で100万円の貸付けを約束し，1カ月後に利息20万円をつけて返還をすることとされ，支払が遅れると1日1万円の遅延損害金を支払うことになっていた。Cは，Aから現金で100万円の交付を受け，取引先への支払に充てた。Bは，その後事業を継続しているが，支払期日になっても120万円の用意ができなかった。そのため，Cには，Aから矢のような取立てが毎日のように行われ，会社の事業にも支障をきたすほどになっている。

【Q】 CはAに対して利息の支払のみならず元本の返還を拒絶できるか。

【A】 ○（貸金業法違反の高金利であり，また，暴利行為として708条本文の適用を認めることができる）

[解説] 高金利の貸付けについての規制を考えてもらう問題である。
　利息制限法により，①元本10万円未満は年20%，②元本10万円以上100万円未満は年18%，③元本100万円以上は年15%の利率を超える利息部分は無効——利息の約束部分，しかもその一部のみの無効——とされている（利息制限法

旧1条1項）。逆にいうと，利息制限法に違反しても，超過利息部分のみが無効で，法定の制限内までは利息の合意は有効だということになる[*1]。

　ところが，この点，貸金業法により，109.5％以上の利率で貸付けをした場合には，「当該消費貸借の契約は，無効とする」とされ（同法42条），利息制限法とは異なり超過利率部分の無効ではなく，利息の合意全部を無効とするだけでなく，消費貸借自体をも無効とされている[*2]。したがって，本問では，月20万円の利息の支払は，年利240％ということになり——遅延損害金は年利365％——，貸金業法違反であり，利息は一切無効になる。消費貸借契約自体も無効である。

　しかし，100万円が法律上の原因なしに交付されたことになり，100万円の不当利得返還請求権は成立しているので，100万円の支払請求はできそうである。この点，下級審判決しかないが，超高金利の場合には708条本文を適用して，交付した元本の返還も請求できないものとされている。年利にすると240％であり微妙ではあるが，708条本文を適用して，Aによる元本の返還請求も否定し，○を正解と考えたい。

[関連して考えてみよう]　もしBが遅延し，たとえば3カ月後に，強硬な取立てにより利息及び遅延損害金の一部50万円を支払ったとする。未だ元本100万円と利息及び遅延損害金が残っているとして，その後も毎日遅延損害金を1万円ずつ加算して強硬に請求されている場合，利息及び遅延損害金は無効で存在しないので支払った50万円につき返還請求ができる。これに対して，Aは，708条本文が適用されるため，100万円の元本分の不当利得返還請求により相殺をすることはできない。

　ところで，Aの行為は取引の形式はとっているが利息名目で金銭を巻き上げる不法行為ともいえ，Cは，支払った50万円を不当利得ではなく不法行為による損害賠償請求として支払うよう請求することもできる——遅延損害金や弁護士費用の賠償の点で有利——。その場合に，Aに，Cが100万円を受け取っていることを理由とする損益相殺の主張を認めることは，708条本文の趣旨と抵触する。そのため，判例はここでの損益相殺を否定している（最判平20・6・10民集62巻6号1488頁）。

[*1]『民法V』*10-16*　　[*2]『民法V』*10-18*

[3]　消費貸借契約の終了——返還期日

CASE3-4　　Aは，同業者Bに，利息の約束なしに，また返済期日の取決めもなしに，100万円を貸し付ける約束をして，100万円を交付した。Aは，

Bと酒の席で仕事の件で口論になり，ABは仲違いをした。そのため，Aは翌日（貸付けから1カ月後）に，Bに対して，貸した100万円をただちに耳をそろえて返すよう請求し，支払が遅れたならば翌日から法定利率による遅延損害金を支払うよう求めた。

【Q】　Aの請求は認められるか。

【A】　×（相当の期間を定めて返還を求めることができるにすぎない）

[解説]　返還期日を定めなかった消費貸借契約の借入金返還義務の遅延時期について考えてもらう問題である。

　　履行期が定まっていない債務（期限の定めのない債務）は，履行の請求があった翌日から――初日不算入――履行遅滞に陥る（412条3項）。Bの借入金返還義務も返還期日が定められていないので，催告があれば翌日から遅滞に陥るかのようであるが，591条1項に特則が規定されている。今すぐ返せとは言えず，相当期間を定めて催告することが必要であり，その期間を過ぎて初めて履行遅滞に陥ることになる*1――貸主が定めた期間が相当でない場合は，客観的に相当期間経過後――。そのため，Aの即時の支払を求める請求は認められず，×が正解である。

　　*1 『民法Ⅴ』10-20

[4]　準消費貸借

(a)　準消費貸借の意義――消費貸借そのものである

CASE3-5　　貸金業を営むAは，Bに貸付債権と利息を含めて100万円の債権を有している。Bは，その弁済期に返済資金を用意できないどころか，事業資金を欠く状態にある。そのため，BはAに，100万円の支払の延期と新たな50万円の借入を懇願した。Aはこれに応じて，100万円の返済資金の貸付けと50万円の事業資金の貸付けをすることにして，150万円の借用証書を作成し，Bはこれに署名押印した。Aからは新たに現金50万円のみがBに交付された。支払期日になり，AがBに対して150万円とその利息の支払とを求めた。これに対して，Bは，50万円しか現金の交付を受けていないので，貸金債権は50万円しか成立していないと争っている。

【Q】　AのBに対する150万円と利息の支払請求は認められるか。

【A】　○（準消費貸借により，150万円の消費貸借契約が有効に成立している）

[解説]　準消費貸借について確認してもらう問題である。

「金銭その他の物を給付する義務を負う者がある場合において，当事者がその物を消費貸借の目的とすることを約したときは，消費貸借は，これによって成立したものとみなす」こととされている（588条）。これを**準消費貸借**といい，金銭の現実の交付を省略するものであり，金銭の占有改定のような方法による貸付である。AからBの貸金100万円の現実の交付はないが，意思表示だけでその交付があったものとみなして貸金債権を成立させ，同時にその借入金でBがAに100万円の借金を返済したものとみなすのである[*1]。

旧貸金債権100万円は弁済により消滅し，新たな貸金債権150万円がこの新たになされた消費貸借契約により成立することになる。2つは新旧別の債権になる。Aのなした150万円の新たな消費貸借契約は有効であり，Aはその元本の返還及び利息の支払を請求でき，○が正解である。

[*1] 『民法V』10-22 以下

(b)　新旧債務の同一性について

CASE3-6　機械の製造販売を業とするA会社は，B会社に甲機械を販売した代金債権300万円を有している。Bは代金の支払ができず，Aと交渉して，代金300万円につき利息をつけて分割払いにする合意をしてもらった。ところが，その合意の後に，甲機械に重大な不適合があることが判明し，BはAに対して修補を求めた。Aは甲機械を自社の工場に持ち帰り修補を試みたが，修補にてこずり，修補・引渡しができないまま，分割払いの第1回目の支払期日が到来した。

【Q】　AのBに対する第1回目の分割払い金の支払請求に対して，Bは甲機械の修補・引渡しまでその支払を拒絶することができるか。

【A】　○（元の代金債務のままで分割払いにして消費貸借と同様の規律にする特約にすぎない）

[解説]　準消費貸借にも，元の債務のまま，すなわち債務の同一性を保持したまま，消費貸借と同じ規律に服せしめるだけの合意も認められることを確認してもらう問題である。

　準消費貸借には，[CASE3-5] のように，①旧債務を弁済により消滅させ，新たな借入金債務を成立させる合意——債務の同一性なし——と，②元の債務をそのままとして，本問でいうと代金債務のままで，消費貸借と同じ規律に服せしめるだけの合意とが考えられる。いずれと認められるかは事例により判断されるが，本問のような事例では，特段の事情がない限りは②の合意と推定される[*1]。そのため，Ｂの債務は代金債務のままであり，分割払いとされても 533 条の同時履行の抗弁権は認められ，この結果，Ｂは甲機械の修補・引渡しまで代金の支払を拒絶することができ，○が正解になる。

　[*1]『民法Ⅴ』10-24 以下

CASE3-7　　Ａが飼っている甲犬が逃げ出し，通行人Ｂが散歩させていた乙犬に襲い掛かり嚙みつき，これを負傷させた。Ｂは乙犬を動物病院に連れて行き，手術を受けさせたが，手術は難航し数度に及び，その間，乙犬を入院させる必要があり，多額の費用がかかった。Ｂにより，Ａに対して損害賠償を求める訴訟を提起され，Ａは，Ｂに対して 100 万円の賠償を命じる判決を受けた。Ａは控訴せず判決が確定し，Ａは 100 万円を用意することは難しかったので，支払を 1 年後とし，その間の利息をつけて支払うことをＢと合意した。ところが，約束の期日にＡは賠償金と利息を支払うことはなく，それから 3 年が経過した。

【Q】　ＢのＡに対する約束された損害賠償金と支払までの利息の支払請求に対して，Ａは消滅時効を援用してこれを拒むことができるか。

【Ａ】　×（元の不法行為による損害賠償義務のままで分割払いにして消費貸借と同様の規律にする特約にすぎないが，時効については消費貸借の規律を受ける）

[解説]　元の債務のまま，すなわち債務の同一性を保持したまま，消費貸借と同じ規律に服せしめる準消費貸借の場合に，その消滅時効はどう規律されるのかを確認してもらう問題である。

　本問も [CASE3-6] のように，元の債務をそのままとして——本問でいうと，

不法行為による損害賠償義務のままで——消費貸借と同じ規律に服せしめる合意とすることが考えられる。そうすると債務の同一性が認められるので，時効期間は 166 条 1 項 1 号の 5 年ではなく，724 条 1 号の 3 年になるかのようである。しかし，判例は，代金債務（当時は 2 年の時効期間）について準消費貸借がなされた事例で，債務の同一性を認めつつ，「当事者の意思は此の債務をして爾今以後……広く消費貸借に関する規定の支配を受けしめむとするに在りて，則ち適用せらるる法条と云ふ立場より之を観るときは宛ら準消費貸借締結の際新に消費貸借か成立したると択ふところ無きの地位に已存債務を置かむとするもの」であるとした（大判昭 8・6・13 民集 12 巻 1484 頁）。債務の同一性は維持しつつ，消費貸借契約上の債務と同じ規律に服せしめるというのである*1。そのため，本問では，時効については 724 条ではなく 166 条 1 項によることになる。

この結果，3 年では未だ消滅時効は完成しておらず，B は時効の抗弁を出せない。よって，×が正解である。

[関連して考えてみよう] 債務の同一性にかかわる同時履行の抗弁権や担保については存続するのに対して，債務の性質にかかわる問題は一新されることになるが，509 条についてはどうであろうか。債務の性質にかかわる問題であるが，708 条本文も 509 条も事後的には特約で変更できると考えれば，相殺可能になるというべきなのである。ただし，509 条の適用を排除することまで合意で容認していない場合には，509 条の適用が維持されることも考えられる。

　*1 『民法Ⅴ』 *10-28*

[5]　消費寄託（預貯金契約）

(a)　預金債権の共同相続

> **CASE3-8**　　A は，B 銀行に普通預金口座を開設しており，A 死亡時に
> 1200 万円が口座の預金残高となっていた。A の相続人は，CD の 2 人（相続
> 分平等）であるが，C は戸籍謄本を示して，半分の 600 万円の払戻しを B 銀
> 行に求めた。
>
> 　【Q】　C の請求は認められるか。

【A】　△（150 万円までしか認められない）

[解説]　預金債権が共同相続された場合の法律関係について考えてもらう問題である。

金銭債権は共同相続により，遺産分割を待つまでもなく 427 条の適用により当然に分割債権になると考えられている。預金債権もこの原則通りと考えられていたが，最判平 28・12・19 民集 70 巻 8 号 2121 頁は，「普通預金債権及び通常貯金債権は，いずれも，1 個の債権として同一性を保持しながら，常にその残高が変動し得るものである。そして，この理は，預金者が死亡した場合においても異なら」ず，「預金者が死亡することにより……，預貯金契約上の地位を準共有する共同相続人が全員で預貯金契約を解約しない限り，同一性を保持しながら常にその残高が変動し得るものとして存在し，各共同相続人に確定額の債権として分割されることはない」として，全員で共同行使しなければならないものとした[1]。

しかし，とりあえず必要な費用を預金から引き下ろして使用したいという相続人の要請があるため，2018 年の相続法改正では，遺産に属する預貯金債権のうち，相続開始時の債権額の 3 分の 1 に法定相続分を乗じた額については，共同相続人が単独で権利行使することを可能としている（909 条の 2）。1200 万円の 3 分の 1 ＝ 400 万円の相続分に応じた金額 200 万円が権利行使できそうであるが，法務省令により，「預貯金債権の債務者ごと」，つまり金融機関ごとに，150 万円が上限とされている。この結果，600 万円の払戻請求はできないが，150 万円ならば払戻請求が可能になる。△が正解になる。

[1] 『民法Ⅴ』 10-31

(b) 預金者の認定

CASE3-9　AB は共同でレストランを経営しており，その取引用の口座を，A 名義で C 銀行の○○支店において開設した（これを本件口座という）。AB が 100 万円ずつ共同出資をした合計 200 万円を，A は口座開設にあたって本件口座に入金した。またその後，借し切りでパーティーを行った顧客から，本件口座に 50 万円の振込みがされており，現在の本件口座の残高は 250 万円となっている。

A の運転する自動車により追突事故を受けた D は，A に対して賠償請求を求める訴訟を提起し，100 万円の賠償をする旨の訴訟上の和解が成立した。そのため，D が本件口座の預金のうち 100 万円を差し押さえてきた。

【Q】　D の差押えに対して，AB が第三者異議を申し立てたとして，AB の異議は認められるか。

【A】　○（本件口座の預金は，AB の組合財産または信託財産であり，A の

個人債権者は差押えができない）

[解説] 預金者の認定の問題である。

判例は，まず無記名定期預金について，出捐者の預金であるとし（最判昭32・12・19民集11巻13号2278頁），その後，記名式定期預金においても，行員に勧められてその行員の名義で預金をした場合にも，出捐者を預金者と認めている（最判昭52・8・9民集31巻4号742頁）。しかし，契約法理と抵触するために批判されている。名義人が，出捐者の「代理人又は使者として」金融機関と名義人の名で預金契約を締結したと説明されており，金融機関の担当者が事情を知っていたという特殊な事例である。先例としての価値には疑問がある[*1]。

むしろ，契約法理に忠実に，契約当事者として示された者が契約当事者また預金債権者になると考えるべきである。そうすると，AB は組合債権として A に対して返還請求権を持つにすぎないことになる。ただし，組合は法人ではなく，レストランの名で預金口座を開設できないので，便宜的に A の個人名義で預金口座を開設したにすぎないという事情から，本件口座の預金を <u>AB 組合の信託財産であると考えることができる</u>[*2]。信託財産であれば，組合員の個人債権者は組合財産に対して権利行使はできず（677条），AB は組合の業務執行として第三者異議を申し立てることができ，○が正解になる。

　[*1]『民法Ⅴ』*10-32* 以下　　[*2]『民法Ⅴ』**注 10-18**

(c) 誤振込み

CASE3-10　　A 会社は，取引先である B 会社に対して負担している 200万円の支払のため，B の C 銀行の○○支店の口座に入金をしようとしたところ，A の社員が誤って，B と名前のよく似た D 会社の C 銀行○○支店の口座（以下，本件口座という）に入金してしまった。翌日，B から入金がない旨の通知を受け，確認をしたところ，間違って D の口座に振り込んだことがわかった。そのため，A は C 銀行に組戻しの手続きを求めたが，D の同意がないとできないと言われ，D は事実上倒産して事業活動を停止していたため，D の承諾が得られないでいる。その 1 週間後に，D の債権者 E が，本件口座に振り込まれた 200 万円について差し押さえてきた。

　[Q]　E の差押えに対して，A は第三者異議を申し立てたとして，A の異議は認められるか。

【Ａ】　×（原因の有無を問わず，振込みにより口座名義人に預金債権が成立する）

[解説]　誤振込みによる法律関係の問題である。

判例は，「振込依頼人から受取人の銀行の普通預金口座に振込みがあったときは，振込依頼人と受取人との間に振込みの原因となる法律関係が存在するか否かにかかわらず，受取人と銀行との間に振込金額担当の普通預金契約が成立し，受取人が銀行に対して右金額相当の普通預金債務を取得する」と判示し，誤振込人の第三者異議を認めなかった（最判平 8・4・26 金判 995 号 3 頁）。Ａは，Ｄに対して不当利得返還請求権を持つにすぎない。しかし，Ａの出捐した金銭であり，債権回収を諦めていたＥがこれから棚ぼた的利益を受けるのは適切ではない。そのため，学説はなんとかＡが全面的に誤振込金を取り戻すことができるような法的構成を模索している。しかし，判例による限り，Ａの第三者異議は認められないので，×が正解になる。ただし，下記説明参照。

[関連して考えてみよう]　Ｄの預金債権が成立するとしても，Ｄは預金債権の行使はできない。すなわち，預金者が誤振込みを知りながら払戻しを請求すると，詐欺罪が成立する（最判平 15・3・12 刑集 57 巻 3 号 322 頁）。また，民事上も，預金者による払戻請求は権利濫用となり認められないのが原則である（最判平 20・10・10 民集 62 巻 9 号 2361 頁）。

そうすると，上記最判平 8・4・26 は実質的に変更されたと考える可能性がある。というのは，債務者たる預金者が預金債権を行使できない以上，差押債権者に債務者以上の権利行使は認められないはずだからである。そう考えると，実は本問の解答としては○と考えることができないわけではない。

[*1] 『民法Ⅴ』*10-33* 以下

■第 4 章■

賃貸借契約

[1]　賃貸借契約の意義と不動産賃貸借をめぐる特別法

ⓐ　賃貸借契約の意義

❶　有料老人ホーム入居契約

> **CASE4-1**　高齢のＡは，妻に先立たれてから軽度の認知症が現れてきたため，これまでの貯金を使って，Ｂ会社の経営する甲有料老人ホームに入居することにした。入居契約では，賃料は一時金方式で1600万円の一括払い，毎月の食事代と介護費用については毎月月末払いとの内容で合意した。入居一時金の内訳は，賃料は共用部分の利用料込で月20万円として想定し，①5年間を想定居住期間として，その5年分1200万円とし，途中で死亡等により契約が終了したならば，残りの期間部分は返還する，②想定居住期間経過後の賃料については400万円とし，何年居住しようとこの金額以上は支払う必要はなく，他方で，月20万円の賃料換算で400万円分居住せずに死亡しても一切返還はない，という約定であった。
>
> 　Ａは入居から6年後に死亡した。Ａの相続人Ｃは，②の期間についての賃料の約定は無効であり，月20万円の賃料の1年分240万円を超える支払部分160万円の返還を求めた。
>
> 　**【Ｑ】**　ＣのＢに対する160万円の返還請求は認められるか。

　【Ａ】　×（想定居住期間を超えた部分について，射幸的な利用料を約定する
　　　　終身定期金類似の契約の合意として有効である）

　[解説]　有料老人ホームの入居契約の，①賃料×期間で金額が算定された賃料の前払部分ではなく，②その後の終身利用権を低額の利用料の支払で取得する契約部分の効力の問題である。

　まだ最高裁判決はないが，近時この問題について下級審判決が多数出されてお

り，いずれもこのような射幸的——その金額で死ぬまで住めるが，早く死んでも一切返金なしというギャンブルの掛金のようなもの——契約も，想定居住期間を超えた期間部分について入居者全体が相互扶助的に出資金で支え合うことになり合理的であり，このような合意も有効であるという（たとえば，名古屋高判平26・8・7LEX/DB25446618）。しかし，判例は契約の法的性質を明らかにしておらず，学説には終身利用権設定契約等と比喩的に説明することもされる。①の部分は普通の賃貸借で賃料の一括前払いがされているにすぎないが，②の部分は定額の掛金で死ぬまで居住という給付を受けられ，金銭という給付と異なるが，終身定期金契約に類似することになる。

　契約の法的性質については議論があるが，いずれにせよ，①の部分のみならず②の部分についても，その基準が不合理なものではない限り有効であり，CはBに対して160万円の返還を請求できない。よって，×が正解となる。

❷　ファイナンス・リース契約

> **CASE4-2**　　A会社は機械の製造販売を業とする会社であり，B会社から工場に設置する甲機械の注文を受けた。Bは代金の支払方法としてリースを利用することにし，Cリース会社とリース契約を締結した。Bは，Cに，委託に基づきAから甲機械を購入し，代金をただちに全額支払ってもらい，甲機械をAからリースすることにして，購入代金に利息と手数料をつけてリース料名目でもって月払いで分割して支払うことにした。
>
> 　ところが，Bが，甲機械をAから引渡しを受けて利用したところ，不具合が見つかった。そのため，Aが甲機械を自己の工場に引き取って修理をした。その間1週間，甲機械の利用ができなかった。
>
> 【Q】　BはCに対するその1カ月のリース料につき，1週間使用できなかった期間について減額を主張することができるか。

【A】　×（リースはクレジット同様の第三者与信取引であり，リース料は融資金に利息と手数料をつけて分割払いをするものであり，賃料ではない）

[解説]　リース（ファイナンス・リース）契約とは何かを考えてもらう問題である。リース契約は，形式は賃貸借契約であるが，実質は，購入代金の融資——クレジットはリースとは異なり，クレジットではAB間で売買契約を締結し，Cは

立替払いという形で融資をする——と利息と買取なども含めた手数料をつけた分割払いである*¹。そのため，賃貸借であれば，利用ができなければ，賃借人の帰責事由によるものではない限り，賃料の当然減額が認められるが（611条），その適用はない——リース契約条項に免責規定あり——。

　リース（賃貸借）とはいうが，賃貸借とは本質的に異なる契約であるため，リース料も賃料とは異なり，611条は適用にならず，×が結論になる。

[関連して考えてみよう]　Bは，賃貸借であればCに修補請求をすることになるが（606条1項），賃貸借ではないのでこの規定は適用にならない。実質的にはAB間の売買契約であり，リース契約の条項では，CのAに対する売買契約上の買主の権利がBに譲渡されている。これに基づいて，BはAに対して修補請求（562条），損害賠償請求（564条，415条）ができることになる。

　*¹ 『民法Ⅴ』 *11-1-1*

❸　サブリース契約

CASE4-3　　　Aは甲地を所有しており，不動産業を営むB会社から誘われて，いわゆるサブリース契約を締結した。その内容は，AがBにマンションの建設を依頼し，その代金を銀行から融資を受けて支払い，完成した建物（乙建物という）をBが転貸目的で一括して借り上げ，Bが自己を貸主として個別に借主を募集し，賃貸不動産の管理を行うというものであった。Bは乙建物を建築し，賃貸マンションとしての管理を開始したが，なかなか思ったほど賃借人が集まらず，また，その後に近くに類似のマンションが多数建設され，賃料の価格競争において，乙建物の賃料は他のマンションより少し高めであった。そのため，賃貸開始から3年後に，BがAに対して賃料の減額を求めてきた。

【Q】　BのAに対する賃料の減額請求は認められるか。

【A】　×（一括借上げをして賃料が確実に入るようにしているのであり，また，転貸の形式はとりつつ実質は賃料保証をした上での賃貸不動産の管理委託にすぎない）

[解説]　サブリース契約とは何かを考えてもらう問題である。

　サブリースとは英語で転貸借のことであり，元の基本となる賃貸借はマスターリースという。ところが，日本ではAB間の本来マスターリースの部分をサブリ

ースと呼び，また，単なる賃貸借を超えた特殊な契約である。Aは銀行から融資を受けて建物を建築するため，融資の返済が計画通りできるためには賃料が確実に入ってくるように，賃貸管理ではなくBが一括借上げという形を取ったのである。安易に賃料減額が認められてはAの計画が狂うことになる。また，そもそも，賃料保証を伴う管理委託契約の実質を持つのであり，AB間の契約は賃貸借という形式からは離れる実質を持つ。その名で賃貸をしてもらう準問屋（商法558条）の実質をもつ契約であるといえる[*1]。

　しかし，判例はサブリースも賃貸借と認めて，借地借家法32条1項の賃料減額請求権を賃借人に認めつつも，サブリースをめぐる「事情は，本件契約の当事者が，前記の当初賃料額を決定する際の重要な要素となった事情であるから，衡平の見地に照らし，借地借家法32条1項の規定に基づく賃料減額請求の当否（同項所定の賃料増減額請求権行使の要件充足の有無）及び相当賃料額を判断する場合に，重要な事情として十分に考慮されるべきである」としている（最判平15・10・21民集57巻9号1213頁）。そのため，通常の場合に比して，減額が認められにくいことになる。

　本問でも，Bがその賃料でAを勧誘し，Aをして銀行から借入れをさせて，少し見込みが甘かったからといって賃料減額を認めるのは，Bの身勝手である。一般論としては減額請求の可能性はあるが，本問では減額は認められないというべきである。×が正解となる。

[*1] 『民法Ⅴ』*11-1-1*

(b) 不動産賃貸借についての特別法

❶ 借地権について

> **CASE4-4**　　Aは，甲地とその隣接する乙地とを所有している。Bは，飲食店を出店するために，Aから甲地と乙地を賃借し，甲地に飲食店の建物を建築し，B名義で所有権保存登記をなし，乙地を飲食店専用の駐車場として利用している。Bとしては，甲地は駅前といった自動車なしに客が集まる場所ではなく，飲食店経営に駐車場は不可欠だと考えて，あわせて乙地も賃借したものであった。契約から5年後に，Aが死亡し，Aの相続人は甲地と乙地とをCに販売し，所有権移転登記をした。Cは，建物の存在しない乙地について，Bに対して明渡しを求めた。
>
> 【Q】　CのBに対する乙地の明渡請求は認められるか。

【A】 × （判例では明渡請求が権利濫用になる可能性が高い）

［解説］ ２つの土地が一体として利用するために賃借され，その１つの土地のみに建物が建築されている場合の，借地権の対抗力を考えてもらう問題である。

判例は，「建物の所有を目的として数個の土地につき締結された賃貸借契約の借地権者が，ある土地の上には登記されている建物を所有していなくても，他の土地の上には登記されている建物を所有しており，これらの土地が社会通念上相互に密接に関連する一体として利用されている場合においては，借地権者名義で登記されている建物の存在しない土地の買主の借地権者に対する明渡請求の可否について」，「事情いかんによっては，これが権利の濫用に当たるとして許されないことがある」とする（最判平成９・７・１民集51巻6号2251頁）[*1]。

本問では，AからBが一体として借りており，AはBの一体使用の目的を認識しており，判例を適用すれば，Cの請求は権利濫用とされる可能性が大きい。よって，×が正解と考えられる。

［関連して考えてみよう］ 対抗力を認めるのではなく，これを否定し，したがってBC間に賃貸借契約を認めるのではなく，Cに所有権に基づく明渡請求権を認めつつ，その行使を権利濫用とするのは，法律関係が今後も続くことを考えると最善の解決ではない。不法占有のまま，不当利得返還義務を負いつつ，明渡しはしなくてよいというのはどうみてもまともな権利関係ではない。そのため，判例に反対して，対抗力を乙地に拡大する学説がある。土地は人為的に登記により区切られているものであり，甲地と乙地を当事者が一体として利用するために借りた場合には，全体として借地借家法の適用を認めることが望ましい。

[*1] 『民法V』 11-13-1

❷ **借家権について**

CASE4-5 　A会社は，甲地とその地上の乙ビルを所有している。Bは，飲食店を経営するために，乙ビルの地下の一部分を借り，そこを改装して飲食店の経営を始めた。Bは，地下の飲食店の存在が通行人にわかるように，乙建物の通路側の壁面及び入口部分に，Bの飲食店の看板の設置の許可を得て，これにつき１万円の使用料を支払うことを合意した。飲食店の賃貸借については１年毎の更新と合意されていたが，看板部分の使用については特に期間は定めていなかった。契約から１年経過後，Aから解約が申し入れられたが，Bはこれを拒絶した。そのため，AはBに対して，解約が有効であることを前提として，飲食店部分の明渡し及び看板部分について看板の撤去を

求めて訴訟を提起した。Aには正当事由は認められないものとする。

【Q】　AのBに対する上記請求は認められるか。

【A】　×（判例によれば，看板の撤去請求は権利濫用になる）

【解説】　建物の地下部分の飲食店のための賃貸借と，その営業のための建物の側面及び入口部分の看板設置のための使用契約がされている場合に，後者の法的扱いについて考えてもらう問題である。

　まず建物の地下部分については正当事由が認められないので，Aによる解約申し入れは効力が認められない。ところが，建物の壁面及び入口の部分的な使用契約は，「建物」の賃貸借とはいえず，借地借家法の適用はない。そうすると，自由に解約ができるのかというと，譲受人への対抗力が問題となった事例で，最判平25・4・9判時2187号26頁は，看板利用の強い必要性があること，他方で，買主は看板等の設置が本件建物の所有者の承諾を得たものであることは十分知り得たこと，買主が本件看板があることにより具体的な支障が生じていることもうかがわれないことから，看板除去請求を権利濫用とした*1。

　そのため，本問でも看板の撤去請求を権利濫用とすることができる。ただ本問では，権利濫用を解約権の行使に適用することができ，そうすれば賃貸借契約は続くことになる。看板部分にも借地借家法の適用を拡大すれば，解約ができないことになる。こうして，Aの解約請求は看板についても認められるべきではなく，×が正解になる。

*1　『民法V』11-13-2

(c)　債務不履行解除

CASE4-6　　A会社は甲建物を所有し，その1階部分を複数のテナントに賃貸して，商店街としていた。Bは，その1つの区画をAから賃借して，輸入雑貨の販売を行っていた。Bは店舗の営業に際して，通路にまで商品を積み上げて販売しており，通行する客が十分な距離をもってすれ違いができないほど通路にはみ出していた。そのため，周辺の店舗の経営者から再三苦情を申し立てられたが，Bはこれに応じることなく，口論となることもしばしばであった。そのため，AがBに注意したが，BはAの注意にも聞く耳を持たず，そのまま営業を続けている。そのため，AはBとの賃貸借契約を解除し，賃借部分の明渡しを求めた。Bは，賃料の滞納はなく，また，無断改

装等もしていない。

【Q】　AのBに対する明渡請求は認められるか。

【A】　○（信頼関係の破壊が認められ，解除は有効である）

【解説】　不動産賃貸借契約には信頼関係破壊の法理という契約解除についての独自の法理があること，その本問へのあてはめを考えてもらう問題である。

　2017年改正前は541条の解釈として認められていたが，改正法でも541条の解釈によるものと思われる法理として，不動産賃貸借における「信頼関係破壊の法理」がある。541条の催告解除に対して，賃借人に信頼関係の破壊がない限り賃貸人は契約解除ができず，他方，信頼関係破壊があり，催告しても是正されることが期待できない場合には，即時解除ができる――この部分は改正法では542条1項2号や5号を援用する余地あり――という法理である*1。

　本問では，Bは賃料という本体的債務は不履行がなく，また，賃借部分についての善管注意義務にも違反していない。しかし，通路に商品を許容限度を超えるほど置いて，ショッピングセンターの秩序を乱すという，いわば付随的義務に違反している。判例は，同様の事例で，「それは，共同店舗賃借人に要請される最少限度のルールや商業道徳を無視するものであり，ショッピングセンターの正常な運営を阻害し，賃貸人に著しい損害を加えるにいたるものである」として，信頼関係破壊を認め，賃貸人による解除を認めている（最判昭50・2・20民集29巻2号99頁）。したがって，本問でもAの解除は有効であり，○が正解になる。

*1　『民法V』11-24以下

CASE4-7　　A所有の甲地を，Bは建物所有目的で，Aから賃借した。Bは，Aの了解のもとに，甲地上に乙建物を建築し，そこで居住をしている。その後，賃借人が新たに賃借地上に工作物を建設しようとするときはあらかじめ賃貸人の承諾を得ることを要し，賃借人がこれに違反したときは賃貸人において賃貸借契約を解除することができる旨の特約があるにもかかわらず，BはAの承諾を得ずに，物置を兼ねた離れを建築した（所有権保存登記未登記）。これを知ったAは，Bに対して本件離れの撤去を求めたが，Bが応じなかったため，AはBに対して賃貸借契約の解除を通告し，建物を収去して土地を明け渡すことを求めた。

【Q】　AのBに対する明渡請求は認められるか。

【A】 ×（信頼関係の破壊が認められない特段の事情があり，解除は無効である）

[解説] 本問も信頼関係破壊の法理のあてはめを考えてもらう問題である。

　判例は，本問のような特約またその違反がある事例で，「建築が賃借人の土地の通常の利用上相当であり，賃貸人に著しい影響を及ぼさないため，賃貸人に対する信頼関係を破壊するおそれがあると認めるに足りないときは，賃貸人は右特約に基づき賃貸借契約を解除することはできない」と判示している（最判昭44・1・31判時548号67頁）。「土地の通常の利用上相当であり，賃貸人に著しい影響を及ぼさない」建築物の建築を認めるかどうか賃貸人の許諾に服せしめることは，無効とはいえないまでも，賃借人による土地利用を制限するものであり，合理性も認められない[*1]。

　本問でも，上記判決同様に，形式上は賃貸借契約上の用法義務違反はあるが，信頼関係を破壊しないものとして，Aによる解除は認められないものと考えられる。よって，×が正解である。

[関連して考えてみよう] 解除はできないとしても，本件離れの建築は用法義務違反であると考える以上，AはBに対して，本件離れの撤去を求めることができてしまう。これを退けるため，恐らく判例では権利濫用の法理を用いるものと思われる。しかし，違法な建築のままであり，地代を支払っているので不当利得はなく，また，とりたててAに損害もないので損害賠償請求も認められない。むしろ問題の条項を，「土地の通常の利用上相当であり，賃貸人に著しい影響を及ぼさない」建築物は禁止行為には含まれない，換言すれば，これを超える建築のみ許諾を要するものとする趣旨であると解釈すれば，すべて問題は解決される。

　[*1] 『民法V』 *11-24-3*

[2] 賃貸人の義務

(a) 使用・収益をさせる義務

❶ 付随的義務

CASE4-8 　Aは，3階建ての住宅兼店舗の建物（以下，本件建物という）を所有しているが，高齢になり，営業を止めることにし，1階部分を店舗の経営のために借りたいと言ってきたBに賃貸し，引き渡した。Bは1階部分で洋菓子の製造販売を行っている。

　あるとき，Aが使用する電気ストーブのコンセントが十分に刺さってお

ず，そこに埃がたまり，それに気がつかずにストーブを使用し続けたために埃から発火し，本件建物の2階部分に火災が発生した。消防車がすぐに火災を鎮火させたが，放水により1階部分が水浸しになり，Bが店舗に保管していた商品，また洋菓子作成用の材料・器材などが被害にあい，総額100万円の損害を被った。Aには重大な過失までは認められないが，過失は免れないとする。

【Q】　BのAに対する，火災による器材等の被害についての損害賠償請求は認められるか。

【A】　○（失火ではあるが，債務不履行を理由に損害賠償を請求できる）

【解説】　賃貸人が賃貸借契約に付随して負う義務についての問題である。

　賃貸人は目的物の使用収益を賃借人に可能とさせる必要があり，消火活動によって1階部分が使えなくなったことによる損害については，債務不履行を理由に損害賠償義務を負う。ところが，本問では，火災による消火活動により，Bの所有物が侵害されたという，いわば拡大損害が生じているのである。

　所有権侵害なので不法行為が問題になるが，重過失まではないので，失火責任法により免責される。そこで，債務不履行を検討してみる必要がある。最判平3・10・17判時1404号74頁は，賃貸人がその所有の建物の1階部分を事業者に賃貸していたところ，建物の賃貸人所有部分から賃貸人の過失により火災が発生し，賃借部分にある賃借人所有の機器などが損害を受けた事例で，「被害について賃貸人として信義則上債務不履行による損害賠償義務を負うと解するのが相当である」と判示している。その意味するところは明確ではないが，債務不履行責任を認めている[1]。

　この判例は，使用収益させる義務とは別に，自己の占有部分から失火等をして賃借人の所有物を侵害しないという，付随義務を信義則上認めるという趣旨ととれる。いずれにせよ，本問にもこの判決はあてはまり，BはAに対して債務不履行を理由として損害賠償を請求することができることになる。よって，○が正解である。

[1] 『民法Ⅴ』11-29

❷ 修繕義務

CASE4-9　　Aは，2階建ての二世帯住宅を所有しているが，2階に居住していた息子夫婦が転勤により引っ越していったため，空いた2階部分をBに賃貸している。BはOLで，自宅で食事を作っているが，油を使用した際に，余った油を冷やしてそのまま排水管に流していたため，入居から1年後に，排水管に油がこびりついて水の流れが悪くなり，食べ物かすが詰まり，遂には水がまったく流れなくなってしまった。困り果てて，BはAに相談したところ，Aから，自分で業者を呼んで直すようにと言われた。

【Q】　BはAに対して，排水管の修繕を求めることができるか。

【A】　×（賃借人の帰責事由による場合には，賃貸人に修繕義務は認められない）

[解説]　賃貸借の目的物が修繕を要する状態になったが，それが賃借人の帰責事由による場合にも賃貸人に修繕義務があるのかを考えてもらう問題である[*1]。

　2017年改正前は，賃借人が善管注意義務に違反して目的物を損傷しても，417条により賃借人は金銭賠償義務を負うだけであり，賃貸人は修繕義務を免れないのかどうかは議論があった。最高裁判決はなく解釈に任されていた。賃借人が原状回復義務を負うのは，「賃貸借が終了したとき」に限られており（621条），また，金銭賠償主義（417条）が適用されるので賃借人の修繕義務は出てこない。そうすると，賃貸人の修繕義務を認めて，かかった費用を賠償請求することができるだけというのが自然な結論であった。

　しかし，2017年改正法は，債権者に帰責事由がある場合には，543条で解除を認めない，562条2項で追完請求を認めない，563条3項で代金減額を認めないという諸規定と歩調をそろえて，606条1項但書で，賃借人の帰責事由によって修繕が必要となったときは，賃貸人は修繕義務を負わない——賃貸人が修繕してその費用を損害賠償請求することはできる——ものとした。よって，Aは修繕義務を負うことはなく，×が正解になる。

[関連して考えてみよう]　賃貸人Aが修繕義務を負わないが——修繕することはできる——，他方で，賃借人Bは金銭賠償義務を負うのみであり（417条），契約終了まで原状回復義務を負うことはない（621条）。賃借人は，修繕を要する状態になった場合には，そのことを賃貸人に通知することを義務づけられる（615条）。賃借人は自ら修繕をすることができ——賃貸人に修繕義務がないので相当期間の経過は不要というべきか（607条の2第1号参照）——，賃貸人の負担に

属する修繕ではないので費用償還請求はできない。

　残された疑問点は，賃借人に修繕義務があるのかということである。616条の準用する594条1項により，賃借人に善管注意をもって使用収益する義務は導かれるが，修繕義務は規定されていない。ただ，使用貸借において，595条1項が，借主は「通常の必要費を負担する」と規定しているのは，費用負担の前提として修繕自体も借主が行う義務を負うことが当然の前提になっていることからすれば，賃借人が修理費用を負担するということから修繕義務まで導くことは不可能ではない。そのまま放置することは善管注意義務に違反するものであり，善管注意義務から修繕義務を導くことができると思われる。

*1 『民法V』11-32

CASE4-10　　Aは，その所有の甲ビル1階部分を，B会社に賃貸している。2020年4月15日，Bに恨みを持つCにより，甲ビルに放火がされ，甲ビルは全焼を免れたが，入口付近を中心に大きな被害を受けた。建て替えなければならないほどの被害ではなく，修繕をすれば使用可能であるものの，復旧工事には相当の時間がかかりそうな見込みである。AB間の賃貸借契約では，毎月の賃料は50万円で，前の月の月末払いという約束になっている。

　Aは業者に依頼して，甲ビルの1階部分の修繕工事を行ってもらっているが，工事が難航しており，4月末には未だ復旧の見込みさえ立たない状況である。

【Q】　Bは，①既払いの4月分の賃料から，使用できなかった期間分につき，Aから返還を受けられるか。また，②4月末の5月分の賃料の支払を拒むことができるか。

【A】　①○（611条1項），②○（条文はないが，使用できず返還されることになることが確実な場合には，公平の観点から支払拒絶権を認めるべきである）

【解説】　賃貸借の目的物が使用できない状況になった場合の賃料の減額，また，先払い賃料の支払拒絶権について考えてもらう問題である*1。

　2017年改正前は，611条は原因を賃借物の一部滅失に限定し，また，効果は賃借人の減額請求権という構成になっていた。改正法は，原因を問わず使用収益ができない場合を対象とし，また，その効果も当然の減額に変更した。そのため，

①については，当然に使用できない期間につき1日1日賃料債務が遡及的に消滅していたことになり，返還義務が発生することになるため，○が正解である。

　②については改正法も明記をしていないが，復旧のめどが立たず返還になることが明らかな場合，賃借人Bは先払い賃料の支払を公平の観点から拒絶できてしかるべきである。同時に履行できるものではないので同時履行の抗弁権（533条）ではなく，公平の観点から認められる特別の抗弁権とでもいうべきである。確立した判例があるわけではないが，○を正解と考える。

*1 『民法V』11-37

(b)　費用償還義務

CASE4-11　　Aは，その所有の甲建物をBに賃貸しており，2020年10月15日に，甲建物は台風による突風により屋根が飛ばされ，雨漏りが生じた。そのため，BはAの承諾を得て，ただちに業者に修繕を依頼し，修繕が終了し，その費用として20万円を支払った。その1カ月後，Bは他の建物に引っ越すことに決め，Aと本件賃貸借契約を合意解除し，甲建物を明け渡して，敷金の返還を受けた。しかし，上記の屋根の修理費用については，Aは，自然災害であり自分には責任はないと主張し，支払おうとしない。Bは引越し後，Aに何度か修理費用20万円の請求をしていたが，埒が明かないまま明渡しから1年が過ぎた。

【Q】　BのAに対する屋根の修理代20万円の支払請求に対して，Aが消滅時効を援用して支払を拒んでいる。Aによる時効の援用は認められるか。

【A】　×（600条1項が622条により賃貸借に準用されているが，1年以内に請求がされればよい）

[解説]　賃貸借における費用償還請求権についての特別の時効規定を確認してもらうだけの問題である。

　600条1項は，622条により賃貸借に準用されており，賃借人の費用償還請求権は，返還から「1年以内に請求しなければならない」ことになる*1。賃借人の費用償還請求権は期限の定めのない債権なので，ただちに時効が起算され，5年の時効にかかる（166条1項1号）。賃貸借関係が続いている限りこの原則通りであるが，賃貸借契約が修理用紙目的物の返還を受けた後は，法律関係の安定のために，そこから1年という制限をしたのである。時効とは規定されていないた

め，旧566条3項のように除斥期間と考えられる。この1年以内に請求さえしておけば，時効のように裁判外の催告に暫定的な完成猶予の効果が生じるにすぎないのではなく，1年の制限は撤廃され，請求後は166条1項1号により規律されることになる。そうすると，修理から5年経過しなければ時効は完成せず，Aの時効援用は認められない。よって，×が正解である。

［関連して考えてみよう］ もし，Aが必要費を返還しないまま，甲建物をCに売却したら，Bは誰に返還を請求できるのであろうか。Cは屋根が修理された建物としての価格で購入しているはずであり，Cに支払わせるのは酷である。有益費については，契約終了の時に有益費償還請求ができるため（608条2項），賃貸人が目的不動産を譲渡し賃貸人が交替した場合には，新賃貸人が償還義務者とされる（最判昭46・2・19民集25巻1号135頁）。これに対して，必要費はただちに償還請求できる（608条1項）。判例はないが，賃借人の賃料債務との相殺の期待を保護する必要があり，少なくとも譲渡後の賃料に対しても相殺をもって対抗することを認めるべきである[*2]。

    [*1]『民法Ⅴ』*11-38*　　[*2]『民法Ⅴ』*11-39-1*

[3]　賃借人の義務

ⓐ　賃料支払義務（賃料債務）

CASE4-12　　A所有の甲地を，Bは自分の所有地であると偽って，Cに駐車場として賃貸する契約をした（2020年4月から）。Cは甲地を駐車場として使用し，賃料をBに支払っていた（4月分から6月分は支払済み）。ところが，同年6月に，事実に気がついた所有者Aが，Cに，何で勝手に自分の土地に駐車をしているのかと叱責したため，Cは，甲地がA所有であることを知った。Bに確かめたところ，Bは自分の土地だと言うため，いずれの主張が正しいのかわからず，Cは，前月の月末払いの駐車料金の7月分を6月末を過ぎてもBに支払わず，とりあえずそのまま甲地の使用は続けていた。

【Q】 AはCに対して，①4月から6月分の甲地の利用についての不当利得返還請求，及び，②7月分の甲地の利用についての不当利得返還請求ができるか。

【A】 ①×（賃料を支払っているので利得がない），②○（判例は利得を認める）

[解説] 他人物賃貸借における賃借人の所有者に対する不当利得返還義務について考えてもらう問題である[1]。

まず，他人物賃貸借であっても<u>債権契約としては有効であり</u>，ＣのＢに対する４月から６月分の賃料の支払は有効である。そのため，<u>Ｃは４月から６月分については利得がなく</u>，Ａに対して不当利得返還義務を負うのは，Ａの土地を賃貸して賃料を受領したＢである。よって，①は×が正解になる。

次に，②については，Ｃは未だ賃料を支払ってはいないが，しかしＢに対して賃料支払義務は負っている。判例は，賃借人は<u>賃貸人の賃料請求を拒絶できる</u>と考えた上で，賃料未払いの場合には賃借人は土地所有者に対して<u>不当利得返還義務を負う</u>ものと考えている（大判昭13・8・17民集17巻1627頁）。ＣがＡに賃料相当額の不当利得返還をしたならば，ＣのＢに対する賃料債権は消滅し（Ｃに対してＡＢは連帯債権者の関係に立つ），ＢはＡに対して不当利得返還義務を免れる（Ａに対してＢＣは連帯債務者の関係に立つ）。判例によれば，○が正解になる。

[1] 『民法Ⅴ』11-41

⒝ 使用に際しての善管注意義務

CASE4-13　　Ａ所有の甲建物を，Ｂは居住用に賃借して家族とともに居住している。Ｂの同居の高校生の息子Ｃは，YouTubeで動画を配信するために，自分の部屋で火を使用した実験を行っていて，誤って火災を生じさせ，甲建物を全焼させてしまった。Ｃには重大な過失があるが，Ｂは，Ｃがそのような配信を自室で行っていることを知らなかった。

【Q】　ＡはＢに対して，火災による甲建物の焼失による損害の賠償請求ができるか。

【Ａ】　○（賃借人は家族の行為についても債務不履行責任を負う）

[解説]　賃借人の家族が賃借物を滅失させた場合の賃借人の責任を考えてもらう問題である。

まず，賃貸借契約における善管注意義務違反による賃借物の滅失・損傷については債務不履行が成立するため，失火責任法による免責は認められない。問題は，それが賃借人ではなく，その家族の行為による点である。この点，賃借人は賃借権の行使として家族を住まわせることができるが，賃借人はその行為について責任を負わなければならないと考えられている[1]。債務の履行のために居住させて

いるのではなく，権利行使として居住させているにすぎないので，履行補助者と区別して利用補助者と称されている。賃借人B自身にCにつき監督義務違反（過失）があることは必要ではない。よって，Bは責任を免れず，○が正解になる。

*1 『民法V』11-44

(c) 契約終了後の返還義務・原状回復義務

CASE4-14　　A所有の甲建物を，Bは居住用に賃借して，家族とともに居住している。Bは5年間甲建物に居住したが，念願のマイホームを購入し，Aと甲建物の賃貸借契約を合意解除して，甲建物を明け渡した。Bは建物を汚したり壊したりしないように細心の注意を払いながら居住しており，経年変化以外に損傷や汚損は見られない。AはBに対して，Bから甲建物の明渡しを受けた後，次の賃借人に賃貸するために，業者に依頼して甲建物の内部の清掃をしてもらった。

【Q】　Aは上記清掃費用をBが差し入れている敷金から差し引くことができるか。

【A】　×（経年変化は使用の対価として賃料の中で考慮されており，賃借人は原状回復義務を負わない）

【解説】　賃借人の原状回復義務について考えてもらう問題である。

　賃貸借契約における賃借人の原状回復義務については実際に争いになることが多く，国土交通省住宅局は「原状回復をめぐるトラブルとガイドライン（再改訂版）」を公表し指針としている。2017年改正法はこれを条文化して，受領後に生じた「損傷」の原状回復義務のみを規定し（621条），その括弧書きでは，<u>「通常の使用及び収益によって生じた賃借物の損耗並びに賃借物の経年変化」は「損傷」から除く</u>ことを明記した。

　よって，Bは経年変化以上の「損傷」を生じさせていないので，原状回復義務を負わない*1。したがって，清掃費用を敷金から差し引くことはできず――次の賃貸借の賃料に組み入れて回収することになる――，×が正解になる。

【関連して考えてみよう1】　621条は任意規定であり，経年変化についても原状回復義務を負わせる<u>特約</u>は可能であろうか。経年変化を原状回復義務ら除外するのは，賃料の価額に組み込まれ考慮されていることが理由なので，これを組み込まず賃料を安めにして，その代わりに経年変化についても原状回復義務を負わせる

ことは可能である。ただし，そのためには，原状回復義務に経年変化を含むことを明確に契約条項として規定することが必要である（最判平17・12・16判時1921号61頁）。消費者契約法10条との関係では，敷引特約がされている事例で，「敷引金の額が高額に過ぎると評価すべきものである場合には，当該賃料が近傍同種の建物の賃料相場に比して大幅に低額であるなど特段の事情のない限り」無効になるとされている（最判平23・3・24民集65巻2号903頁）。

［関連して考えてみよう2］ なお，原状回復義務は，賃借人が賃貸人の同意を得てなした改造等，適法な目的物の変更を元に戻す義務であり，過失で目的物を損傷した場合は，金銭賠償主義（417条）があるので損害賠償の対象にすぎない。ところが，改正法621条は，賃借人の帰責事由による損傷について——適法な変更は，622条による599条1項の収去義務によらしめた——原状回復義務を認めるという，金銭賠償主義に対する例外を認めたことになる。実際には賃貸人が原状回復をして，そのかかった費用を請求するが，それは原状回復請求権ではなく，損害賠償請求権ということになる。

 *¹『民法V』11-45-1

［4］　賃借権の譲渡及び転貸借

⒜　賃借権の譲渡

❶　原則としての禁止

> **CASE4-15**　　A所有の甲建物を，Bは飲食店経営用に賃借した。Bは，甲建物を，Aの承諾を得て飲食店用に改装して利用していたが，有名なレストランにシェフとして引き抜かれたため，甲建物の店舗を閉店することにした。そのため，Bは友人のCに，その店舗をそのまま利用してもらおうと考え，Cに賃借権を譲渡し，あわせて店の設備もすべて譲渡した。BはAにメールを送り，賃借人がBからCに交替したこと，Cは自分がパリでの修行中に知り合った友人であり信頼のおける者であること，また，反社会勢力等には関係ないことなどを書き添えた。Cは，Bから引渡しを受けて，Bのレストラン名をそのまま引き継いで，営業を始めた。
>
> 【Q】　AはCに対して，賃借権の譲渡を否定し，甲建物の明渡しを求めることができるか。

 【A】　○（信頼関係を破壊しない特段の事情がない限り，賃借権の譲渡は賃

貸人に対抗できない）

［解説］ 賃借権の譲渡について考えてもらう問題である。

賃借権は賃貸人の承諾なしには譲渡ができない（612条1項）。賃貸人の承諾が賃借権の移転の要件になるため，賃貸人の承諾なしになされた本件譲渡は──債権契約としては有効であるが──その効力が認められず，Cは不法占有となる[*1]。本問では，譲受人が離婚した賃借人の妻，賃借人が設立した会社であるなどの特段の事情はない。したがって，AB間の賃貸借契約を解除するまでもなく，所有権に基づいてCに対して甲建物の明渡しを請求することができる──解除しない限り，Bへの明渡ししか請求できないのかは議論がある──。よって，○が正解である。

［関連して考えてみよう］ AがBとの賃貸借契約を解除しないで，Cへの明渡請求をする際に，Bが設置した設備等の除去をCに対して求めることができるのであろうか。Cが設備等を買い取っており所有者なので──BC間の店内設備の売買はAの承諾がなくても有効──，妨害排除義務を負うが，賃借人ではないので原状回復義務は負わない。Bは，設備をCに売ってしまったとしても，賃借人としての原状回復義務は免れない。ただ，所有者でなければ処分権限がないので，妨害排除の相手方にならないという物権的請求権についての議論との関係は残る。

　　[*1] 『民法V』 *11-46* 以下

❷　**賃借権の譲渡に準じるか争われる場合**

> **CASE4-16**　　A所有の甲建物を，B会社がカラオケ店営業のために賃借をした。BはCが100％出資し，その株式のすべてを保有し，Cが自ら代表取締役として経営している個人会社である。Cは，営業を止めて故郷の親の介護をしなければならなくなったため，Bの持ち株を知合いのDに全部売却し，DがBの経営を引き継いだ。Bは経営者が変わったことにより，営業方針が大きく変更され，そのこともあって近隣とのいざこざがたびたび起きるようになった。
>
> **【Q】**　Aは，賃借権の無断譲渡を理由にBとの賃貸借契約を解除することができるか。

【A】　×（賃借権の譲渡ではないと形式的に判断するのが判例である）

［解説］　契約当事者たる賃借人はそのままであるが，個人会社について株式全部

を譲渡し，実質的に異なる経営主体に変更された場合に，賃借権の譲渡に準じて扱うべきかを考えてもらう問題である。

　判例（最判平8・10・14民集50巻9号2431頁）は，「賃借人が法人である場合において，右法人の構成員や機関に変動が生じても，法人格の同一性が失われるものではないから，賃借権の譲渡には当たらない」という。「賃借人に有限会社としての活動の実体がなく，その法人格が全く形骸化しているような場合はともかくとして，そのような事情が認められないのに右のような経営者の交代の事実をとらえて賃借権の譲渡に当たるとすることは，賃借人の法人格を無視するものであり，正当ではない」と判示している[*1]。ただし，下線部のような例外を認める余地は留保している。本問では例外を認める余地がまったくないわけではないが，×を正解としておく。

　　[*1] 『民法V』 *11-47-1*

❸　解釈による612条の制限──信頼関係破壊の法理

CASE4-17　　　　A所有の甲地を，Bは，建物を建築して居住するために賃借した。Bは，甲地の引渡しを受けた後，乙建物を建築し，家族とともに居住していた。ところが，Bの不倫が発覚し，Bは妻Cと協議離婚し，その際，乙建物を甲地の借地権とともに財産分与としてCに譲渡することを合意した。そのため，Cは未成年子の親権者となり，子どもらと甲地上の乙建物に従前通り居住を続けている。

【Q】　Aは，賃借権の無断譲渡を理由にBとの借地契約を解除することができるか。

【A】　×（信頼関係を破壊しない特段の事情が認められる）

[解説]　借地権の無断譲渡がされても，信頼関係を破壊しない特段の事情があれば，契約解除が否定されることを考えてもらう問題である。

　賃借権の無断譲渡，また，無断転貸であっても，賃貸人の信頼を破壊するとは思われない特別事情がある場合には，612条1項また2項は適用されないと考えられている（最判昭28・9・25民集7巻9号979頁）[*1]。これを**信頼関係破壊の法理**という。612条2項の適用を排除するための抗弁事由になるため，信頼関係を破壊しない特段の事情の存在は，解除を争う賃借人側が証明責任を負う。

　本問も，賃借人Bが賃借人でなくなり出ていくだけであり，B以外の居住者に

ついて変更はなく，ただ賃料支払について不安があるかもしれないが，支払がなければそれはそれで解除が別にできるので，信頼関係破壊の法理を適用してよい。よって，×が正解である。

[関連して考えてみよう] 612条2項が信頼関係破壊の法理によりその適用が制限され，解除権が否定されることは上記の通りである。では，解除権が否定されるだけであり，612条1項は適用され，賃貸人の承諾がない以上は賃借権の譲渡の効力は生ぜず，Bが借地人のままであろうか。この点，信頼関係破壊の法理による適用制限は，612条1項にも及び，賃貸人の承諾なしに有効に賃借権の移転が認められると考えられている。ただ，場合によっては，解除は否定されるが，賃借権の移転は認められないという中間的事例もありえないわけではない。

[1] 『民法V』11-48

(b) 転 貸 借

❶ 直接請求権

CASE4-18 A所有の甲地を，B会社は，資材置き場として利用するために，月20万円の賃料で賃借した。Bは事業を一時縮小することにし，甲地の半分（これを乙地という）を，Aの承諾を得て，C会社に，駐車場として月10万円の賃料で賃貸した。

【Q】 Aは，Bが無資力ではなくても，Cに対して自分に10万円を直接支払うよう請求できるか。

【A】 ○（法定の権利として直接請求権が認められている）

[解説] 転貸借がなされた場合における，賃貸人と転借人の法律関係について考えてもらう問題である。

民法は，「転借人は，賃貸人と賃借人との間の賃貸借に基づく賃借人の債務の範囲を限度として，賃貸人に対して転貸借に基づく債務を直接履行する義務を負う」ものと規定した（613条1項前段）。CはBに賃料支払義務を負うだけでなく，Aに対してもBの義務の限度で直接に賃料支払義務を負うことになる[1]。全部転貸に限定していないので，本問のような一部転貸にも適用になる。その意義また法的構成については議論のあるところであるが，○が正解となる。

[関連して考えてみよう] 「賃借人の債務の範囲を限度として」という制限がある。20万円で賃借して，目的物全部を25万円で転貸しても，賃貸人の転借人に

対する賃料債権は 20 万円に限界づけられる。20 万円の賃貸に対して，転貸が 15 万円であれば，規定はないが，Ｃに自分の債務を超える義務を負わせるべきではないので，ＣはＡに対して 15 万円を限度として賃料支払義務を負うにすぎない。

　では，本問に戻って，本問では 20 万円の半分の 10 万円であるが，もしＢの賃料債務が 18 万円で，Ｃの賃料債務が 10 万円の場合，ＡはＣに対して 18 万円を限度として 10 万円を請求できるのであろうか。この点，判例はないが，半分に対応する 9 万円に限界づけられるべきだと思われる。

　　*¹ 『民法Ⅴ』 *11-55* 以下

❷　賃貸借契約の合意解除と転貸借契約の運命

> **CASE4-19**　　Ａ所有の甲地を，Ｂ会社は，資材置き場として利用するために，月 20 万円の賃料で賃借した。Ｂは事業を一時縮小することにし，甲地の半分（これを乙地という）を，Ａの承諾を得て，Ｃ会社に，駐車場として月 10 万円の賃料で賃貸した。その後，Ｂはさらに事業を縮小し，自社の資材置き場だけで十分になったため，ＡＢは賃貸借契約を合意解除した。そこで，ＡはＣに対して乙地の明渡しを求めた。
>
> 【Ｑ】　ＡのＣに対する乙地の明渡請求は認められるか。

【Ａ】　×（賃貸借契約の合意解除は転借人に対抗できない）

[解説]　転貸借がなされた場合における，賃貸人・賃借人間の賃貸借契約の合意解除の転借人への効力について考えてもらう問題である。

　2017 年改正法は，従前の判例を明文化して，「賃借人が適法に賃借物を転貸した場合」──承諾がなくても信頼関係を破壊しない特段の事情がある場合も含む──，「賃貸人は，賃借人との間の賃貸借を合意により解除したことをもって転借人に対抗することができない」ものと規定した（613 条 3 項）。ただし，その解除の当時，賃貸人が賃借人の債務不履行による解除権を有していたのに，交渉で合意解除にした場合は，この制限を受けない（同但書）。本規定も全部の転借人であることを要件とはしていないため，ＡはＣに対して明渡請求ができないことになる。×が正解となる*¹。

[関連して考えてみよう 1]　613 条 3 項が適用になる場合，その後のＣをめぐる法律関係がどうなるのかは議論があり，改正法も解釈に任せた。ＡＢ間の合意解除の対抗不能だとすると，Ｃとの関係ではＡＢの賃貸借がＣの占有を正当化する

ために相対的に存続するのであろうか*²。それとも，直截に AC 間に BC 間の転貸借契約の関係が当事者間変更が認められるのであろうか——敷金も B から A に承継される——。これは立法を要する問題であるが，残念ながら立法はされなかった。

[関連して考えてみよう２]　土地の転貸借ではなく，借地人が，借地上に建物を建築し，その建物を賃貸した場合には，土地の転貸借ではない。しかし，この場合にも，借地契約の合意解除は，建物賃借人に対抗できないと考えられている（最判昭31・2・10民集10巻2号48頁，最判昭38・2・21民集17巻1号219頁など）*³。その理由は，「建物賃借人は，当該建物の使用に必要な範囲において，その敷地の使用収益をなす権利を有するとともに，この権利を土地賃貸人に対し主張し得るものというべく，右権利は土地賃借人がその有する借地権を抛棄することによって勝手に消滅せしめ得ない」，合意解除も「賃借人において自らその借地権を抛棄したことになるのであるから」，これをもって建物賃借人に「対抗し得ないものと解すべきであり，このことは民法398条，538条の法理からも推論することができるし，信義誠実の原則に照しても当然のことだからである」と述べている。

　　*¹『民法Ⅴ』*11-62*　　*²『民法Ⅴ』*11-64*　　*³『民法Ⅴ』*11-63*

❸　**賃貸借契約の債務不履行解除と転貸借契約の運命**

㋐　転借人に対抗可能

> **CASE4-20**　　A 所有の甲地を，B 会社は，資材置き場として利用するために，月 20 万円の賃料で賃借した。B は事業を一時縮小することにし，甲地の半分（これを乙地という）を，A の承諾を得て，C 会社に，駐車場として月 10 万円の賃料で賃貸した。その後，B は事業が不振で取引先への支払ができず，A に対する甲地の賃料の支払も滞納している。A は，B の滞納が 3 カ月にも及んだため，遂に最後通牒を出して催告した上で，契約を解除した。C は B が滞納していたことを知らなかった。
>
> 　**【Q】**　A の C に対する乙地の明渡請求は認められるか。

　【A】　○（賃貸借契約の存在は転借人の占有の適法化の前提であり，これがなくなれば転借人の占有は不法占有になり，明渡しを義務づけられる）

【解説】 転貸借がなされた場合における，賃貸借契約の債務不履行解除の転借人への効力について考えてもらう問題である。

転借人は賃借人（転貸人）の賃借権の効力により適法占有という効果を享受している親亀の上の子亀のような存在である。そのため，賃借権が消滅すれば当然に不法占有になるのが原則である。そして，合意解除とは異なり，AB間の賃貸借契約のAによるBの債務不履行を理由とした解除は，Cにも対抗できる。この結果，Cの占有は不法なものになり，AはCに対して乙地の明渡しを求めることができることになる[1]。

一つ問題になるのは，AはCに対して，Bの代わりに賃料を支払う機会を保障するために，Bの滞納の事実を通知する義務を負い，それをしないでなした解除は無効と考えるべきか，ということである。もし無効だとすると，Aは，もう一度Cに通知した上で，Bに催告してから解除をしなければならないことになる。判例は，転借人への催告は，賃借人との賃貸借契約の解除のための要件にはならないと考えている（最判昭37・3・29民集16巻3号662頁，最判平6・7・18判時1540号38頁）[2]。本問では全面的な転貸ではないので，Cが賃料をAに払っても半分だけであり，Bの債務不履行を解消できず，Cが全額を代位弁済することは考えられず，結果としても不都合はない。

よって，AはCに，Bとの賃貸借契約の解除を対抗でき，乙地の明渡しを請求できるので，○が正解となる。

[1]『民法V』*11-56* 以下　　[2]『民法V』*11-58* 以下

（イ）　転貸借が履行不能となる時期

CASE4-21　A所有の甲地を，B会社は，資材置き場として利用するために，月20万円の賃料で賃借した。Bは事業を一時縮小することにし，甲地の半分（これを乙地という）を，Aの承諾を得て，C会社に，駐車場として月10万円の賃料で賃貸した。その後，Bは事業が不振で取引先への支払ができず，Aに対する甲地の賃料の支払も滞納している。Aは，Bの滞納が3カ月にも及んだため，遂に最後通牒を出して催告した上で，契約を解除した（2020年9月10日）。AはBに対して，ただちに甲地の明渡しを求めた。しかし，AはCに乙地の明渡しを直接求めることはなく，また，Bは，Cに甲地の賃貸借契約が解除された事実を伝えることもなかった。そのため，Cは月末払いの10月分の賃料10万円を，10月末にBに支払った。11月になって，AからCに対して乙地の明渡しが請求された。

【Q】 Aは，Cに対する乙地の明渡請求とともに，Bに対する解除がなされた後の10月分の使用利益を，不当利得として返還請求できるか。

【A】 ×（AがCに対して明渡しを請求することにより，はじめてBの債務が履行不能になり，BC間の転貸借契約が履行不能になり終了するため，それ以前のCのBに対する賃料の支払は有効である）

【解説】 賃貸人・賃借人間の賃貸借契約が債務不履行解除された場合に，転貸借が履行不能になるのはいつなのかを考えてもらう問題である。

他人物賃貸借も債権契約としては有効であり，賃貸借契約の債務不履行解除により賃借人（転貸人）が占有権限を失い，転借人が所有者との関係で不法占有になるとしても，当然には転貸借契約は履行不能となり契約が終了するわけではない——2017年改正法では646条の2の解釈になる——。判例は，「賃貸借契約が転貸人の債務不履行を理由とする解除により終了した場合，賃貸人の承諾のある転貸借は，原則として，<u>賃貸人が転借人に対して目的物の返還を請求した時に，転貸人の転借人に対する債務の履行不能により終了する</u>」ものとした（最判平9・2・25民集51巻2号398頁）*1。

これをあてはめれば，10月末については，BC間の契約が有効なままであり，CのBへの支払は有効であり，利得が否定される。よって，×が正解になる。

【関連して考えてみよう】 11月分については，履行不能になるまでの賃料債権は成立しているが，不能になっていなくても不法占有になっているため，未払いの間は，Aに対してもCは不当利得返還義務を負うことになる。

　*1 『民法Ⅴ』11-60-1

[5] 賃貸人たる地位の譲渡

CASE4-22 　Aは，αら20名に月極駐車場として賃貸している甲地をBに売却した。Bは，甲地を事務所建設のために買い取ったものであるが，とりあえずそのまま月極駐車場として賃料を収受しようと考え，AB間の売買契約の際に，賃貸人たる地位をAに留保し，そのままAに賃貸人として管理してもらうことにして，毎月の管理委託料を支払う合意をした。

【Q】 Aに賃貸人たる地位を留保する合意は有効か。

【A】　×（賃貸不動産を譲渡すれば，それと一体となっている賃貸人たる地位も移転するはずであるが，当事者の特約で留保することができる。しかし，そのためには譲渡人と譲受人との賃貸借契約が必要である）

［解説］　賃貸不動産を譲渡しても，譲渡人に賃貸人たる地位を留保することができるのかを考えてもらう問題である。

　この問題につき，2017年改正前の判例は，Bが自己の意思に反して転借人たる地位にされてしまうという理由により，留保特約の賃借人への対抗を否定した（最判平11・3・25判時1674号61頁）。譲渡人・譲受人間の賃貸借が終了したら，賃借人は転借人として使用権限を当然に失うという危惧があり，賃借人のかかわり知らない事由により，賃借人が従前より不利な地位に置かされることを避けることが理由である。

　この点，改正法は判例を変更し，留保特約を有効とした（605条の2第2項前段）。判例が懸念したことについては，「譲渡人と譲受人又はその承継人との間の賃貸借が終了したときは，譲渡人に留保されていた賃貸人たる地位は，譲受人又はその承継人に移転する」という規定を置いて解決したのである（同後段）。この結果，留保特約は有効であり，Aと賃借人との賃貸借契約は，AB間の賃貸借契約ないしA名義での賃貸物件の管理委託契約が終了すれば，当然に賃貸人たる地位はAからBに「移転」し，Bと賃借人との賃貸借になり，賃借人は安泰である[*1]。

　ところが，「その不動産を譲受人が譲渡人に賃貸する旨の合意をした」ことが要件になっており──「不動産」に限られることも注意──，本文では管理委託契約がされているにすぎないので，この要件を満たしていない。ただし，類推適用の余地はあるように思われる。

　よって，AB間で賃貸借契約が締結されていないので特約は無効であり，×が正解である。

[*1]　『民法Ⅴ』*11-50-1* 以下

［6］　賃貸借契約をめぐる特殊な担保──敷金契約

⒜　敷金により担保される債権──敷金返還請求権の成立時期

CASE4-23　　Aは，Bに，その所有の甲地を資材置き場として賃貸し，契約に際して，Bから敷金を受け取った。賃貸期間は特に定まっていなかったが，Aから解約の申し入れがなされ，1年後に甲地を明け渡すことがBに

求められた。1年後の明渡期日に，Bは敷金の返還を求め，その振込みを確認してから甲地の資材を撤去すると主張してきた。そのため，まず明渡しを求め，その後に敷金を返還すると主張するAと意見が対立し，期日が過ぎてもBは明渡しをしなかった。

【Q】 Aの明渡請求に対して，Bは敷金返還との同時履行の抗弁権を主張できるか。

【A】 ×（賃借人は，明渡しをしてはじめて敷金返還請求ができる）

【解説】 賃借人が敷金の返還請求ができるためには，目的物の明渡しが必要なのかを考えてもらう問題である。

この問題につき，判例は，契約終了後も明渡しまでの債権を敷金で担保することを理由に，明渡しが先履行であり，明渡しにより初めて敷金返還請求が可能になるという明渡時説を採用した（最判昭48・2・2民集27巻1号80頁）。これに反対する学説もあったが，2017年改正法は，敷金についての新たな款を設け，判例を明記し，学説上の議論にピリオドを打った。賃貸人は，「賃貸借が終了し，かつ，賃貸物の返還を受けたとき」に，「受け取った敷金の額から賃貸借に基づいて生じた賃借人の賃貸人に対する金銭の給付を目的とする債務の額を控除した残額を返還しなければならない」ものと規定した（622条の2第1項1号）[*1]。よって，Bの同時履行の抗弁権は認められず，×が正解になる。

[*1] 『民法V』11-70

(b) 敷金契約と当事者の変更

❶ 賃貸人の変更

CASE4-24 Aは，Bに，その所有の甲地を資材置き場として賃貸し，契約に際して，Bから敷金を受け取った。その後，Aは甲地をCに売却し，所有権移転登記をするとともに，Bに，甲地をCに売却したので賃料を以後はCに支払うよう求めた。その後，BC間で賃貸借契約が終了したため，BがCに対して敷金の返還を求めた。ところが，Cは，Aから敷金を受け取っていることを聞いておらず，敷金の引渡しも受けていないので，敷金の返還はAに対して求めるように主張している。

【Q】 BのCに対する敷金の返還請求は認められるか。

【A】　○（賃貸人の地位が譲渡により移転した場合，敷金契約も随伴して移
　　　転し，新賃貸人（不動産譲受人）が敷金返還義務を負う）

【解説】　賃貸目的物が譲渡され，賃貸人たる地位が譲受人に移転した場合に，敷
金契約がどうなるかを考えてもらう問題である。
　この問題につき，判例は，「旧賃貸人に差し入れられた敷金は，賃借人の旧賃
貸人に対する未払賃料債務があればその弁済としてこれに当然充当され，その限
度において敷金返還請求権は消滅し，残額についてのみその権利義務関係が新賃
貸人に承継される」と判示する（最判昭44・7・17民集23巻8号1610頁）。敷
金が現実に交付されたか否かを問わない。2017年改正法は，敷金が譲受人に承
継され，譲受人が敷金返還義務を負担することを明記した（605条の2第4項）*¹。
よって，BのCに対する敷金返還請求が認められ，○が正解である。
【関連して考えてみよう】　敷金契約は，賃貸借契約が終了しても明渡しまで存続
し，賃貸借終了後明渡しまでの賃料相当額の不当利得返還請求権（ないし不法行
為による損害賠償請求権）を担保することになる。では，賃貸借契約終了後，明
渡し前に，不動産の所有者（元賃貸人）が不動産を第三者に譲渡したら，敷金契
約も承継されるのであろうか。判例はこれを否定する。「賃貸借終了後に家屋所
有権が移転し，したがって，賃貸借契約自体が新所有者に承継されたものでない
場合には，敷金に関する権利義務の関係のみが新所有者に当然に承継されるもの
ではなく，また，旧所有者と新所有者との間の特別の合意によっても，これのみ
を譲渡することはできない」としている（最判昭48・2・2民集27巻1号80
頁）*²。
　　*¹『民法Ⅴ』11-71　　*²『民法Ⅴ』11-72

❷　賃借人の変更

CASE4-25　　Aは，Bに，その所有の甲地を，資材置き場として賃貸し，
契約に際して，Bから敷金を受け取った。その後，Bは，事業をC会社に譲
渡し，Aの承諾を得て，甲地の賃借権をCに譲渡した。そのため，Bは賃借
人ではなくなったので，敷金を返還してくれるようAに対して求めた。これ
に対しAは，敷金はCとの賃貸借契約に承継されたので，Cに対して敷金分
の支払を求めるよう主張し，Bの返還請求に対して返還を拒絶した。
　【Q】　BのAに対する敷金の返還請求は認められるか。

【A】　○（賃借権が賃貸人の承諾を得て譲渡されても，敷金契約は承継され

ない）

[解説]　賃借権が賃貸人の承諾を得て譲渡された場合に，敷金契約がどうなるか
を考えてもらう問題である[*1]。

　この問題につき，判例は「敷金交付者が，賃貸人との間で敷金をもつて新賃借
人の債務不履行の担保とすることを約し，又は新賃借人に対して敷金返還請求権
を譲渡するなど特段の事情のない限り」，敷金関係の新賃借人への<u>承継を否定</u>す
る（最判昭 53・12・22 民集 32 巻 9 号 1768 頁）。2017 年改正法はこれを明文化し，
「賃借人が適法に賃借権を譲り渡したとき」にも，敷金契約は終了し，賃貸人は
譲渡までの債務額を控除した敷金の額を賃借人（賃借権譲渡人）に返還しなけれ
ばならないものと規定した（622 条の 2 第 1 項 2 号）。よって，B の A に対する
敷金返還請求が認められ，○が正解である。
　　[*1] 『民法V』11-75

[7]　賃貸借契約の終了

CASE4-26　　A は，B に，その所有の甲建物（鉄筋コンクリート 3 階建
て）を賃貸し，B は甲建物を事務所として使用していた。あるとき，甲建物
が何者かにより放火され，甲建物はかなりの被害を被った。壁の内部まで燃
焼し，水道管，排水管，ガス管，電線等すべて使い物にならなくなった。こ
れらを全部取り換え，壁や床も全面的に改修する必要があり，そのための工
事は相当難航し，時間はかかりそうである。技術的に不可能ではないものの，
これを行うには新建物を建築する以上の費用がかかってしまう。B は，この
場所また甲建物を気に入っているため，A に，改修して使用できる状態にし
てくれるよう交渉している。

【Q】　B の A に対する甲建物の改修工事の請求は認められるか。

【A】　×（修補は法的には不能となり，賃貸借契約は終了したと認められる）

[解説]　建物が損傷を受けた場合に――滅失はしていない――，修繕請求ができ
るか，それとも，これができず，契約は終了したと評価すべきなのかを検討して
もらう問題である。

　賃貸建物が損傷した場合には，賃貸人は，それが自己の帰責事由によらなくて
も，賃借人の帰責事由によるものではない限り修繕義務を負う（606 条 1 項）。

では，技術的には相当高額の費用をかけて修繕ができるので，物理的には修繕可能なので修補請求ができるのかというと，412条の2第1項の不能概念に経済的不能を含めて考えるのと同様に，616条の2の「できなくなった」（不能）も経済的不能も含むものと考えるべきである[*1]。

　最高裁判決はないが，616条の2を適用して，AB間の賃貸借契約は終了したと考えるべきであり，×が正解である。

　　[*1]『民法V』*11-76*

■第 5 章■
請 負 契 約

[1]　請負契約の意義

　　　　A会社は，大手自動車メーカーの技術者らが独立して設立した会社であり，手作りで高性能のスポーツカーを開発し，甲車を100台限定で注文を受けて生産している。Bは，A製造の甲車の発表と同時に，これを1台注文した。Aは，Bの注文を受けて，甲車1台の製造に着手した。1台の製造には約2カ月が必要である。その後，Bは，その経営している会社が倒産し，甲車の代金を工面できそうになくなった。そのため，Bは泣く泣くAに対して，注文をなかったことにしてくれるよう求めた。

【Q】　Bは，Aとの甲車の注文生産の発注契約を解除することができるか。

【A】　△（製作物供給契約の法的性質にかかわる問題である）

【解説】　本件契約についての適用規定を考えてもらう問題である。

　いわゆる**製作物供給契約**は，種類物売買なのか——調達方法が売主自身による生産という特約があるだけ——請負契約なのか——生産という為す債務がメインになる——，それとも2つの混合契約なのか，いかなる規律がされるべきなのかは議論がある[*1]。

　最高裁判決はない。本問では，売買であるとすれば解除はできず，請負契約だとすれば，641条で損害を賠償して解除ができることになる。いずれにせよ，Aが生産するという要素が存在しており，売買ないし混合契約だとしても641条の類推適用をする余地はある。そのため，任意解除ができそうであるが，確言はできないので，△としておいた。なお，100台全部予約完売で，キャンセル待ち状態であれば，すぐに新たな予約が補充され，Aには損害はないと考えられる。

　[*1]『民法Ⅴ』13-4以下

[2] 請負人の義務

(a) 仕事完成義務及び引渡義務

CASE5-2　　A会社は，その所有の甲地上への本社工場の建築を，B会社に注文し，着手金を支払った。Bは甲地の基礎工事を開始したが，Aが基礎工事の途中で管理会社に検査してもらったところ，契約通りの工事にはなっていないことが報告された。そのため，AはBに対して，適合していない部分の工事をやり直した上で続行工事を行い，工事を完成させるよう求めた。しかし，Bは不適合を争い，工事のやり直しを拒んでいる。Aは再三催告したが，Bがこれに従わないため，やむを得ずBとの契約を解除した。

　　Aは，Bとの契約の解除後，C会社に，不適合工事のやり直しとその後の続行工事とを注文した。Bとの契約は報酬総額2億円であった。Cの工事は，結局，やり直しの費用を含めて1億5000万円がかかった。Bは，自分の履行した分の5000万円の報酬の支払をAに対して求めた。しかし，Aは，契約を解除したので，適合した工事部分の補償金は支払うが，その金額は5000万円に満たないと，Bの請求に対して争っている。

　【Q】　BのAに対する5000万円の報酬支払請求は認められるか。

　【A】　○（請負仕事が中途で終了した場合の請負人の報酬請求権は，注文者が受けた利益を限度として認められる）

【解説】　注文者が，請負人の債務不履行を理由に，途中で契約を解除した場合における請負人の報酬請求権について考えてもらう問題である。

　　請負では，仕事が完成して初めて請負人は報酬を請求できる（633条）。そのため，本問のように，仕事完成が途中で終了した場合に，請負人の報酬請求権がどうなるのか問題になる。

　　この点，2017年改正民法は，従前の判例を明文化し，「請負が仕事の完成前に解除されたとき」には，「請負人が既にした仕事の結果のうち可分な部分の給付によって注文者が利益を受けるときは」，その部分だけで「仕事の完成とみな」して，「請負人は，注文者が受ける利益の割合に応じて報酬を請求することができる」と規定した（634条）。そのため，完成はしていないが，Bは，Aが「受ける利益の割合」に応じて報酬が請求できることになる[1]。

　　なされた仕事の割合ではなく，注文者が受ける利益の割合が基準である。この

計算がどうされるのかは明確ではない。2億円の工事が完成し，Cには1億5000万円のみで済んでいることから，「割合」の認定は難しい。1億5000万円には，不適合な工事部分を除去する工事費用という余分な費用が含まれているので（たとえばその費用を引くと残工事だけだと1億3000万円），その費用を引いて利益を算出し（差額7000万円が利益），余計にかかった費用（2000万円）は損害賠償で請求する——相殺すれば同じ——ことになるのであろうか。そうではなく，その分を差し引いて利益を算出すべきなのであろうか（5000万円が利益）。いずれにせよ，利益の割合に応じた報酬の算定の問題は残されるが，5000万円は請求できそうであり，○を正解としたい。

[*1] 『民法Ⅴ』13-8

(b) 完成物の所有権の帰属

CASE5-3 　A会社所有の甲地を，B会社は，工場を建設するためにAから賃借した。Bは，C会社に工場の建設を依頼し，Cは工場（以下，本件工場という）を完成させた。ところがBは，完成後に支払うはずであった着手金2000万円を除いた報酬残額8000万円の支払をしていない。そのため，Cは，本件工場をC名義で所有権保存登記をして，また，Bに引渡しをせずに占有し，管理を続けている。

　Bは，その後も資金の捻出に難渋し，Cへの残代金を支払っていない。また，Aに対する甲地の賃料も滞納するようになり，その期間が3カ月を超えたため，AはBとの賃貸借契約の解除をした。そこで，Aは本件工場の撤去をBに求めたが，Bは倒産して事業を停止してしまっているため，埒が明かなかった。そのため，登記簿を調査したところC名義で登記されているため，AはCに対して本件工場の収去を求めた。

【Q】　AのCに対する本件工場の収去請求は認められるか。

【A】　○ or △（判例では本件工場はC所有）

[解説]　建物建築請負において，請負代金が支払われていない場合の建物の所有権の帰属を考えてもらう問題である[*1]。

　判例は，請負人が自己の材料でもって建物を建築した場合，完成した建物は請負人所有であり，引渡しにより所有権が移転するが，代金が既に支払われていれば完成した建物は注文者の所有であると考えている（大判昭7・5・9民集11

巻 824 頁など）。そうすると，本件工場がＣの所有名義で登記されていても，それは実体に合致した有効なものということになる。ただし，Ｃの所有権は実質的には代金担保のための所有権にすぎず，所有権留保に類似した関係になるため，Ｃが所有者として妨害排除の相手方になるのかは疑問が残される。実行して確定的に所有者になることは考えられず，動産の所有権留保についての判例（最判平21・3・10 民集 63 巻 3 号 385 頁）*2 をあてはめることができないからである。Ｃは本件工場を担保権の実行として売却することはあり得ないのである。

　　そのため，所有者だと形式的に考えれば〇の可能性があるが，担保という実質を考慮すれば妨害排除請求の相手方とされることを否定する余地はあるので，△の可能性もある。

　　*1 『民法Ⅴ』 13-11 以下　　*2 『民法Ⅲ』 15-3-1

[3]　請負人の担保責任

> **CASE5-4**　　Ａ会社は，その工場への甲機械の設置を，Ｂ会社に注文した。Ｂは甲機械を生産して，Ａの工場に設置した。Ａは甲機械を使用していたが，不具合が見つかったため，Ｂに対して修補を求めた。Ｂは，甲機械の製作に使用した他社製の部品乙が不具合の原因であることを発見し，部品乙をただちに交換した。その後は，甲機械は順調に作動している。Ａは，Ｂが甲機械を修理している間，甲機械が作動できず，工場の生産が滞ったため，営業収益が減少したと主張して，損害賠償を請求した。これに対して，Ｂは部品乙は他社製の部品であり，Ｂにはその不具合を発見しえなかったと主張し，賠償を拒んでいる。
>
> 【Q】　ＡのＢに対する上記の損害賠償請求は認められるか。

【A】　×（415 条 1 項の損害賠償責任が問題になり，帰責事由が必要になる）

　【解説】　請負の目的物に契約不適合があった場合の請負人の損害賠償責任の問題である。

　2017 年改正法は，売買の担保責任について追完請求権と代金減額請求権として債務不履行の一般規定にない特則のみを規定し——除斥期間は数量不測には適用しない——，これらの特則以外は債務不履行の一般原則に委ねた（564 条は確認規定）。そして，請負契約にあっては，636 条と 637 条の若干の特則は別として，

559条による売買の担保責任規定の準用に止めた*1。

　そのため，損害賠償請求については，415条1項が適用になり，請負人は帰責事由がなければ，損害賠償義務を負わないことになる。無過失責任を引き受けたか否か，契約解釈にかかることになるが，これを本問で否定すればAの損害賠償責任はないことになる。Aは部品メーカーに賠償請求するしかないが，事故が発生し拡大損害が生じているわけではなく不法行為では難しい。Bに責任を負わせて，Bに部品メーカーへの責任追及を委ねる，ないし，直接訴権を認めれば別であるが，そこまでは議論しないことにする。

　微妙ではあるが，Bの賠償責任はなく，×と考える。

[関連して考えてみよう]　改正法では，担保責任の要件は売買規定の準用によるので562条1項により，「引き渡された目的物」の契約不適合が必要になる。引渡しが必要な場合には，完成では足りず，引渡しまで必要になる。では，Bが甲機械の生産を完成させ，引渡し前にAがBの工場に行って検査をして，Aの確認を受けてからBが工場に設置するという手はずになっている場合，検査の段階で不適合が発見されたならば，注文者Aにはどのような権利が認められるのであろうか。もちろん，Aは不具合を修正して再度完成させてから引き渡すよう請求できる。担保責任は，引渡しがあっても不適合であれば適合させる——約束通りに完成させる——ことを請求できるという意義があるにすぎない。引渡しにより担保責任が適用になる前には，適合物を「完成」して「引渡し」をなすよう，注文者は請負人に対して契約の履行の請求ができるので，それで十分である。

*1 『民法Ⅴ』13-21以下

CASE5-5　　A会社は，その所有地上への工場建設を，B会社に依頼した。Bは建物の建築を完成し，Aにこれを引き渡し，完成・引渡し後に支払う約束になっていた請負代金1億円の支払を求めた。これに対して，Aは，不適合（取り付ける予定のα装置がついていない）が見つかったので，Bにその取付けを求め，それが終了するまで代金を支払わないと主張している。Bはα装置の工事は契約内容にはなっていないと主張し，追加料金をもらわないと工事はできないと主張する。そのため，Aは他の業者にα装置の取付工事を依頼し，工事費用として500万円を支払った。Aの主張通り，α装置の設置は契約内容になっているものとする。

【Q】　この場合に，①Bから相殺をして，差額の9500万円の支払を求めることができるか，また，②AがBに対して相殺をした場合，Aは相殺ま

での差額 9500 万円についての遅延損害金を支払わなくてよいか。

【A】 ①○（抗弁権がついている債権であるが，履行強制のためのものでは
なく，相殺は許される），②○（Aは同時履行の抗弁権があるので，
相殺までは履行遅滞にならない）

[解説] 請負の目的物に契約不適合があった場合の注文者の修補請求権，修補に
代わる損害賠償請求権についての同時履行の抗弁権を考えてもらう問題である。
　2017 年改正法は，請負の瑕疵担保責任の規定を削除し，売買の担保責任を準
用するにとどめている（559 条）。そのため，AはBに対して，目的物の引渡し
後に，①追完請求ができ（562 条準用），また，②追完に代えて代金減額請求も
でき（563 条準用），さらには，③追完に変わる損害賠償を請求することもでき
る（564 条準用）。改正法では，代金減額請求を認めたので，③の修補にかわる
損害賠償請求は否定されたと考えれば，本問の問題は生じない。追完請求権を根
拠に先履行の抗弁を認め，追完——先履行なので代金の支払をそれまで拒絶でき
る——を諦め代金減額を選択したら減額後の代金債権につき減額請求から履行遅
滞になるだけである。
　もし注文者に追完に代わる損害賠償請求を選ぶことを認めれば，従前の判例が
あてはまることになる。修補に代わる損害賠償請求権も不適合ある目的物の引渡
しと同時に成立し，これと代金債務とについて，注文者Aは同時履行の抗弁権を
主張することができる（最判平 9・2・14 民集 51 巻 2 号 337 頁）——不適合が
軽微など信義則に反する事情がないことが必要——。同時履行の抗弁権が認めら
れるため，Aが相殺をした場合，Aの残額代金債務について履行遅滞になるのは
相殺時からである（最判平 9・7・15 民集 51 巻 6 号 2581 頁）。同時履行の抗弁
権を規定していた旧 634 条 2 項は削除されたが，533 条括弧書きに一般規定が設
けられ，そこの解釈にこれらの判例は先例として受け継がれることになる[*1]。
　よって，②はその通りであり，○が正解である。①については，Aの同時履行
の抗弁権は，損害賠償請求できる金額がわかるまで相殺ができないのに，履行遅
滞に陥るのは酷ということから，Aに同時履行の抗弁権という構成を根拠として
履行遅滞を免責しているにすぎない。このことから，Bからの相殺を否定する理
由はない。また，そうでないと，Aがいつまでも相殺しないで履行遅滞にならな
いというのは不合理であるため，抗弁権がついているが，Bからの相殺は許され
る——代金減額しか認めないとBからの代金減額はできない——。よって，①も
○が正解である。

　[*1] 『民法V』13-24 以下

[4] 請負における危険負担

CASE5-6　Aは，その所有のスポーツカー甲車につき，B会社にエンジンのチューンナップ，サスペンションの強化，リアスボイラーの設置，車体のグラスファイバー製への変更などの改造工事を依頼し，甲車をBの工場に引き渡した。Bが改造工事の半分程度を終えたところで，予期せぬ大地震があり，その後に起きた津波によりBの工場は被害を受け，甲車も津波で流されてしまった。Bの従業員らは，自分が津波から逃げるのに精一杯で，甲車を津波から避難させることまではできなかった。

【Q】　この場合に，①BはAに対して甲車の滅失について責任を負うことはないか。また，②Bは途中までした改造費用について，Aに支払請求することができるか。

【A】　①○（Aに帰責事由ない），②×（請負が中途で履行不能になったがAは利益を受けていないので，一切報酬を支払う義務はない）

【解説】　請負の仕事完成が，途中で不可抗力により不能になった場合の請負人の責任，そして報酬請求権について考えてもらう問題である。

　BはAから預かった甲車を返還不能にしているが（履行不能），帰責事由がないので損害賠償責任を負うことはない（415条1項但書）。しかし，不可抗力で履行が不能になっても，536条1項の原則通り，注文者Aは請負代金の支払を拒絶でき，また，Bに帰責事由がなくても契約解除ができる（542条1項1号）。いずれにせよ634条により，途中までした仕事については，注文者Aに利益があればその利益の割合に応じて，報酬請求が可能になる。ところが，本問では，甲車が流されてしまっているので，<u>AはBが途中まで行った工事の利益を受けていない</u>。そのため，BはAに対して<u>一切報酬の支払を請求できない</u>ことになる[1]。

　以上より，①は○が正解，②は×が正解になる。

[1] 『民法Ⅴ』*13-29* 以下

CASE5-7

Aは，その所有のスポーツカー甲車につき，B会社にエンジンのチューンナップ，サスペンションの強化，リアスボイラーの設置，車体のグラスファイバー製への変更などの改造工事を依頼し，甲車をBの工場に引き渡した。Bが改造工事を完了したので，Aに対して甲車の引取りと請負代金100万円の支払とを求めた。

しかし，Aは代金の工面ができず，Bの工場に甲車を引き取りに行かなかった。Bは何度もAに引取りを催告したが，Aは引取りに来なかった。催告してから1週間後に，予期せぬ大地震があり，その後に起きた津波によりBの工場は被害を受け，甲車は津波で流されてしまった。Bの従業員らは，自分が津波から逃げるのに精一杯で，甲車を津波から避難させることまではできなかった。

【Q】 この場合に，①BはAに対して甲車の滅失について責任を負うことはないか。また，②Bは改造費用について，Aに支払請求することができるか。

【A】 ①○（Aに帰責事由ない），②○（559条により567条2項が準用される）

[解説] 請負の仕事完成後，注文者の受領遅滞中に，目的物の引渡しが不可抗力により不能になった場合の請負人の責任，そして報酬請求権について考えてもらう問題である[1]。

BはAから預かった甲車を返還不能にしているが（履行不能），帰責事由がないので損害賠償責任を負うことはない（415条1項但書）。他方で，Bは未だ引渡義務は履行しておらず，これが履行不能になった。引渡し前の滅失なので，Aは契約解除ができそうであるが，Aは受領遅滞にあり，413条の2第2項，543条により，Aによる解除は認められない。また，413条の2第2項により，Aの帰責事由による履行不能になるため，536条2項により報酬——634条と異なり報酬全額が認められ，免れた作業分の金額を差し引くだけである——の支払を免れない。

よって，①は○，②も○が正解である。

[1] 『民法V』13-37以下

[5] 請負契約の終了——注文者の任意解除権

CASE5-8 　Aは，その所有のスポーツカー甲車につき，B会社にエンジンのチューンナップ，サスペンションの強化，リアスボイラーの設置，車体のグラスファイバー製への変更などの改造工事を依頼し，甲車をBの工場に引き渡した。ところが，Aは，妻にこっぴどく怒られ，Bがエンジンのチューンナップ工事を終了したところで，それ以外の改造はもうよいと言って，甲車の引渡しを受けた。Bは，エンジンのチューンナップの工事に費用をかけただけでなく，他の工事をするために既に材料を用意していたため，それが無駄になってしまった。しかし，Aは，エンジンの工事しかしてもらっていないので，その工事費用しか支払わないと主張している。

【Q】 この場合に，BはAに対して，エンジン以外の工事にかかる材料費などの損害の賠償を請求できるか。

【A】 　○（641条は受けた利益分の代金だけでなく，損害賠償の請求も認めている）

【解説】 　請負の仕事完成前に，注文者の任意解除がされた場合に，請負人に認められる権利について考えてもらう問題である。

　634条2号は，「請負が仕事の完成前に解除されたとき」を規定しており，まずこの規定により，請負人Bは，既に工事した分の代金を取得できる。ところが，641条では，これに限らず，請負人は注文者に対して損害賠償を請求することができる[*1]。残りの工事のために用意した材料が無駄になったなどの履行利益分の賠償も請求でき，作業が浮いた分が報酬から引かれるだけで，相当額の賠償が請求できそうである。よって，○が正解になる。

　　*1 『民法Ⅴ』13-47

■第 6 章■

委 任 契 約

[1] 受任者の義務

(a) 復 委 任

> ### CASE6-1
> Aは，Bに対して売掛代金債権 100 万円を有しており，C にその取立を依頼した。Cは，Aの許諾を得ずに，Bからの取立てをDに委託し，DがBから 100 万円全額を取り立てた。
>
> 【Q】 この場合に，AはDに対して 100 万円の交付を求めることができるか。

【A】 ○（Aは追認して，Dへの支払を有効とし，また，復委任を認めて直接請求権を成立させることができる）

[解説] 無断の復代理また復委任がされた場合に，委任者が追認をして有効な復代理・復委任と同じ法律関係にすることができることを考えてもらう問題である。

Dは，Aの承諾がないので有効な復代理人また復受任者にはならず（104 条，644 条の 2 第 1 項），BのDへの支払は無権代理人への支払であり，無効になる——ただし，478 条の適用の可能性はあり，その場合には，AのDに対する不当利得返還請求権が成立——。この場合に，Aが事後的に復代理また復委任を追認することを認めてよい。これにより，BのDへの弁済は有効になり，また，106 条 2 項，644 条の 2 第 2 項により，AはDに対して 100 万円の交付を請求できる[*1]。そのため，○を正解と考えてよい。

[*1] 『民法Ⅴ』 *14-4-1*

> ### CASE6-2
> Aは，Bに対して売掛代金債権 100 万円を有しており，C にその取立を依頼した。Cは，Aの承諾を得て，Bからの取立てをDに委託し，DがBから 100 万円全額を取り立てた。Dは 100 万円をCに交付した。

【Q】 この場合に，AはDに対して100万円の交付を求めることができるか。

【A】 ×（Dは，ACのいずれかに100万円を交付すればその義務を免れる）

[解説] 有効に復代理また復委任がされた場合に，復代理人・復受任者の本人・委任者に対する義務と原代理人・原受任者に対する義務の関係を考えてもらう問題である。

AはDに対して，106条2項，644条の2第2項により100万円の交付を請求できる。ところが，CD間にも委任契約があり，CもDに対して100万円の交付を請求できる。Dに対するACの債権は連帯債権の関係になり，Dはいずれかに交付をすれば他に対する義務も免れる[*1]。したがって，DのCに対する交付は有効であり，AはCに対して100万円の交付を請求するしかない。

よって，×が正解である。なお，DがAに交付すれば，Cに対する交付義務を免れることになる。

[*1] 『民法V』*14-4-1*

(b) 受任者の権利移転義務

CASE6-3 Aは，その所有の甲画の販売を，絵画商を営むBに委託した。Bは甲画を自己の店舗に置いて，来店した馴染みの客Cに，これを100万円で販売して引き渡し，CにBの銀行口座への振込みを求めた。ところが，Cはなかなか代金の振込みをしない。Bは，Dから仕入れた商品につき100万円の代金債務を負担しており，Dが，BのCに対する上記甲画の100万円の代金債権を差し押さえてきた。

【Q】 この場合に，Aは第三者異議を申し立てて，Dによる差押えを排除することができるか。

【A】 ○（Aは646条2項により，BのCに対する代金債権を取得できるため，第三者異議が可能）

[解説] 委任事務処理により受任者が取得した債権に対する委任者の権利について考えてもらう問題である。

Aは，BのCに対する代金債権を，自己に移転させるよう求めることができる

（646条2項）。<u>甲画はBの所有ではなく，Bの債権者からするとBの責任財産ではなく，その代金債権がBに帰属するとしても同様に責任財産になるものではない</u>。そのため，民法は，破産法の代償的取戻権同様に，Aに646条2項の上記の権利を認めたのである[1]。

この結果，Bの甲画の代金債権が，Bの債権者Dにより差し押さえられても，Aに第三者異議が認められるべきである。判例はないが，○と考えてよい。

[1] 『民法V』14-7

[2] 委任者の義務

(a) 報酬支払義務

CASE6-4　　Aは，2年間の海外勤務を命じられたため，その自宅（以下，本件建物という）の管理を，B会社に依頼した。契約期間は2年とされている。契約から4カ月後に，Aの親戚の子Cが大学に入学し，本件住宅の近くの大学に通うことになったため，Aは，Cに本件建物への居住を認め，あわせて必要な管理を依頼することにした。そのため，契約から4カ月と2週間を経過した時点で，AはBに対し，次の月から管理は不要とする解除を通告した。

【Q】　この場合に，BはAに対して残りの1年8カ月近くの報酬を，免れた費用を差し引いて，請求できるか。

【A】　×（Bは648条3項2号により，既にした履行の割合に応じた報酬しか請求できない）

[解説]　委任事務処理に期間が設定されていたが，中途で委任者により解除されて委任契約が終了した場合の，受任者の報酬請求権について考えてもらう問題である。

委任については，648条の2第2項の例外は別にして，請負では完成による履行利益の賠償——免れた履行費用は控除——が認められているのとは異なり，全部についての履行利益の賠償は認められない。2017年改正により新設された648条3項2号により，「既にした履行の割合に応じ」た報酬を請求できるにすぎない[1]。そのため，Bは履行した5カ月分の報酬の支払を請求できるだけである。よって，×が正解である。

(b) 費用に関する義務

CASE6-5　Aは，会社の同僚Bが福岡に出張に行くというので，子ど
もが食べたいと言っていた博多銘菓「鶴乃子」を，2000円以内で買ってく
るよう頼んだ。Bはこれを承諾した。Bが出張の前日，Aに対して購入費用
の2000円を交付するように求めた。しかし，Aは，買ってきてから支払う
と言ってこれに応じない。そのため，Bは先に支払わないのならば話はなか
ったことにすると伝えて，翌日出張に出かけ，「鶴乃子」を購入しないで帰っ
てきた。

【Q】　BはAに対して債務不履行責任を負うか。

【A】　×（Bは，Aに対して2000円の前払いを求めることができ，Aがそ
の履行をしなければ解除ができる）

【解説】　委任の委託を受けた場合に，事務処理のために費用がかかるならば，受
任者はその前払いを委任者に請求できることを確認してもらう問題である。
　　BはAに対して購入のために必要な2000円の前払いを求めることができる
（649条）*1。Aがこれに応じない場合には，Bは541条により，委任契約を解除
できると考えられる——651条1項の解除も可能——。よって，×と考えてよい。
*1 『民法V』14-15

CASE6-6　Aは，画商を営むBに，C所有の甲画を200万円以内で購
入することを依頼した。BはただちにCと交渉を持ち，交渉の結果，Cから
150万円で売ってもらうことに成功した。その際，Bは，Aの代理人である
ことを表示していなかったため，CはBが買主だと考えていた。Bは，Aに
150万円で購入できたことを知らせ，自分に150万円を支払うのではなく，
すぐにCの銀行口座に150万円を振り込むように求めた。

【Q】　Aはこれに応じなければならないか。

【A】　○（受任者Bは，委任者Aに対して，150万円を代位弁済するよう求
めることができる）

[解説]　委任契約の受任者が，事務処理のために債務を負担した場合に，委任者に対して求めることができる権利につい考えてもらう問題である。

　Bは，もしCに150万円を支払った場合には，Aに対して150万円を求償請求することができる（650条1項）。しかし，支払まで何も請求できないというのは酷である。また，事前に費用の前払い請求権もあるので（649条），この規定により，Cへの支払前に，BはAに対して自分に150万円の支払を求めることができる。しかし，Bが一旦受け取ってからCに支払うのは迂遠であり，民法はもう一つの権利を規定した。すなわち，BはAに対して，Cに直接支払って自分の債務を消滅させるよう請求することができるのである（650条2項）*1。したがって，Bの請求は認められ，○が正解である。

[関連して考えてみよう]　もしこの場合に，AがBに対して200万円の債権を有しているとして，BのCへの150万円の支払請求に対して，AはBに対する債権による相殺を主張することができるであろうか。BのAに対する650条2項の債権は金銭債権であり，自己への支払を省略してCに支払うよう請求するだけの内容にすぎないので，相殺ができても構わないようにみえる。何よりも，Bに，Aに対して他に649条の自分への前払い請求権を認めるならば，相殺適状は疑問にならないのである。しかし，判例は，Aからの相殺を認めたのでは，BがCに債務を負ったままであり，自己のCに対する債務を消滅させることをAに求める債権なのに，その目的を達していないのに消滅させることは適切ではないことから，Aによる相殺を認めていない（大判大14・9・8民集4巻458頁，最判昭47・12・22民集26巻10号1991頁）。

*1 『民法V』*14-16* 以下

[3]　委任契約の終了

(a)　任意解約権——必要性に異論はないが条文根拠について議論あり

CASE6-7　　Aは，画商を営むBに，その所有の甲画を200万円以上で販売することを依頼した。Aは，販売価格の10％を報酬として支払うことを約束し，Bに甲画を引き渡して，Bの店舗に商品として陳列してもらった。Bは，店に来る客やネットでの広告において，甲画の購入を勧誘したり甲画の広告を出したりして，販売のために尽力していた。ところが，Aは，他の画商が報酬5％で販売すると言ってきたので，そちらに乗り換えようとして，Bに対する販売委託契約を解除して，甲画の返還を求めた。

【Q】　Ａの解除は有効か。

【A】　○（651 条 1 項の任意解除は，有償委任にも適用されると考えられている）

［解説］　有償委任の場合にも，委任者が，履行利益の賠償をせず，委任契約を自由に解除できるのかを考えてもらう問題である。

　651 条 1 項は，委任契約は，いつでも当事者は契約を解除できるものと規定する。沿革的には無償委任についての規定であるが，判例は，その適用を有償委任についても認めている[*1]。そのため，Ａのなした解除は有効であり，○が正解である。特に損害賠償義務は規定されていない（651 条 2 項参照）。

［関連して考えてみよう］　請負の場合には，641 条により注文者は自由に契約を解除できるが──請負人はできない──，その代わり請負人の損害（履行利益も含め）の賠償を義務づけられる。委任についての 651 条は，2 項 2 号の括弧書きで，単に有償委任ということだけでは損害賠償請求は認められないことになっている。そのため，641 条のような履行利益を含めた損害賠償は認められない。請負における 634 条同様に，既になした履行に対する報酬のみが認められるにすぎない。ただ，この点について，648 条 3 項の履行の割合による報酬──アパートの管理で月 10 万円の報酬で月の途中で契約が終了した場合には，その割合に応じて報酬──を受けられるというのは，本問には適切ではない。本問では 648 条の 2 第 2 項により 634 条が準用されるべきである。だとしても，本問で委任者が「受けた利益の割合」は不明であり，請求ができるかは疑問である。

　　[*1]『民法Ⅴ』*14-24* 以下

CASE6-8　　Ａは，その所有のマンションの管理をＢに委託し，賃借人が差し入れた保証金をＢが受け取り，これをＢはＡから借入金として借り入れ，管理委託契約が終了したときに利息をつけて返還するということを約束した。ＡＢ間では，とりあえず管理委託期間を 2 年とし，更新可能とした。

　ところが，契約から 1 年しか経たない時点で，ＡがＢに対する管理委託契約を解除し，受領した保証金をそれまでの利息をつけて返還するよう請求してきた。

【Q】　Ａの返還請求は認められるか。

【A】 ○（651 条 1 項の任意解除は受任者の利益のための委任にも適用される）

[解説] いわゆる受任者の利益のための委任において，委任者が委任契約を自由に解除できるのかを考えてもらう問題である。

受任者の利益のための委任は，委任事務処理自体が受任者の利益になっている特殊な委任契約である。たとえば，自己の債権者に債務者がその有する債権の回収を依頼し，債権者が代わりに取り立てた金銭を債務者に対する債権の回収に充てるといった事例である。債権者は，債務者のために債権を取り仕立ててあげているのではなく，自分の債権回収のために取り立てているのである。このような場合，651 条 1 項により委任者が自由に解除できるというのは適切ではない。そのため解除が否定される（大判大 9・4・24 民録 26 輯 562 頁）。ただし「受任者が著しく不誠実な行動に出た等やむをえない事由があるときは」，委任者は651 条に則り委任契約を解除しうるものとされていた（最判昭 43・9・20 判時536 号 51 頁）。

ところが，本問の場合には，受任者の利益にもなっている程度で，委任者のための事務管理という要素が大きく，受任者のための委任といっても一概に同様に考えることはできない。その後，判例は一律解除禁止ではなく，<u>651 条 1 項の解除権を放棄しているかどうか</u>という新たな基準を導入した（最判昭 56・1・19民集 35 巻 1 号 1 頁）。上記のような事例は放棄しているが，本問のような事例は，放棄はしていないと解することになる。そのため，本問では，A は 651 条 1 項により解除可能であり，○が正解である[*1]。

[関連して考えてみよう] しかし，解除ができるのでは，受任者 B が期待した 2年間借りられるという利益を奪われることになる。この点の調整を損害賠償で行うのが判例の立場であり，2017 年改正法はこれを明文化して，651 条 2 項 2 号に，受任者が受けた損害の賠償がなされるべきことを規定した。

[*1] 『民法V』14-31 以下

(b) 当事者の死亡等による契約の終了

> **CASE6-9** 高齢の A は，末期の癌で入院しているが，婚姻しておらず子もおらず，兄弟はいるものの長く交流はなく連絡もしていないため，見舞にも来ていない。長い付き合いの B が見舞に来て，必要な物の買い出しなどを行っている。早晩死を免れないと悟った A は，自分が死んだ後の，病院等への諸費用の支払，死後の葬式の施行とその費用の支払，入院中世話になっ

た家政婦に対する報酬の支払などをＢに依頼して，Ａ名義の預金通帳と届出印，自宅の鍵等を預けた。

　その１カ月後，Ａが死亡し，ＢはＡとの約束通り，Ａ名義の預金から必要な資金を引き出し──Ａ名義のキャッシュカードを使用──，諸費用の支払を為すとともに，葬式を挙行し，その費用を支払った。ところが，葬式に来たＡの兄弟ＣＤが，ＡＢ間の約束を知り，預金通帳等の引渡しを求めるとともに，Ｂが勝手に引き出した預金の金額の返還を求めた。Ｂは，まだＡの墓地の購入等の事務が残っているので預金通帳等は渡せない，また，預金の引き出しはＡに依頼された事務の処理のためであり，返還義務はないと主張している。

【Ｑ】　ＣＤの上記返還請求は認められるか。

【Ａ】　×（死後の事務処理の委任は有効であり，Ａの死亡により終了しない）

[解説]　死後の事務処理を依頼する委任の効力を考えてもらう問題である。

　委任契約は委任者の死亡が契約終了事由とされている（653 条１号）。そうすると，ＡＢ間の委任は，Ａの死亡により終了しており，ＣＤの請求が認められるかのようである。しかし，653 条１号は任意規定にすぎず，死後の事務処理を委任することの必要性もあり，特約の効力を否定する必要はない。判例も，死後の事務の処理を委任することを有効と認めている（最判平４・９・22 金法 1358 号 55 頁）[1]。

　したがって，ＢはＡの地位を承継したＣＤとの間で，Ａが委託した事務処理を内容とする委任契約が存続しており，預金通帳等は委任事務処理に必要なのでそのまま保持でき，また，預金からの金銭の引き出し，またその使用は委任事務処理として適法である。そのため，×が正解になる。

[関連して考えてみよう]　ＣＤに委任契約の委任者たる地位が承継されるとすると，ＣＤは 651 条１項により自由に契約を解除できるのではないかという疑問が残る。ＣＤの預金通帳等の返還請求に関しては解除の意思表示と評価する余地がある。しかし，それではＡの意思がないがしろになってしまうので，Ａの意思にＣＤが拘束される構成を考える必要がある。その一つとして，Ａが解除権を放棄しているという構成が考えられるが，この点につき判例はなく，今後の検討課題である。

　　[1] 『民法Ⅴ』14-37 以下

■第 7 章■
寄 託 契 約

[1] 寄託契約の意義

CASE7-1　　Ａは，近所のママ友Ｂから，その飼っている甲犬を，Ｂが家族と旅行している間，預かることを頼まれ，口頭でこれに応じた。ところが，家に帰って，家族に話したところ，同居しているＡの義母が，犬は嫌いだということを話し，反対した。そのためＡは，Ｂに，甲犬を預かれないとお詫びの電話を入れた。Ｂはやむを得ず，甲犬をペットホテルに預けた。

【Q】　ＡはＢに対して債務不履行責任を負うか。

【A】　×（書面によらない無償寄託は，寄託物を受け取るまでは自由に受寄者により解除ができる）

[解説]　無償寄託の合意の拘束力について考えてもらう問題である。

　寄託契約は，2017 年改正前は，無償を原則としていたことから要物契約とされ（旧 657 条），合意をしても契約は成立しておらず，受け取って契約を成立させるかどうかは受寄者の自由であった。改正法は無償寄託の拘束力の否定は維持しつつ，無償契約の基本形として贈与の規制方式を無償契約に一般化した[*1]。

　すなわち，寄託契約を諾成契約としつつ（657 条），書面によらない無償寄託の受寄者は，寄託物の受取りまでは自由に解除ができることになっている（657 条の 2 第 2 項）。したがって，Ａは理由を説明する必要なく自由に解除でき，特段の事情がない限り，それをもって不法行為と目することもできない。したがって，×が正解である。

　*1 『民法Ⅴ』 15-1

　　A農協は，地元の農家から寄託を受けて，収穫したジャガイモを種類別に保管しているが，混合寄託方式をとっている。農家のBは収穫したジャガイモ100キログラムを，農家のCは収穫したジャガイモ200キログラムを，Aに寄託し，Aはこれを混合して保管している。BCから寄託を受けた3日後に，倉庫に泥棒が入り，保管中のジャガイモ300キログラムのうち，半分が盗難にあい，現在150キログラムのジャガイモが残っているだけである。話を聞いて，BはAの保管が信頼できなくなり，100キログラムのジャガイモの返還を求めた。

【Q】　AはBに対して100キログラムのジャガイモの返還義務を負うか。

【A】　×（混合寄託で寄託物が一部滅失した場合には，寄託物の割合に応じた返還請求権しか認められない）

【解説】　混合寄託において，寄託物が一部滅失した場合の権利関係について考えてもらう問題である。

　混合寄託では，目的物は混和して全員の共有になり，寄託物の主従が決められる場合であっても245条，244条は適用にならない。また，共有規定の適用はなく，分割請求はできず，受寄者に対して寄託割合に応じて契約上の返還請求権が認められるにすぎない。寄託物の一部が滅失した場合――返還不能になればよいので，盗難事例にも類推適用すべき――，民法は公平の観点から，寄託した数量に応じて返還請求ができるにすぎないものとした（665条の2第3項）[1]。したがって，Bは50キログラムしか返還請求権を有しないので，×が正解である。残り50キログラム分は損害賠償請求ができるだけである。

[関連して考えてみよう]　もしAがBに100キログラムのジャガイモを返還してしまったらどうなるのであろうか。Bは50キログラムしか返還請求権がないので，共有のジャガイモの引渡しを受けて単独所有になるのは50キログラムだけであり，超過部分の50キログラムは所有権を取得できないのであろうか。しかし，その特定はできない。結論としては，Bに50キログラムの返還義務――CがAに代位行使して自己への引渡しを請求できる――を認め，残った50キログラムが単独所有になり，それまでは引き渡された100キログラム全部につき共有関係が維持されているということが考えられる。

[1] 『民法Ⅴ』15-2

[2] 受寄者の義務

ⓐ 保管義務など

> **CASE7-3**　　Aは，その所有の甲猫を，10日間の出張期間中，ペット
> ホテルを営むB会社に預けた。その6日後に，Bの店舗で火災があり，Bは
> 甲猫を連れ出し，甲猫は無事であったが，Bの店舗が営業できない状態にな
> った。そのため，Bは，知合いが経営するC会社に，甲猫を含むBの店舗で
> 預かっている動物の管理を依頼し，これらをCに預けた。Bはこのことを，
> 出張中のAにメールにて知らせた。
> 　出張から帰ってきたAは，ただちにCの店舗に向かい，甲猫の引渡しを求
> めた。ところが，Cが，預かった4日間の料金4000円×4＝1万6000円の
> 支払を求め，その支払がされるまでは甲猫の引渡しはできないと主張する。
> Aは，Bとは1日3000円の契約であり，合計1万2000円であり，自分はB
> に1万2000円を支払うつもりであり，4日分の差額4000円はBに請求する
> ように求め，甲猫の引渡しを求めた。
> 　**【Q】**　Cの主張は正当なものか。

　【A】　×（Aに対して直接請求権が認められるが，BのAに対する債権の限
　　　　　度に限られる）

　【解説】　再寄託について考えてもらう問題である。
　　再寄託は，寄託者の承諾を得るか，やむを得ない事由がある場合でなければ認
　められない（658条2項）。本問ではやむを得ない事由が認められ，再寄託は適
　法である。この結果，106条，613条同様の直接請求権が，再受寄者には寄託者
　に対して認められている（658条3項）——AのCに対する返還請求権が認めら
　れる——。ただし，その認められる範囲は，「受寄者と同一の権利」となっており，
　BはAに対して1日3000円の料金で契約をしているので，<u>CのAに対する債権
　も1日3000円を限度とすることになる</u>——差額1000円はBに請求するしかない
　——。したがって，Cは1万2000円の料金の支払をAに対して請求でき，甲猫
　をその支払まで留置できるが（295条1項）——違法な再寄託だと295条2項に
　より否定——，1万6000円の支払は請求できない[*1]。
　　よって，1万6000円という部分が誤りであり，×が正解になる。
　　[*1]『民法V』15-3

Aは，その所有の甲犬を，近所のBに預けて，1週間の家
族旅行に出かけた。Bは，甲犬を連れて散歩中に，鎖が外れた猛犬が甲犬に
襲い掛かってきたため，甲犬を猛犬から引き離そうとして自分が猛犬にかま
れて負傷をし，甲犬も猛犬にかまれて負傷した。Bは，甲犬が負傷している
ことはわかったが，自分が病院に行くことを優先して，甲犬を家に置いて，
治療を受けに病院に出かけた。事件が起きたのは夕方であったため，Bが治
療を終えて帰宅した時には既に午後8時近かった。そのため，Bは甲犬をそ
の日には動物病院には連れて行けなかった。Bは翌日の午前中，甲犬を動物
病院に連れて行ったが，すぐに治療をしなかったため，甲犬にはすぐに治療
していれば回避できた後遺症が残った。

　旅行から帰ってきたAは，ただちにB宅に甲犬を迎えにいったが，甲犬の
痛々しい包帯姿を見て驚き，Bから事情を聞いて，どうしてすぐに動物病院
に連れて行ってくれなかったのかと激怒した。

【Q】　この場合，①AはBの治療費を賠償しなければならないか。②Aは
　　　Bに対して甲犬の治療費を支払わなければならないか。③AはBに対して
　　　甲犬の負傷による損害について賠償請求ができるか。

【A】　①△（665条は650条3項を準用していないが，解釈上適用の余地は
　　　ある），②○（665条により650条1項が準用される），③△（無償受
　　　寄者は自己の財産と同じ注意義務を負うが，あてはめは微妙）

【解説】　無償寄託について考えてもらう問題である。

　寄託では665条により650条1項と2項は準用されているが，あえて3項は準
用の対象から外されている。寄託については，661条があるので，それによりカ
バーされるのでよいと考えられたのかもしれない。しかし，661条は，「寄託物
の性質又は瑕疵によって生じた損害」に限定されており，寄託物自体に問題があ
ることが必要である。そうすると本問には適用は無理である。これを不合理だと
考えれば，650条3項の類推適用をするか，または，661条を拡大して運用する
しかない。ということで，肯定・否定いずれもありうるので，△としておいた。

　次に，Bが甲犬を動物病院に連れて行った点については，665条の準用により，
650条1項により費用償還請求ができる。次の③でBの賠償責任を認めると，現
実賠償のような形になるが，③は△としておくので，②はとりあえず○を正解と
しておく。

③については，無償寄託なので，善管注意義務ではなく，自己の財産に対するのと同一の注意義務を尽くせば足りる（659条）。ペットホテルが有償でペットを預かった場合には，ただちに治療を施すべきであり，そのままにして翌日動物病院に連れて行くのは善管注意義務違反になる[*1]。では，自己の財産（自分のペット）と同じ注意義務だとすると，あてはめとしてはどう評価すべきであろうか。Bは，自分の負傷がなければ，無償であったとしてもすぐに甲犬を動物病院に連れて行くべきである。ところが，本問ではBも負傷しており，預かった犬よりも自分の怪我——犬の歯にはいろいろなばい菌がいて大変なことになるかもしれない恐怖心にかられている——を優先しても致し方ないと思われる。ただし，確言はできないので，△としておいた。

[*1] 『民法Ⅴ』*21-1* 以下

(b) 目的物返還義務

> **CASE7-5**　Aは，甲画を美術品の修繕・保管を業とするB会社に，1年を期間として寄託した。寄託してから1カ月後に，AはBから，甲画の所有者と名乗るCが甲画の引渡しを求めてきたという連絡を受けた。Aは自分の所有物であり，Cに渡さないようにBに求めた。そこでBは，Cの引渡請求を拒絶した。Cは，自分が所有者であり，何者かにより盗まれたと主張しているが，Bは，Aの返還請求があったので，これに応じて甲画をAに返還した。その後，Cは，Aに対して所有権に基づく甲画の返還請求をし，Cの所有権を認める勝訴判決を受け，これが確定した。ところが，Aは既に甲画を処分してしまっていて，Cは甲画を取り戻せなかった。
>
> **【Q】**　この場合，CはBに対して損害賠償を請求ができるか。

【A】　×（寄託物について所有権を主張する第三者がいても，受寄者は寄託者に寄託物を返還しても所有者に対して責任を負うことはない）

[解説]　受寄者が，第三者が受寄物について所有権を主張している場合に，どのような行為をすべきなのかを考えてもらう問題である[*1]。

2017年改正法はこの問題を明文をおいて解決をしている。すなわち，第三者が寄託物について権利を主張していても，受寄者は，寄託者の指図がない限り，「寄託者に対しその寄託物を返還」しなければならない」ものしたのである（660条2項本文）。寄託者に返還するか，第三者に引き渡すかは自由ではなく，寄託

者に必ず返還することを義務づけたのである。ただし，第三者が訴訟を受寄者に対して提起し，第三者への引渡しを命じる判決が確定した場合で，第三者に寄託物を引き渡した場合にはこの限りではないとされている（同但書）――判決があっても寄託者に返還できるかのようであるがそれが妥当かは疑問――。

そして，実は第三者の所有であり，受寄者が寄託物を寄託者に返還してしまい，第三者が損害を被っても，受寄者は賠償責任を負わない（同3項）。よって，×が正解である。

*1 『民法V』15-6 以下

[3] 寄託者の義務

> **CASE7-6**　Aは，その所有の甲猫を，旅行に出かけるため，1週間，B会社の経営するペットホテルに預けた。甲猫は特殊な病気（以下，α病という）にかかっており，Aは，α病のことを言うとBが預かってくれないと思い，α病のことを秘して甲猫をBに預けた。Aは，シングルルームでの保管を依頼したので大丈夫であろうと思っていたが，Aが旅行から戻り甲猫を引き取った後に，甲猫が保管されていた場所に入れられたBが預かった他の客の猫がα病に罹患し，Bはその客に対して損害賠償をしなければならなくなった。
>
> 【Q】　この場合，BはAに対して損害賠償が請求ができるか。

【A】　○（661条により，受寄者は寄託者に賠償請求できる）

【**解説**】　受寄者が，受寄物によって損害を受けた場合について考えてもらう問題である。

特別規定がなくても，Aは信義則上の付随義務（説明義務）違反として，Bに対して損害賠償を債務不履行として義務づけられることになる。民法は，この点，661条で，寄託者は，寄託物の性質または瑕疵――120条2項，717条1項とともに「瑕疵」という言葉は残っている――によって生じた損害を賠償しなければならないことを規定している*1。責任の性質が債務不履行か不法行為かは規定していないが，AがBに対して損害賠償義務を負うことは疑いなく，○が正解になる。

*1 『民法V』15-11

[4] 寄託契約の終了

CASE7-7　　Aは，その所有の甲猫を，旅行に出かけるため，3日間，B会社の経営するペットホテルに預けた。Aは，急用ができ，1日で旅行から帰ってきたため，Bに甲猫を迎えに行き，残り2日分の契約を解除して，1日分の費用だけ支払って甲猫を受け取ろうとした。しかし，Bは，Aからの注文で特注のエサを3日分用意しており，これが2日分無駄になったので，その費用を支払うよう求めた。

【Q】　BのAに対する上記請求は認められるか。

【A】　○（662条2項により，寄託者は受寄者が返還時期よりも前に解約したことにより生じた損害の賠償を請求できる）

【解説】　寄託者が寄託の期間を定めて契約をしたが，その期間満了前に返還を求めた場合について考えてもらう問題である。

　返還時期（保管期間）を定めても，寄託者はいつでも返還を請求することができる（662条1項）——受寄者は途中で返還はできない——。ただし，それにより受寄者が損害を被った場合には，寄託者に損害賠償を請求できる（同2項）。641条等のように，契約解除を認めるがまったくの自由な解除ではなく，相手方の損害を賠償することを条件としており，その意味では契約の拘束力をまったく否定しているものではない。本問では，3日分の特注のエサが無駄になったので，その費用をBはAに対して賠償請求ができることになる*1——Aは費用を支払う以上，その用意した特注のエサの引渡しを受けられる——。

　ところで，Aが解約しても，残り2日，他に猫を預ける客がいれば損失はないが，いない場合には2日分の収益は損害になる。この取得し損なった収益を662条2項で賠償請求ができるのかは微妙である。

　いずれにせよ，Bの請求するエサ代は賠償請求が認められるものと思われ，○が正解である。

　　*1 『民法Ⅴ』15-15 以下

■第 8 章■

贈 与 契 約

[1] 贈与契約の拘束力

(a) 自由な解除可能

CASE8-1 Aは，その血統書付きの猫が子猫を4匹生んだため，ペットショップに販売することを考えたが，その中の1匹（以下，甲猫という）について，会社の同僚Bがもらいたいと言ってきたため，これをBにあげる約束をした。その際，Aは甲猫について，予防接種をしたり，既に費用をいろいろかけているので，その費用分の5000円を支払ってくれるよう求め，Bも了承した。いずれも口頭での約束である。

【Q】 Aは，①やはり気が変わって，甲猫をBに渡したくないと考えているが，引渡しを拒否することができるか。②Bが5000円を支払わない場合に，その支払まで甲猫の引渡しを拒絶し，支払がない場合に契約を解除して甲猫の引渡しを拒絶できるか。

【A】 ①○（書面によらない贈与は自由に解除でき，負担付きでも変わらない），②○（負担付贈与には双務契約の規律が適用され，解除については不履行が軽微とまではいえない）

【解説】 口頭での負担付贈与について考えてもらう問題である。

贈与契約は諾成契約であるが（549条），書面によらない限り，当事者は自由に契約を解除できる（550条）*1。特に負担付贈与を適用除外とはしていない。本問では負担の履行もないので，Aは解除可能であり，○を正解としておく。

次に②であるが，負担付贈与については，双務契約についての規定が準用されるので（553条），負担の重要度の程度によるが，同時履行の抗弁権（533条）が認められる*2。本問では，5000円とそれなりの金額であり，Aに同時履行の抗弁権を肯定してよい。また，同様に――双務契約についての規定とはされていない

が——，Bが負担の履行をしないならば催告解除（541条），また明確に履行拒絶をしていれば即時解除（542条1項2号）ができる。よって，②も○が正解である。もっとも，書面がなければ，Aは550条で解除すればよい——上記のように550条は負担付贈与にも適用される——。

［関連して考えてみよう］ 判例は負担付贈与において，負担が既に履行されている場合には，死因贈与の事例で，遺贈規定を参照し（1027条），もはや取消しは許されないと解しているが[*3]——面倒をみるといったサービスの事例——，書面によらない贈与には同様の判例はない。ただ，負担の重要度によっては，550条の適用も否定することは考えられる（未だ判例はない）。

[*1]『民法Ⅴ』17-3以下　　[*2]『民法Ⅴ』17-19以下　　[*3]『民法Ⅴ』17-23

CASE8-2

Aは，その血統書付きの猫が子猫を4匹生んだため，ペットショップに販売することを考えたが，その中の1匹（以下，甲猫という）について，会社の同僚Bがもらいたいと言ってきたため，これをBにあげる約束をした。その際，Aは甲猫について，予防接種をしたり，既に費用をいろいろかけているので，その費用分の5000円を支払ってくれるよう求め，Bも了承した。いずれも口頭での約束である。その後に，Aは甲猫をBに引き渡したが，Bが5000円を支払わない。Bは甲猫を受け取った後，ペットショップに20万円で甲猫を販売している。

【Q】 AはBに対して甲猫を販売して受けた20万円の返還を求めることができるか。

【A】 ○（書面によらない贈与も履行後は解除はできないが，負担の不履行を理由とした解除の可能性がある）

［解説］ 負担付贈与の「負担」について考えてもらう問題である。

　書面によらない贈与契約は，履行が終わってしまったならば解除ができず（550条但書）——負担付でも例外ではない。そのため，Aは550条による解除はできない[*1]。しかし，5000円を支払わないことを理由に契約解除ができることは［CASE8-1］に述べた通りであり，さらにBには別の負担を考える余地がある。というのは，Bは自分が飼うためにもらう，という黙示の合意がされていると考えられる。Bが飼うということは動機の表示を超えて，AはBがちゃんと飼ってくれるから贈与するのであり，Bが飼って世話をすることを負担としたと考える

余地がある。債務かどうかは微妙かもしれないが，贈与における「負担」（対価関係に立たない債務）はかなり緩やかに認定されている。

そのため，いずれにせよＡによる贈与契約の解除は有効と考えられ，ＡはＢに対して原状回復義務として受け取った代金の返還を求めることができる。よって，○を正解と考えたい。

　　*1 『民法Ⅴ』17-7

(b)　履行された場合

> **CASE8-3**　Ａは乗馬場を経営しており，子馬が１匹生まれたので（以下，甲馬という），甲馬をＢに贈与することを口頭で約束した。Ｂは，甲馬をそのままＡの乗馬場で飼育してもらうことにし，飼育料として月５万円を支払うことを約束した。Ｂは，休日に甲馬での乗馬を楽しむことを考えている。ところが，その２日後に，甲馬を買いたいという者が出てきたので，Ａは，その人に売りたいので，贈与の話はなかったことにしてもらいたいとＢに対して申し出た。
>
> 【Ｑ】　ＡのＢに対する甲馬の贈与の解除は有効か。

【Ａ】　×（書面によらない贈与であるが，占有改定により履行済なので解除はできない）

【解説】　口頭での贈与について，履行が終わったかどうかを考えてもらう問題である。書面によらない贈与契約であっても，履行が終わってしまったならば解除ができない（550条但書）。その履行については，即時取得（192条）のように現実の引渡しがなされることは必要ではなく，また，不法原因給付（708条）のように返還を否定する制度であるために，現実の引渡しがなされることを必要とすることはないと考えられる。判例も占有改定の事例で履行を認めている（最判昭31・1・27民集10巻1号1頁）[1]。よって，もはやＡは贈与契約を解除ができず，×が正解になる。

　　*1 『民法Ⅴ』注 17-10

(c)　書面がある場合

CASE8-4　　Aは，引越しの際に，高級ソファー（以下，甲ソファーという）の処分を考え，大学のサークルで一緒であった友人Bに，Eメールで，甲ソファーが欲しければやると送信した。Bはこれを見て，Aの家に行った際に非常に素晴らしいソファーだと思っていたため，ただちにもらうという旨の返信メールを送った。Aは同じメールを他の友人にも送っていて，その後にCからも欲しいというメールが届き，Aは，Cにはいろいろ世話になったので，甲ソファーをCにあげることにして，Bにはあの話はなかったことにしてくれと改めてメールをした。

【Q】　AのBへの贈与の解除は有効か。

【A】　○（メールは書面にはならない）

［解説］　書面による贈与かどうか考えてもらう問題である。

　贈与契約が書面による場合には，自由な解除はできないことになる。したがって，口頭での贈与の合意は自由に解除ができる。ところが，本問では，口頭で贈与の合意がなされたのではなく，メールのやり取りによってなされており，メールの記録が残っているので口頭での合意とは異なり，合意の有無をメールにより容易に確認できる。では，メールは書面に該当するのであろうか。

　なお，Aは同じ申込みを複数人にしているが，競争的に最初に着いた承諾の返信を承諾と扱うといった制限をしていない以上，Bへの贈与とCへの贈与がいずれも成立し，二重譲渡になる。AはBとの贈与を解除できない限り，甲ソファーをBに渡さないと債務不履行になる。

　口頭でなければ書面であるという関係には，現代社会ではいえなくなっており，メールやチャットなどインターネット上のやり取りが可能になっており，口頭でもないが書面でもない事例がある。この場合，記録が残るため，書面に準じて扱ってよいのか疑問になる。これはそれぞれ書面を要求した趣旨から考える必要があるだけでなく，民法はこの点を意識して規定を置いている。というのは，電磁的記録でよい場合には，その旨を明記しており（151条4項，446条3項，587条の2第4項），あえてその旨を規定しない場合（550条，593条の2，657条2項）は，反対解釈として電磁的記録によることは認められないことになる[*1]。

　そうすると，メールのやり取りでは書面による贈与にはならず，Aは解除が可能になり，○が正解になる。

　[*1]　『民法V』17-8以下

CASE8-5　Aは，その所有の甲地（農地）をBに贈与することを口頭で合意し，農地の贈与の農業委員会への許可申請のために，Bと共同して許可申請書を作成し，譲渡人氏名の欄に署名押印し，「権利を移転しようとする契約の内容」の欄に贈与ということを記載した。しかし，その提出前に，Aはやはり思い直し，まだまだ体力が続きそうなので農業を継続することにし，Bに贈与の話はなかったことにしてくれるよう求めてきた。

【Q】　AのBへの贈与の解除は有効か。

【A】　×（判例は，農地贈与の許可申請書が作成された場合，書面による贈与と認める）

【解説】　書面による贈与の「書面」の意義を考えてもらう問題である。贈与契約が書面による場合には，自由な解除はできないが，常識的にはこの書面とは「贈与契約書」のはずである。ところが，判例は，550条の趣旨は「贈与者が軽率に贈与を行うことを予防するとともに贈与の意思を明確にし後日紛争が生じることを避ける」ことにあるため，「贈与の意思表示自体が書面によってされたこと，又は，書面が贈与の直接当事者間において作成され，これに贈与その他の類似の文言が記載されていることは，必ずしも必要でなく，当事者の関与又は了解のもとに作成された書面において贈与のあったことを確実に看取しうる程度の記載がされていれば足りる」として，贈与契約書でなくてもこの趣旨があてはまる書面があればよいとした（最判昭 37・4・26 民集 16 巻 4 号 1002 頁）。農地の贈与で都道府県知事（当時）への許可申請書を 550 条の「書面」と認めたのである*1。よって，もはやAは解除をできないことになり，×が正解である。
　*1 『民法Ⅴ』 17-10

CASE8-6　Aは，甲地をBから買い取ったが，その所有権移転登記手続前に，甲地をCに贈与することを口頭で合意した。そのため，AはBに対して，内容証明郵便を発送して，Cに贈与をしたので，Cへの所有権移転登記手続をするよう求めた。しかし，Cへの所有権移転登記手続がされる前に，AはCに対する贈与を解除し，Bには，Cへの贈与を解除したので自分への所有権移転登記手続をするよう求めた。

【Q】　AのCへの贈与の解除は有効か。

【A】　×（判例は，本問のような贈与をしたこと，そして所有権移転登記を
　　　受贈者に求める内容証明郵便も，書面による贈与の書面と認める）

[解説]　書面による贈与の「書面」の意義を考えてもらう問題である。
　判例は，[CASE8-5]をさらに進めて，本問のような事例で，内容証明郵便を
書面による贈与にいう書面と認めている（最判昭60・11・29民集39巻7号
1719頁)*1。贈与者が作成し，また，贈与意思の明確化＋軽率な贈与の予防とい
う550条の趣旨があてはまることが理由である。しかし，学説には反対が多く，
将来変更される可能性の大いに高い判決である。しかし，判例による限り，もは
やAは解除をできないことになり，×が正解である。なお，不動産登記法の改正
により，現在では申請書副本による中間省略登記はできなくなっている。
　　*1 『民法V』17-10

[2]　忘恩行為に対する贈与者の救済

> CASE8-7　　　Aはブドウ園を経営し，ワインの製造販売を行っており，
> そのワインは高い評価を受けている。Aは，跡継ぎの男子に恵まれず，ワイ
> ン工場で働いているBの将来性を見込んで，Bに店を継がせようと考えて，
> Aはその娘CをBに紹介し，BとCは婚姻して，Aの下で働いている。ある
> ときAは，Bがフランスにワインの勉強のために留学をしたいと言うので，
> その資金として1000万円を支援した。Bは，Cとともにフランスで2年間
> ワインの勉強をするとともに，ワインメーカーで実習生として働き，その後
> に日本に帰国した。帰国後，Bはワイン工場の経営をめぐってAと対立し，
> Aを陰で罵倒するようになり，それを咎めたCに対して暴力をふるうように
> なった。さらに，Bはワイン工場で働いている女性と不倫をし，その女性と
> 同棲し，他のワインメーカーに引き抜かれていった。その後，CはBと離婚
> した。
> 　【Q】　AはBに支援した1000万円の返還を求めることができるか。

【A】　△（黙示の負担付贈与と認定できるか微妙）

[解説]　いわゆる忘恩行為について考えてもらう問題である。
　民法は忘恩行為について規定を置いておらず，起草者は，忘恩行為を理由とし

た財産の取戻しを否定するつもりであった。しかし，判例は，贈与者と受贈者（養子）との「特別の情宜関係及び養親子の身分関係に基き」，「贈与者の爾後の生活に困難を生ぜしめないことを条件とするものであつて，受贈者もこの趣旨は十分承知していたところであり，受贈者において老齢に達した贈与者を扶養し，円満な養親子関係を維持し，同人から受けた恩愛に背かないことを右贈与に伴う」義務を負担する負担付贈与契約として，541条，542条の規定を準用し，贈与者は贈与契約の解除をなし得るとした原判決が支持されている（最判昭53・2・17判タ360号143頁）[*1]。

　Aとしては，赤の他人に1000万円を支援するはずはなく，娘Cのためであり，また，自分の経営するワイン工場を将来継いでもらうためである。当然そのような意図は，Bも了解しているはずである。上記判例になぞらえれば，Aから受けた恩愛に背くことなく，Aの娘Cと幸せに暮らし，Aのワイン工場の発展のために尽くしてくれることをAは期待し，Bにこれに応える義務を負担する負担付贈与ということができるであろうか。かなり事案が異なるので，微妙である。そのため，△としておいた。

[*1] 『民法Ⅴ』17-12以下

[3]　特殊の贈与

⒜　負担付贈与

CASE8-8　Aは，その血統書付きの猫が子猫を4匹生んだため，ペットショップに販売することを考えたが，その中の1匹（以下，甲猫という）について，会社の同僚Bがもらいたいと言ってきたため，これをBにあげる約束をした。その際，Aは甲猫について予防接種をしたり，既に費用をいろいろかけているので，その費用分の5000円を支払ってくれるよう求め，Bも了承した。いずれも口頭での約束である。

　Bが5000円を支払って，Aから甲猫の引渡しを受けて飼っているが，甲猫の体調が優れないことに気がついた。そのため，Bは，甲猫を動物病院に連れて行ったが，甲猫には先天的な内臓の障害があることがわかった。Bは，高度な治療施設のあるN大学病院でないと甲猫の手術はできないと獣医から話され，費用がかかるので迷ったが，結局，N大学病院で甲猫の手術を受け，その後の治療など合計20万円がかかった。Aは甲猫にこのような障害があることは知らなかった。

【Q】 Bは，Aに対して手術代合計20万円の支払を求めることができるか。

【A】 ×（贈与における贈与者の不適合物給付責任は，特定時の状態での引渡しを義務づけられるにすぎない）

[解説] 贈与，しかも負担付贈与における，贈与者の目的物についての責任を考えてもらう問題である。

　贈与者の不適合物責任については，2017年改正法は，「贈与の目的として特定した時の状態」での引渡義務を負担したものと推定している（551条1項）[1]。初めから特定している特定物では，売買契約時ということになる。契約時のそのままのあるがままの状態を受贈者は受け入れるということであり——悪意で告げなかった場合を例外とはしない——，契約から引渡しまでに生じた損傷についてのみ，善管注意——贈与の場合には自己の財産におけると同じ注意に軽減することも考えられる——による保管義務違反が問題になるにすぎない。そうすると，本問では契約不適合はないことになる。

　ただ問題になるのは，551条2項が，負担付贈与については，贈与者は負担の限度で，売主と同じく担保責任を負うという規定が，改正後もそのまま残されていることである。改正前のように法定責任であれば，本問にも適用があり，5000円を限度としてAは責任を負い，5000円の賠償義務を負うことになる。ところが，改正法は担保責任を債務不履行責任としたので，契約不適合がない以上は，5000円の賠償責任も負わないことになる。5000円の賠償請求ができるかどうかは微妙であるが，20万円についてはいずれにせよ賠償請求はできず——債務不履行もないので解除もできない——，×が正解になる。

[1] 『民法Ⅴ』17-19以下

(b) 死 因 贈 与

CASE8-9 高齢のAは，自分が死亡したら，その所有している甲地をBに贈与することを合意し，贈与契約書を作成した。ところが，Aはその後に気が変わり，甲地はCに与えるという遺言書を作成した。
【Q】 Aが死亡後に，甲地を取得できるのはBCのいずれか。

【A】 C（死因贈与には遺贈の規定が適用される）

[解説] 死因贈与についての規律を考えてもらう問題である。

贈与者死亡により効力が生じる**死因贈与**は，機能的には遺贈（964条）と同じであるため，死因贈与には単独行為ではなく「契約」という性質に反しない限り，遺贈の規定を適用することになっている（554条）。

　贈与の規定によれば，書面があるのでAは解除はできないことになる。しかし，自己の財産の終意処分であり一番最後の意思が尊重されるべきであり，判例は，1022条の適用を肯定し，贈与者による死因贈与の撤回を自由に認めている（最判昭47・5・25民集26巻4号805頁）*1。そうすると，1023条も準用され，その後に死因贈与と抵触する遺言が作成された場合には，前の死因贈与を撤回したものと見做される。この結果，甲地を取得できるのは，Cということになる。

　*1 『民法Ⅴ』17-29以下

CASE8-10　　　高齢のAは，自分が死亡したら，その所有している甲地をBに贈与することを合意し，贈与契約書を作成した。ところが，Aの死亡前に，Bが不慮の死を遂げ，BをCが単独で相続した。その1年後に，Aが死亡して，Dが単独相続をした。

【Q】　Bの相続人Cは甲地を取得できるか。

【A】　×（死因贈与には994条1項が準用されるべきである）

【解説】　死因贈与について，994条1項の準用の可否を考えてもらう問題である。

　古い判例には死因贈与への994条1項の準用を否定した判決がある（大判昭8・2・25新聞3531号7頁）。しかし，通説は994条の死因贈与への準用を肯定しており，近時の下級審判決として，東京高判平15・5・28判時1830号62頁は，「死因贈与も，その無償性に照らして何らかの個別的な人間関係に基づいてされるものであることも，遺贈と共通する」ため，「贈与者の意思は，遺贈と同様に，そのような特別の人間関係のある特定の受贈者に向けられていると解される」として，944条1項の準用を肯定している*1。大審院の判決が変更されていないため○の可能性もあるが，994条1項の準用を認める下級審判決があることもあり，×と考えたい。

　*1 『民法Ⅴ』17-26以下

■第 9 章■
使 用 貸 借

[1] 使用貸借の意義

> **CASE9-1**　　Aは，自宅の隣の土地建物（以下，本件不動産という）を，将来子どもが独立して住むために購入したが，息子が海外勤務で当分帰ってこないことになったため，知合いのBに賃料を取らずに貸すことを約束した。AB間の合意は，口頭での合意の後，メールでのやり取りにより約束が確認されている。この合意の後，Aの妻が，折角リフォームしたのに他人に住ませると家が傷むと反対し，Aは妻の反対に押し切られ，Bに対して，やはり貸すのはなかったことにしたいとメールで連絡をした。Bは今住んでいるアパートを本件不動産に引っ越す予定で解約してしまったので，約束通り住まわせてくれるようAに求めている。
>
> 【Q】　AはBに本件不動産に無償で住まわさなければならないか。

【A】　×（使用貸借の貸主は，引渡しまでは自由に解除ができる）

[解説]　使用貸借の合意の効力を考えてもらう問題である。

2017年改正までは使用貸借は要物契約であり（旧593条），合意をしても使用貸主は合意に拘束されることはなかった。しかし，改正法は，無償契約の拘束力否定を日本特殊な贈与方式の規制を一般化することで統一的に実現している。すなわち，使用貸借も諾成契約としつつ（593条），書面がない限り使用貸主は引渡しまでいつでも解除ができることにしたのである（593条の2）[*1]——逆にいうと，贈与以外では解除によるために贈与も解除に変更された——。

こうして，Aは引渡し前であれば自由に，また損害賠償義務を負うことなく解除ができ，×が正解になる。

　[*1]　『民法V』*19-1* 以下

CASE9-2　Aは，自宅兼店舗（以下，本件不動産という）で和菓子屋を経営しており，1階が販売店舗兼製造工場になっている。Aは妻に先立たれ，本件不動産で長男Bの家族と同居し，BはAの和菓子屋を継ぐ予定であり，Aの和菓子製造を手伝っており，Bの妻も店舗で和菓子の販売に携わっている。Aが死亡し，Bと次男Cが共同相続をした。

【Q】　Bは，遺産分割が成立していなくても，本件不動産にそのまま居住し和菓子屋を続けることができるか。

【A】　○（判例は，AB間に，Aが死亡しても遺産分割までの黙示の使用貸借の成立を認める）

【解説】　判例による黙示の使用貸借という解決を確認してもらう問題である。

　本件不動産はBCの共有になり，Bが単独で占有していれば，他の共有者Cは明渡しを請求できなくても，不当利得の返還請求はできる。しかし，判例は，「共同相続人の一人が相続開始前から被相続人の許諾を得て遺産である建物において被相続人と同居してきたときは，特段の事情のない限り，被相続人と右同居の相続人との間において，被相続人が死亡した後も，遺産分割により右建物の所有関係が最終的に確定するまでの間は，引き続き右同居の相続人にこれを無償で使用させる旨の合意があったものと推認され……遺産分割終了までの間は，被相続人の地位を承継した他の相続人等が貸主となり，右同居の相続人を借主とする右建物の使用貸借関係が存続する」という解決をした（最判平8・12・17民集50巻10号2778頁)[*1]。

　この判例を適用する限り，Bは遺産分割まで使用貸借契約に基づいて使用収益を続けることができ，○が正解になる。

[関連して考えてみよう]　2018年相続法改正により，相続編に「第8章　配偶者の居住の権利」が新設され，その中に配偶者短期居住権という制度が導入された（1037条以下）。したがって，もしAの妻が生存していれば，Bは黙示の使用貸借，妻は配偶者短期居住権により居住を継続できる。妻は配偶者短期居住権によらずに，従前の判例法を援用できるのかは問題になる。判例の使用貸借では遺産分割までとされているのに対して，配偶者短期居住権は遺産分割がされなくても相続開始から6カ月という制限がされており（1037条1項1号），改正法に一本化されたと考えるべきである。本問のBには，依然として判例が先例価値を保持している。

[*1] 『民法Ⅴ』19-2以下

[2]　使用貸借の契約関係

⒜　使用貸主の義務——修補義務なし

> **CASE9-3**　Aは，自宅の隣の土地建物（以下，本件不動産という）を，将来子どもが独立して住むために購入したが，息子が海外勤務で当分帰ってこないことになったため，知合いのBに賃料を取らずに貸すことにし，Bがこの合意に基づき居住を開始した。Bが居住を開始してから2カ月後に，未曾有の暴風雨を伴う台風がこの地域を通過し，本件不動産の屋根の一部が損傷した。そのため，Bは業者に依頼して損傷個所の修理をしてもらった。
>
> **【Q】**　Bは屋根の修理費用をAに求償することができるか。

【A】　○（使用貸借では通常の必要費は借主負担であるが，必要費でも通常でないものは求償できる）

［解説］　使用貸借における目的物維持の費用負担について考えてもらう問題である。

　使用貸借には，賃貸借の「使用及び収益を相手方にさせる」（601条）義務は規定されておらず，借主の使用収益を「容認」する義務を負うだけである。積極的に使用収益ができるように修繕したり，第三者の妨害を排除するといった義務を負うことはない。そのため，民法は，<u>「通常の必要費」は借主の負担</u>とし，借主が通常必要な修繕をしても——風呂掃除のためにスポンジや洗浄剤を購入してもその費用を求償できない（賃貸借も善管注意義務の履行であり同様）——費用償還請求権は認められないことにした[*1]。

　しかし，本問では台風で屋根が損傷を受けたのを修理するのは，通常の必要費を超えた特別の必要費であり，<u>595条1項の適用はない</u>と考えられる。したがって，求償を認めてよく，○と考えられる。

［関連して考えてみよう］　では「通常の必要費」ではないので，使用貸主は修繕義務を負うのであろうか。自分の所有物であり，修繕することができるのは当然である。賃貸借でも賃貸人が必要費を負担するが，賃借人が善管注意義務を履行するための費用——家の掃除の費用など——は，賃借人の負担である。賃借人が賃借物を損傷した場合，賃貸人は修繕義務はないが（606条1項但書），金銭賠償主義（417条）が適用され賃借人は修繕義務を負わない。それとも，善管注意義務から賃借人の修繕義務を負わせるのであろうか。費用負担，修繕義務，賃借

人の善管注意義務といった関係は必ずしも明確に整理されていない。
   *1 『民法V』19-4

(b) 借主の義務

CASE9-4　　　Aは，自宅の隣の土地建物（以下，本件不動産という）を，将来子どもが独立して住むために購入したが，息子が海外勤務で当分帰ってこないことになったため，知合いのBに賃料を取らずに貸すことにし，Bがこの合意に基づき居住を開始した。Aは，息子が帰国しないため，Bの居住をそのまま容認し，Bは固定資産税だけ負担していた。居住から7年後，Bはマンションを購入したので，引っ越して本件不動産から出て行った。Bは管理を適切に行っており，損傷といえるような傷や痛みなどはなく，5年間の通常使用による損耗や経年変化がみられるだけである。

【Q】　AはBに対して通常劣化の原状回復費用の支払を求めることができるか。

【A】　×（使用貸借でも借主の帰責事由による損傷についてのみ原状回復義務が認められるにすぎない）

【解説】　使用貸借における借主の原状回復義務について考えてもらう問題である。賃貸借契約では，賃料を支払うため，賃料には通常使用による損耗や経年変化（以下，通常損耗等という）の補償金が計算されて含まれている。そのため，特約がない限り，賃料とは別に通常損耗等についての原状回復義務を賃借人は負うことはない。では，そのような補償金が算入された賃料を支払わない使用貸借では，借主は通常損耗等まで原状回復を義務づけられるのであろうか。

　この点，2017年改正法は，使用貸借についても，借主の帰責事由による――ただし，帰責事由によらないことを抗弁事由とし，借主が証明責任を負う――損傷のみについて，借主の原状回復義務を認めている（599条3項）。通常損耗の負担を含んだ賃料の支払をしなくてよいことにしているので，賃貸借と同様の処理をしたのである*1。ただ，特約は有効と考えてよい。

　よって，特約がない限り，AはBに対して通常損耗についての原状回復のための費用の償還請求はできず，×が正解になる。
   *1 『民法V』19-8

[3] 使用貸借契約の当然の終了

(a) 契約期間が定まっている場合

> **CASE9-5** 　Aは，期末試験前に，自分が出席しなかった授業で配布されたプリント（以下，本件プリントという）を，同じゼミのBから，コピーをするために借りて，明後日のゼミの際に返すと約束して受け取った。その日の夕方，Bは，Aがコピー機でコピーをしているのを見つけ，本件プリントのコピーが終わったかどうか聞いてみた。Aは，コピーは終わったが，約束通り明後日に返すと返答した。
>
> 　**【Q】** BはAに対して，コピーが終わったのであれば今すぐ返すよう求めることができるか。

　【A】 ×（使用貸借で期間を定めた場合，その期間が満了しないと貸主は目的物の返還を請求できない）

　[解説] 使用貸借における貸主の返還請求のための要件を考えてもらう問題である[*1]。

　使用貸借において，期間を定めた場合には，期間満了で契約が終了する。期間を定めても無償なので，借主はいつでも返還請求できるといった扱いはしていない。ただ，本問のように使用目的を定めた場合には，その期間はデッドラインであり，目的を達するまでという不確定期限がメインで，そのデッドラインというだけという趣旨で合意がされていることも考えられる。もしそのように契約解釈ができれば，本問ではBはAに本件プリントの返還を請求できることになる。

　そのため，○の可能性も高いと思われるが，597条1項の規定を適用すると×になる。

　[*1] 『民法Ⅴ』*19-11*

(b) 契約期間が定まっていないが使用目的が定まっている場合
──使用収益の終了

> **CASE9-6** 　Aは，期末試験前に，自分が出席しなかった授業で配布されたプリント（以下，本件プリントという）を，同じゼミのBから，コピーをするために借りた。AとBは毎日大学の自習室で勉強している仲間であり，

特にいつ返すかは決めなかった。その後，以下のいずれかの事実があった。

①その日の夕方，Ｂは，Ａがコピー機でコピーをしているのを見つけ，本件プリントのコピーが終わったか聞いてみた。Ａは，コピーは終わったと返答した。

②その日の夕方，ＢはＡにコピーは終わったか聞いてきたが，まだ終わっていないということであった。そのため，Ｂは，そのプリントは自分も必要なので，明日の午前中までに終わらせて返すように求めた。翌日のお昼に，ＢはＡに会って，コピーは終わったか聞いてみたところ，まだ終わっていないという返答であった。

【Ｑ】 ＢはＡに対して，本件プリントを今すぐ返すよう求めることができるか。

【Ａ】 ①②とも○（使用貸借で期間を定めず目的を定めれば，その目的が達せられているか，その目的達成に必要な期間を経過していれば，貸主は即時解約をして借主に目的物の返還を求めることができる）

[解説] 使用貸借における貸主の返還請求のための要件を考えてもらう問題である。

使用貸借において期間を定めなかった場合，貸主はいつでも返還請求できるのではなく，使用目的を定めたならば，その使用を認めるのであるからその使用のために必要な期間（不確定期間）は返還請求をしないという合意がされているものと認められる。そのため，①目的とされた使用収益を借主が終了すれば当然に契約は終了し（597条2項）――ただし，返還請求を受けて履行遅滞になる（412条3項）――，②目的とされた使用収益が終わってなくても，そのために必要な期間が経過していれば，貸主は借主に対して契約解除をして返還を請求できることになっている（598条1項）[*1]。

よって，①②いずれの事例でも，ＡはＢに対して本件プリントの即時の返還を求めることができ，○が正解である。

*1 『民法Ⅴ』19-12

[4]　使用貸借契約の解除による終了

CASE9-7　　Aは，自宅の隣の土地建物（以下，本件不動産という）を，将来子どもが独立して住むために購入したが，息子が海外勤務で当分帰ってこないことになったため，知合いのBに賃料を取らずに貸すことにし，Bがこの合意に基づき居住を開始した。特に期間は定めていない。Bは，固定資産税だけ負担することを約束している。その後，以下のいずれかの事実があった。

①Aは，固定資産税を負担してくれるし，また，建物は人が住んで管理をしたほうがよいと思い，息子が帰ってくるまでBに住んでもらいたいと思っていたが，Bが契約から6カ月後に，急遽出ていくとAに述べ，居住していない分の支払った固定資産税の金額の返還を求めた。

②Aは，B居住から2年後に，息子が急きょ翌月に帰国することになったため，Bに対して今月中に本件不動産から退去してくれるよう求めた。

【Q】　①Bの上記解除また返還請求，また，②AのBに対する退去請求は認められるか。

【A】　　①②とも○（使用借主はいつでも解除でき，負担付きの場合にも制限がない。また，居住という目的でも，相当期間経過すれば借主は解除ができる）

[解説]　使用貸借における契約の終了について考えてもらう問題である[1]。

　　まず①については，借主は一方的に利益を受けるだけなので，いつでも解除ができる（598条3項）。負担付きの場合には，若干状況が変わるが，民法は，負担付きの場合にも借主の解除を制限していない。よって，①は○が正解になる。

　　次に②については，居住という目的が定まっているが，居住している限り目的を達していないというのは，貸主にとって酷である。そのため，Aの息子が帰国するまでという不確定期限の合意を認めるか，それとも，社会通念上相当と認められる期間居住すれば，598条2項の解除を認めるべきである。したがって，来月からという猶予期間も設けているし，Aの解除は有効と考えるべきである。○が正解と思われる。

　　[1]　『民法V』*19-14* 以下

■第 10 章■
組 合 契 約
──団体契約──

[1] 組合契約の意義

> CASE10-1　　ABCDE の 5 人は，同じ大学のヨット部の同期の卒業生で
> あり，ヨット同好会（以下，α会という）を結成し，出資金を出し合って，
> 甲ヨット 1 台を購入し，月 1 回定例会と称して集まっており，甲ヨットを希
> 望する者が交代で使用している。α会の会長にはA が選任されている。
> 【Q】　α会は民法上の組合といえるか。

【A】　○（出資も共同目的もある。共同目的は営利目的であることは必要で
はない）

[解説]　組合の要件について考えてもらう問題である[1]。

　組合契約は，①「各当事者が出資をして」，②「共同の事業を営むことを約する」
契約であり，営利目的である必要はない（667 条 1 項）。そのため，本問のよう
な親睦団体でも組合になる。一口 100 万円の出資をして共同でヨットを 5 名で購
入し，出資者が会員となり，ヨットを利用して航海を楽しむことなどを目的とす
るヨットクラブが組合と認められている（最判平 11・2・23 民集 53 巻 2 号 193
頁）。よって，α会も組合になり，○が正解である。

　　[1]『民法Ⅴ』22-1

> CASE10-2　　ABCDE の 5 人は，同じ大学のヨット部の同期の卒業生で
> あり，ヨット同好会（以下，α会という）を結成し，出資金 100 万円を出し
> 合って，甲ヨット 1 台を購入することを合意した。α会の会長にはA が選任
> された。ところが，D とE は約束した出資金 100 万円を支払っていない。
> 【Q】　①A が代表者としてD に出資金の支払を請求したのに対して，D は
> 　　　E が支払わなければ自分も支払わないと主張できるか。②B は DE に対し

て出資金の支払を求め，支払わないならば組合契約を解除することができるか。

【A】 ①②いずれも×（① CD は出資につき同時履行の抗弁権は認められない，②組合契約の解除は認められない）

[解説] 組合契約の法的性質に関わる問題を考えてもらう問題である[*1]。

組合契約は，契約なのか合同行為なのか学理的な議論があり，また，それとの関係で双務契約についての規定が適用されるのかが問題になっている。2017 年改正法は，この点を法的性格の問題を措いて解決をした。まず，「第 533 条及び第 536 条の規定は，組合契約については，適用しない」と明記し（667 条の 2 第 1 項），同時履行の抗弁権は否定される。よって，①は×である。

次に，「組合員の一人について意思表示の無効又は取消しの原因があっても，他の組合員の間においては，組合契約は，その効力を妨げられない」と規定するとともに（667 条の 3），組合員の 1 人に債務不履行があっても解除は認められないことを明記した（667 条の 2 第 2 項）。判例は，解除を認めることは，「組合の団体性に反するのみならず，民法が脱退除名解散請求等を認めたる法意を没却する」ことを理由に，解除を否定していた（大判昭 14・6・20 民集 18 巻 666 頁）。これを明文化したことになり，解散請求，脱退または不履行者の除名のいずれか組合法理により律せられることになる。よって，②も×となる。

　[*1] 『民法Ⅴ』22-4 以下

[2] 組合の業務執行

CASE10-3 AB は，共同で出資してレストランを経営することを合意し，店舗を借りて甲レストランの名で営業を開始した。特に業務執行者を決めることなく，AB が共同で仕入れ，調理等の運営を行っている。あるとき，C 会社から，電話により貸し切りでのパーティーの注文が入り，これに対応した A は予約を受け付けた。パーティーが終わり，C から，代金はすぐに振り込むと伝えられたが，数日経っても振込みがない。そのため，B が C の事務所まで代金の取立てに出かけた。

【Q】 ①A が B に相談することなしに受けた注文は有効か。②B は C に対して代金の支払を求めることができるか。

【A】 ①②いずれも○（共同で執行しており，通常の業務範囲では，黙示的に代理権が授与されていると思われる）

【解説】 組合契約の業務執行そして組合代理について考えてもらう問題である。

組合の業務執行は，業務執行者を決めていない限り，組合員の過半数で決定し，決定された行為は各組合員が行う権限を認められる（670条）。ただし，常務は各組合員が過半数の決定を要することなく実行できる（同5項）。本問では，予約の注文を受けるのは「常務」であると思われ，AはいちいちBの同意を得ないで予約を受けることができる[1]。

ところが，この業務執行は「契約」の締結であり，これが有効にできるためには組合代理権が必要になり，この点，民法は別個に規定している。すなわち，誰が代理行為を行うかを決める必要があり，これについても組合員の過半数の同意が必要なのである（670条の2第1項）。ただし，この点も，常務については組合員各人が当然に代理権を認められる（同3項）[2]。貸し切りパーティーという点で微妙であるが——定休日に予約を受けるのは「常務」を超えるといえようか——，契約締結も代金の取立ても「常務」として，各組合員が契約締結また代金取立てができると考えられる。なお，組合代理では組合名（甲レストラン）ということを表示すれば，組合への——ABへの——効果帰属のための顕名として有効と認められる。微妙ではあるが，①②とも○と考えたい。

[1] 『民法V』22-5以下　　[2] 『民法V』22-6以下

[3]　組合の財産関係

CASE10-4　ABCは，共同で出資をして，動物との触れ合いをキャッチフレーズとしたポニー園を経営することを合意した。Aらは，廃業したゴルフ場の所有者からゴルフ場跡地を購入し，また，ポニー及び関連設備を購入し，甲ポニー園の営業を開始した。開園後，Aに対して個人的な貸金債権100万円を有する債権者Dが，甲ポニー園のポニー10匹を差し押さえてきた。

【Q】 ABCは，Dの差押えに対して第三者異議を申し立てている。これは認められるか。

【A】 ○（組合には法人格はないが，組合財産は組合員の財産とは別の財産と認められる）

[解説] 組合財産について考えてもらう問題であり，本問は，組合員個人の債権者の組合財産に対する権利行使の可否を考えてもらう問題である。

組合の財産は組合員の共有とされているが（668条），これは物権編の個人主義的共有——持分譲渡可能，分割請求可能——とは異なり，また，法人格はないが，組合という団体の独自の財産と構成するために，学理上「合有」財産といわれている[*1]。団体の独立した合有財産が認められ，組合員個人の財産ではないので，組合員の個人的債権者は組合財産を責任財産とすることはできない。2017年改正法は，組合員の債権者は，組合財産に対して権利行使ができないことを明記した（677条）[*2]。

したがって，組合の代表権限ある者により，第三者異議を申し立てることができ，ABC全員による甲ポニー園の合有財産であることを理由とした第三者異議の申立ては認められる。○が正解である。

[*1] 『民法V』22-9　　[*2] 『民法V』22-11

CASE10-5　ABCは，共同で出資をして，除草用のヤギのレンタル事業を立ち上げ，α牧場を開業した。α牧場は，企業，自治体から個人まで広くヤギのレンタルを行い，事業は順調である。α牧場は，D会社に，その敷地の除草用にヤギ10匹を月3万円でレンタルした。DはAに対して3万円の個人的な債権を有しているため，毎月1万円をAの債権部分について相殺するので，最初の3カ月間は残りの2万円のレンタル料だけ支払うと，α牧場宛てに通知した。

【Q】　Dの相殺の主張は有効か。

【A】　×（ABCのDに対するレンタル料債権は組合債権であり，DのAに対する個人債権とは同一当事者間の債権の対立にはならない）

[解説]　本問も [CASE10-4] 同様に組合財産について考えてもらう問題であるが，組合員個人の債権者の組合財産との相殺を考えてもらう問題である。

本問は [CASE10-4] の応用にすぎない。Dが相殺できないことは，旧676条に規定されていた。しかし，2017年改正法では，相殺も債権回収であるため，組合員に対する個人債権者が組合債権に対して相殺することは，676条の組合員の個人債権者は組合財産に対して権利行使ができないという規定に包含される。旧676条の削除は，こうして「大は小をかねる」規定が置かれたためであり，改

正法でも，DのAに対する債権での相殺は許されないという結論に変わりはない[1]。よって，×が正解である。

*[1] 『民法V』22-14-1

CASE10-6　ABC は，共同で出資をして，除草用のヤギのレンタル事業を立ち上げ，α牧場を開業した。α牧場は，企業，自治体から個人まで広くヤギのレンタルを行い，事業は順調である。α牧場は，D牧場から子ヤギ20 頭を合計 150 万円で購入した。DはAに 50 万円の個人的な債務を負担しているため，Aにつき 50 万円の相殺をして，α牧場に対しては 100 万円の支払を求めた。

【Q】　Dの相殺の主張は有効か。

【A】　○（Dに対する債務は組合財産であるが，Aも 3 分の 1 は個人財産により責任を負担するため，相殺を認めても不都合はない）

[解説]　組合財産について考えてもらう問題であり，組合員個人の債務者が組合に対して債権を有する場合の相殺の可否を考えてもらう問題である[1]。
　本問を［CASE10-5］とパラレルに理解し，相殺適状がないと考えるのは短絡的である。本問は，組合員の個人債権者の問題ではない。組合員が個人債権を，組合債権者に対して有する事例である。Dは組合財産から 150 万円の支払を受けられるだけでなく（675 条 1 項），Aの個人財産から 50 万円を回収できるのであり（675 条 2 項），AのDに対する 50 万円の個人債権と相殺できてよい —— Aからの相殺もできてよい —— と思われる。相殺適状の説明には難しい問題が残るが，結論としては，Dの本問の相殺の主張は認められてよい。
　特に判例はないが，○を正解としてよい。

*[1] 『民法V』22-15 以下

[4]　組合員の脱退・除名及び解散

CASE10-7　ABCDE の 5 人は，同じ大学のヨット部の同期であり，ヨット同好会（以下，α会という）を結成し，出資金 100 万円を出し合って，甲ヨット 1 台を購入することを合意した。α会は，Aを会長に選任し，α会の

規約を作成し，そこには事由のいかんを問わず退会を認めないという条項があった。その後，同大学ヨット部のOBが会員として新たに加入して，総勢20名に及ぶ会員になっていった。

　①Bは，ヨットは金もかかるし，飽きたので，α会を退会したいと考えている。

　②Cは，駅前の歩道を歩行中，猛スピードで走る自転車に衝突され，この事故が原因で重大な後遺症が残り，歩行が困難になり，とてもヨットができる状態ではなくなったので，α会を退会したいと考えている。

【Q】　BCは退会できるか。

【A】　Bは×，Cは○（脱退禁止条項は，やむを得ない事由があっても退会を禁止する限度で無効である）

[解説]　組合からの脱退禁止条項の効力を考えてもらう問題である。

　民法は，脱退について678条に規定しているが，そこにおいて1項と2項に共通していえることは，やむを得ない事由があれば，いかなる場合でも脱退できるということである。そのため，判例は，「民法678条は，組合員は，やむを得ない事由がある場合には，組合の存続期間の定めの有無にかかわらず，常に組合から任意に脱退することができる旨を規定しているものと解されるところ，同条のうち右の旨を規定する部分は，強行法規であり，これに反する組合契約における約定は効力を有しないものと解するのが相当である。けだし，やむを得ない事由があっても任意の脱退を許さない旨の組合契約は，組合員の自由を著しく制限するものであり，公の秩序に反するものというべきだからである」として，やむを得ない事由があっても脱退を許さないものとする限度で一部無効としている（最判平11・2・23民集53巻2号193頁）[*1]。

　そうすると，Bはやむを得ない事由があるとはいえないので，退会を許さない条項の効力により退会はできないが，Cはやむを得ない事由があるので，この場合にまで退会を禁止する限度で条項は無効であり，Cは有効に退会できることになる。

　　[*1] 『民法V』22-20

CASE10-8　　ABCは，共同で出資をして，除草用のヤギのレンタル事業を立ち上げ，α牧場を開業した。α牧場は，企業，自治体から個人まで広くヤギのレンタルを行い，事業は順調である。α牧場は，D牧場から子ヤギ20頭を合計150万円で購入した。その支払がされる前に，Aはどうしても実家の父親の介護をしなければならなくなったため，α牧場を脱退し，出資金の返還を受けた。α牧場は，その後，Eからヤギを，5匹40万円で購入した。

【Q】　Aは，①Dの代金債権，また，②Eの代金債権について，3分の1の責任を負わなければならないか。

【A】　①○（脱退しても責任は免れない），②×（脱退後の組合債務については，債権者が脱退を知っているか否かにかかわらず，責任を負わない）

【解説】　組合員が組合を脱退した後における，組合債務についての責任について考えてもらう問題である。

　2017年改正前は，この問題について規定がなく，解釈上疑義があったが，改正法は条文を設けて解決した。それによると，脱退組合員は，脱退前の組合債務について，従前通りの責任を免れないことになる（680条の2第1項）[*1]。反対解釈として，脱退後の組合債務については責任を負わないことになるが，α牧場と表示しただけでは112条1項の適用があるとはいえないように思われる。

　この結果，①Dに対してAは責任あり，②Eに対してAは責任なしということになる。

[*1] 『民法V』22-19

■第 11 章■
和 解 契 約
──紛争解決契約──

[1]　和解契約の意義

CASE11-1　　Ａは，ペットホテルを経営するＢ会社に，その所有の甲犬を５日間預けて，旅行に出かけた。Ｂの従業員αが，甲犬を連れて散歩に出たところ，鎖が外れた乙犬が，甲犬に襲い掛かってきた。甲犬は噛みつかれ，この傷が原因で死亡した。

　ＢはＡに陳謝したが，これは不可抗力による事件であると主張し，賠償金の支払を拒絶した。そのため，Ａは，国民生活センターのADRを利用して，Ｂとの紛争解決を図ろうとした。Ｂはあくまでも過失はないと主張したが，訴訟になると鬱陶しいので，早期の紛争解決のために，Ａの請求する賠償金20万円に対して，５万円の紛争解決金を支払って，それ以外の債権債務がないことを確認する和解契約を締結した。その後，実際にＢからＡに５万円が銀行振込みにより支払われた。

　その後，乙犬の飼主が判明し，Ｃが飼主であり，乙犬の管理がずさんであったため，乙犬がＣの自宅から逃げ出したことがわかった。そのため，ＡがＣに対して20万円の損害額全額（20万円がＡの受けた損害額だとする）の賠償を請求した。

　【Ｑ】　ＡはＣに対して，20万円の賠償を求めることができるか。

【Ａ】　×（AB間の和解の効力はＣには及ばないが，Ｂが支払った５万円分については賠償者代位が認められる）

[解説]　和解の効力について考えてもらう問題である[*1]。

　AB間では５万円で解決する合意（和解契約）が成立しているが，Ｃにはその効力が及ぶことはない。しかし，ＡはＢから５万円の支払を受けているため，ＣがＡに20万円の賠償請求ができたら合計25万円の賠償金が取れることになり，

適切ではない。

　ところが、Bが支払ったのは賠償金ではない。Bは従業員αには過失はなく賠償義務はないと考えており、紛争解決金ならば支払うということでこれを支払ったにすぎない。Bの債務は和解により新たに発生した和解解決金債務であり（696条）、損害賠償債務ではない。ただし、これによりAの損失が填補されることは疑いなく、賠償者代位（422条）の類推適用——全額でなくてよいことも含めて類推適用——を考えることかできるし、また、すべきである。また、BとCの債務は不真正連帯債務であると考えられる。そうすると、Aの損害賠償請求権は15万円、Bが賠償者代位で取得した賠償請求権5万円となり、Aは20万円全額の請求はできず、×が正解である。

[関連して考えてみよう]　もし甲犬が死亡したのではなく、驚いて逃げ出して行方不明である場合に、上記のような和解が成立したらどうなるであろうか。422条では全額の賠償が要件であるが——過失相殺がされる場合に賠償金額全額を支払ったという要件は問題になる——、この点を修正して、Bは自分の債務は全部履行しているので——複数の債務の1つの保証人による弁済者代位の事例のように[2]——、甲犬はA3対B1の持分で共有になるのであろうか。もしそうだとして、Aは5万円をBに返還して自己の単独所有とすることができるのであろうか。問題提起にとどめる。

[1] 『民法V』23-1 以下　　[2] 『民法IV』18-20（『ゼミIII』[CASE18-7]）

CASE11-2　　Aは夜10時ごろ、泥酔して自転車に乗り帰宅する途中で、商店街は自転車を降りて押していかなければならないのに、人が少ないため、自転車に乗ったまま通り抜けようとして、Bのレストランの表看板に衝突し、これを破壊してしまった。事故に気がついたBが、すぐに店から飛び出してきて、Aに対して看板の賠償するように求めた。しかし、Aは泥酔していて、こんなところに看板を置くやつがいけないと謝りもしない。そのため、BはAから自宅を聞き出し、翌日は日曜日なので翌日じっくり交渉しようと思い、その場はAを帰宅させた。翌日、BはAの自宅を訪れ、看板の賠償金として10万円の支払を求めた。Aはまったく前夜の記憶がなかったが、Bから商店街の防犯カメラの録画映像を見せられ、陳謝し、Bの主張をすべて認めて10万円の賠償をすることを約束した。そこで、Aは、Bが用意した10万円の賠償金支払の誓約書に署名押印をして、Bに渡した。

　ところが、AはBが帰った後、表看板はそもそもかなり古かったし、新し

い表看板の設置費用も10万円もかかるはずはないと，10万円の賠償の合意をしてしまったことを悔いるようになった。そのため，10万円の振込みをせずに，Bの店に行き，新しい表看板が設置されているので，いくらかかったか領収書を見せてもらったところ5万円であった。そのため，Aは5万円しか支払わないと主張し，約束通り10万円の支払を求めるBと意見が食い違っている。

【Q】 AはBに対して，10万円の賠償をしなければならないか。

【A】 △（一方的な譲歩にも和解規定が類推適用されるべきかについては議論がある）

[解説] 互譲をするのではなく，一方的に相手方の主張を認めて争いを止めた場合，和解と同様に扱ってよいのかどうかを考えてもらう問題である[*1]。

「和解は，当事者が互いに譲歩をしてその間に存する争いをやめることを約する」合意である（695条）。そうすると，本問では，Aが一方的にBの主張を認めただけであり，和解ではない。しかし，「争いをやめる」ことを約束する合意ではある。判例はなく，学説は和解規定（696条）の類推適用を認めるかどうか主張が分かれている。そのため，△と考えるしかない。また，Bが5万円程度と知りつつ，10万円とふっかけたのであれば詐欺取消し（96条1項）の余地はある。その意味でも△が穏当である。また，看板の価格は10万円であることを所与の前提としていた場合であり，価格は争いになっていなかったとすれば，錯誤取消し（95条1項，2項）の余地もある。

[*1] 『民法Ⅴ』23-3

[2] 和解契約の効果

(a) 法律関係の確定による紛争の解決

CASE11-3 Aは，飲酒して，歩道で自転車を運転していて，Bに衝突し，Bはこれにより転倒して負傷をした。Bは治療費として10万円を支払い，また負傷により苦痛を受け，さらには1週間会社を休業したことから，Aに対して合計20万円の損害賠償を求めた。しかし，Aは，Bも泥酔して歩いていた点で過失があるとして，過失相殺による減額を主張して，全額の賠償を争っている。

そこで，ABはBにも過失があったことを確認し，Aは古物商を営んでいることから，Aが骨董品の甲懐中時計をBに与え，これにより今回の自転車事故をめぐって債権債務はそれ以外には存在しないことを確認することを提案した。Bはこれに応じて，甲懐中時計の引渡しを受けて，問題を解決することにした。

【Q】 ①合意をしたにもかかわらず，Aが約束した甲懐中時計の引渡しをしない，または，②引渡しを受けた甲懐中時計は内部に傷みがあることがわかったとして，BはAに対して，①では和解契約の解除ができるか。また，②では乙懐中時計の修補をAに請求することができるか。

【A】 ①②○（和解により代物弁済がされた場合，担保責任の規定が準用されてよい）

【解説】 和解により新たな債務を負担する場合に，その履行をしない，または，債務の履行が担保責任を生じさせるようなものである場合に，債権者にどのような権利が認められるのか考えてもらう問題である*1。

和解は，当初の争いを止め，約束した権利関係で満足して紛争の蒸し返しをしない合意である。本問でいえば，当初の損害賠償についての争いを止める合意をしただけで，約束した新たな給付についての争いまでしないという合意までされているとはいえない。

①では，もちろん履行の強制ができる。では，履行がされない場合，解除ができるのであろうか。理論的にいうと，更改同様に，和解により新たな権利義務を発生させ，真実の権利関係が異なっている場合にはそれを消滅させることになり，そのような準物権契約である。和解契約の不履行はなく，和解により生じた債務の不履行はある。更改では解除が認められているが，和解は紛争解決の合意であり，さらに特殊である。かといって必ず履行の強制を強いるのも躊躇する。解除を認めるべきであろうか。

②でもまったく同じ問題がある。和解が有償契約ならば，売買の担保責任の準用がある（559条）。確かに互譲という点で有償的要素があるが，本問でいうと，対価を支払って甲懐中時計を取得するのではない。本来損害賠償義務に対して代物弁済の関係に立つものである。修理請求は，元の紛争を蒸し返すものではなく，瑕疵のない懐中時計としてそれで和解に応じたので，修補請求は認めてよいが，代金はないので代金減額はあり得ない。損害賠償によるしかない。

以上のように疑問が多く，またこの問題を判断した判決はないが，○を正解と

考えたい。

(b) 和解契約と錯誤

CASE11-4　Aは，スーパーの駐車場に甲車を停めようとして，駐車場所を探していたところ，前のBが運転する乙車が停止し，いきなりバックしてきたので，クラクションを鳴らしたが，Bがそのままバックしてきて，乙車の後部が甲車の前部にぶっかった。Bが急いでいたため，後方を確認せず無理にバックをしたことが原因であった。

Aは，Bと保険会社を介して交渉し，甲車の修理代10万円をBが賠償するよう求めたが，Bは，自分はちゃんと後方確認をした，AがBがバックしているのに前進してきたと主張し，むしろ自分が賠償請求したいと争っている。甲車も乙車もドライブレコーダーが付いていなかったので，訴訟になってもAは証明ができないし，また，弁護士費用もかかるので，Aは，甲車の損害も乙車の損害も，いずれも相手方に賠償請求をしない旨の和解に応じた。

その後，Aは，スーパーには防犯カメラがあることを知り，スーパーに見せてもらったところ，Bが一方的に後方確認もせずバックしている一部始終が記録として残っていた。

【Q】　AはBに対して，和解の無効を主張し10万円の賠償を請求できるか。

【A】　×（和解により紛争を蒸し返さないという拘束を受ける）

[解説]　和解の拘束力について考えてもらう問題である。

和解は紛争を止める合意であり，紛争を蒸し返さないという合意であり，和解後に真実の権利関係はこうであると証明して和解の効力を覆せたのでは具合が悪い。そのため，民法は，和解の効力として，和解の内容である権利内容が真実の権利内容と異なっていても，和解により権利が発生・消滅したという効力が生じたものと扱っている（696条）*1。

そのため，Aは真実の権利関係を証明できて，それによれば10万円の損害賠償請求権が認められても，それは和解により変更されているので，その主張はできない。また，錯誤の主張も，次の事例のように当事者が当然の前提とした事実関係についての錯誤でなければ認められず，本問ではABの過失が争われていたのであり，さらにいえばAの錯誤は証明方法についての錯誤にすぎない。

以上より，Aは和解の効力を否定することはできず，×が正解となる。

　　*1　『民法Ⅴ』23-6 以下

CASE11-5　　Aは，商品の売掛代金債権 100 万円（以下，本件債権という）をBに対して有しているが，Bの代理権のない従業員が契約をしたとBが主張し，Bとの間で，支払をめぐって争いになっている。Cは，Aに対する債権に基づいて本件債権を差し押さえた後，転付命令を取得し，Bに対して 100 万円の支払を求めてきた。BはCに対して，代理権のない従業員の行った取引であり無効であると主張して支払を争い，それに対してCは表見代理を主張し，折り合いがつかなかった。結局，BC 間で，BがCに 70 万円を支払うことで和解が成立した。

　ところが，その後に，Cの転付命令が無効であったことが判明した。

【Q】　この場合，BはCに対して約束した 70 万円の支払を拒絶できるか。

【A】　○（和解の前提となっていた事実についての錯誤であり，Bは錯誤取消しを主張できる）

【解説】　和解に際して錯誤がある場合に，錯誤取消しができるための要件を考えてもらう問題である。判例は，696 条は「当事者が和解に依りて止むることを約したる争の目的たる権利に付き錯誤ありたる場合に限り適用あるに止まり，斯る争いの目的と為らざりし事項にして和解の要素を為すものに付き錯誤ありたる場合には適用なきこと明文上疑なく，従て此場合には総則たる民法第 95 条の規定の適用ある筋合な」りとしている（大判大 6・9・18 民録 23 輯 1342 頁）*1。本問では，Cが転付命令が有効で，有効に債権を取得していることが当然の前提であり，Bの錯誤取消しの主張が許される。○が正解となる。

　　*1　『民法Ⅴ』23-9

　　　Aは，飲酒して自転車を運転していて，Bに衝突し，Bは
これにより転倒して負傷した。Bは治療費として10万円を支払い，また負
傷により苦痛を受け，さらには1週間会社を休業したことから，Aに対して
合計20万円の損害賠償を求めた。Aは，当時の記憶がないので自分がぶつ
けたのかどうかわからないと争ったが，Bが，Aの勤務先にも報告する等の
主張をするため，事を穏便に解決するために，20万円の賠償金を支払うこ
とを約束した。

　ところが，事故から1年後に，Bは思わぬ後遺症に悩まされることになり，
後遺症の治療のために通院し，さらに20万円の治療費を支払った。そのた
め，BはAに対して，この新たな治療費20万円の賠償を求めたが，Aはあ
の件はもう20万円を支払うことで話がついたはずだと主張し，これに応じ
ない。

【Q】　BはAに対して，新たな20万円の治療費について損害賠償を請求
することができるか。

【A】　○（後遺症による損害については，和解の対象になっていない）

[解説]　不法行為による損害賠償請求事件で，事故後早急に示談（和解）をして
しまったが，その後に思いもよらない後遺症が発生した場合について考えてもら
う問題である。

　本問で問題になっているのは，後遺症による損害だけである。当初の損害につ
いてまで蒸し返しを認める必要はない。ところが，錯誤取消しを認めてしまうと
この部分まで効力が否定されることになってしまう。そのため，判例は，和解内
容の解釈により問題を解決している。すなわち，「示談によって被害者が放棄し
た損害賠償請求権は，示談当時予想していた損害についてのもののみと解すべき
であって，その当時予想できなかった不測の再手術や後遺症がその後発生した場
合その損害についてまで，賠償請求権を放棄した趣旨と解するのは，当事者の合
理的意思に合致するものとはいえない」としている（最判昭43・3・15民集22
巻3号587頁)*1。

　この結果，Bは後遺症による損害については，和解の効力が及ばず，実損害を
賠償請求できる。よって，○が正解となる。
　*1　『民法V』23-10以下

第 2 編

事務管理・不当利得・不法行為

■第 12 章■
事 務 管 理
—— 無償委任との連続性 ——

[1] 事務管理の意義と機能

CASE12-1　　　Aの飼っている甲犬が，Aの家から逃げ出して，道路に飛び出して自動車と接触した。それを目撃した通りがかりのBが，甲犬が足を引きずってきゃんきゃん鳴いているので可哀そうに思い，自動車に乗せ，近くの動物病院に連れて行って治療を受けさせた。Bは，治療費2万円を支払って，甲犬を自宅に引き取り，飼主を探した。Bは，事故の付近の住民に尋ねて，飼い犬がいなくなって悲しんでいるAを見つけた。Aは，Bに感謝して甲犬を引き取ったが，甲犬は交通事故の影響で，その3日後に死亡してしまった。

【Q】　Bは，2万円の治療費についてAに支払ってもらえるか。

【A】　○（事務管理費用として請求できる）

[解説]　事務管理制度について確認してもらう問題である。

　Bは占有物が負傷して治療したのではなく，負傷した甲犬を保護したものであり，196条1項の適用は難しい。そうすると，不当利得を問題にせざるを得ず，甲犬が死亡しており利得が残っていないので，無駄になった費用の不当利得返還請求は認められなさそうである。しかし，民法は，この場合，**事務管理**という制度を用意して，費用償還請求を認めている（702条1項）。たとえ無駄になっても費用償還請求を認めることで，社会生活における助け合いを助長しようとしているのである[1]。

　よって，BはAに2万円の支払を求めることができ，○が正解となる。

[1] 『民法Ⅵ』 *1-1* 以下

130

[2] 事務管理の成立要件

CASE12-2 　Aの飼っている甲犬が，Aの家から逃げ出して，住宅街を
徘徊していた。近所に住むBは，知合いのCが飼っている乙犬にそっくりな
ので，Cの乙犬が逃げ出したのだと思い，Cのために甲犬を保護して自宅に
連れ帰った。ところが，Cに連絡したところ，Cから，うちの乙犬はちゃん
と家にいるとの返答を受けたので，Bは当惑してしまった。首輪に連絡先も
書いておらず，交番に遺失物として届けるのもどうかと思い，Bはこの先ど
うすべきか考えあぐねている。

【Q】　Bは甲犬を勘違いで保護したので，そのまま逃がしてしまってよい
か。

【A】　×（事務管理が成立しており，管理継続義務を負う）

[解説]　事務管理において，本人を誤解して事務管理した場合の効力を考えても
らう問題である。

　事務管理の成立のためには，本人が誰かを知っている必要はなく，また，法律
行為ではないので，本人を誤解していても，始めた事務管理が取消しできるもの
となるものでもない。そうすると，Bは甲犬の飼主を誤解して事務管理を開始し
ても事務管理が成立し，Aに知らせて，Aが管理できるようになるまで——Aが
取りに来るまで——事務管理を継続すべき義務を負うことになる（700条）[*1]。

　よって，×が正解である。

*1 『民法Ⅵ』1-7以下

CASE12-3 　Aは，相続により山林（以下，甲地という）を取得したが，
特に利用するわけではなく，そのまま放置していた。Aの親戚のBは，Aの
許可を得ることなく，甲地の一部をCに資材置き場として賃貸して，毎月の
賃料を受け取っている。これに気がついたAは，Cに対して使用を認めると
ともに，今後は賃料を自分に支払うよう求め，他方でBに対して，これまで
受け取った賃料を引き渡すよう求めた。

【Q】　AのBに対する賃料の引渡請求は認められるか。

【A】 × or △（準事務管理は認められず，損失は微妙）

[解説] 準事務管理について考えてもらう問題である[1]。

　事務管理の成立のためには，本人のためにする意思が必要である（697条1項）。本問では，BはAのために行ったのではない。この場合に，本人Aは追認をして事務管理を遡及的に成立させることができるのか，**準事務管理**として議論されている。ドイツ民法のように準事務管理を認める規定がないため，日本ではこれを認めないのが通説・判例である。そのため，Aは不当利得または不法行為を問題にするしかないが，そのためには「損害」（709条），「損失」（703条）の発生が必要である。利用の予定も利用価値もない山林にすぎず，Bの才覚でCを見つけたものであり，これらを認めるのは難しい。

　よって，×が正解であるが，「損害」「損失」を緩和する可能性もあり，△と考えることもできる。

[1] 『民法Ⅵ』 1-11

CASE12-4　　Aは，飼っている甲犬が老犬になって費用がかかるため，飼育を放棄し，公園に連れて行って放して，そのまま家に戻ってきた。近所に住むBは，甲犬が公園を徘徊しているがAの姿がないので，逃げ出したものと思い，甲犬を保護した。Bは，甲犬をAの家まで連れて行き，Aに受け取るよう求めたが，Aが拒否した。そのため，Bはやむを得ず甲犬を自宅に連れて行ったが，病気なのにろくな治療を受けていないことに気がつき，甲犬を動物病院に連れて行き，治療を受けさせた。

【Q】　Bは甲犬の治療費をAに請求できるか。

【A】 ○（本人の意思に反する事務管理は認められないが，本人の意思が公序良俗に反する場合にはこれに従う必要はない）

[解説] 事務管理において，本人の意思に反しないという要件について考えてもらう問題である。

　事務管理は，最も本人の利益に適合する方法により（697条1項），また，本人の意思に従って事務管理を行うことが必要である（同2項）。ところが，Aの言い分は，甲犬は捨てた——したがって自分の所有物ではない——，甲犬の面倒をみなくてよい，いい迷惑だということである。では，Bは事務管理を主張できないのかというとそうではない。

従うべき本人の意思は公序良俗に反するものではないことが必要であると考えられている[*1]。Aの意思は，動物愛護法7条4項の終生飼養義務に違反するものである——これに違反する所有権放棄は無効——。同7条1項の健康保持義務，同3項の逸走防止義務などにも反している。そのため，Bの行った事務管理は有効であり，Bは甲犬の治療費をAに請求できる。よって，○が正解である。

[*1] 『民法Ⅵ』1-13

[3] 事務管理の効果

CASE12-5　Aの子B（4歳・男の子）と同じ幼稚園に通う近所のCの子D（4歳・男の子）が，A宅に遊びに来ていて，住宅街のA宅前の道路で自転車に乗って遊んでいたところ，夕方5時頃になり（5月で外は明るい），Cが買物に行くのでDを迎えにきた。しかし，DはBと遊んでいたいと駄々をこねて，買い物について行こうとしない。そのため，Aが，自分が見ていてあげるので，買い物に行ってくるようにCに勧め，CはAに「では，よろしくお願いします」と言って，そのまま買い物に出かけた。

Aは，BDが遊んでいるのを付き添って見守っていたが，鎖が外れた猛犬が通りかかり，自転車に乗っていたDに襲い掛かった。そのため，AはDから猛犬を離そうとした。ところが，怒った猛犬がAに噛みつき，Aは負傷した。

【Q】　Aはこの負傷についての治療費をCに請求できるか。

【A】　△（事務管理には650条3項は準用されていない。しかし，学説には治療費の請求を認める主張もあり，判例は未だ出されていない）

[解説]　事務管理において，事務管理者が事務管理中に自己に過失なく損害を受けた場合について考えてもらう問題である[*1]。

委任では，無償委任を念頭において，受任者が自分のために事務管理をしていて損害を被ったならば——たとえば，頼まれて無償で草刈りをしていてハチに刺された——，委任者に対して損害の賠償を請求できる（650条3項）。無償で自分のために事務処理をしてもらっていることが根拠であり，有償の場合には事務管理中に生じ得る損害については，保険等により対処し，その費用を代金に組み入れることになる。代金とは別個に賠償を認める必要はない。

では，無償で社会生活上の助け合いという点で共通するので，事務管理の場合にも同様の解決がされるのかというと，650条3項は準用されていない（701条）。これは「いらぬお節介」に対処するための規定であり，本人が頼んだのでもないのに事務管理を始めて，650条3項の賠償請求を認めるのは適切ではないからである──頼まれてもないのに，草刈をしてハチに刺されても賠償しなくてよい──。

ところが，本問は，合意があっても契約とはいえないため，事務管理になるというだけで，合意に基づいて事務管理をしているのである。このような場合には，650条3項を類推適用する余地はある。しかし，判例もないので，△としておいた。

*1 『民法Ⅵ』 *1-22* 以下

■第 13 章■
不当利得総論

[1]　善意の不当利得者

CASE13-1　　Aの父親Bは，Cから骨董品の甲壺を預かっていた。Bが死亡し，Aは甲壺を見て，これは価値のある壺であると考え，また，Bが生前購入したものであり，相続により自分の所有物になったと思い，生活資金にしようとして，甲壺を古物商に100万円で買い取ってもらった。

　Aは，代金100万円を鞄に入れて帰宅する途中，懐が豊かになったので酒でも飲んでいこうと，自宅の最寄駅前の行きつけの飲み屋で飲んで帰った。Aは上機嫌でかなり泥酔し，途中で酩酊して歩けなくなり，道路上で横たわって寝ていた。その間，窃盗にあい，気がついたら100万円の現金が入った鞄がなくなっていた。

　その後，Aは，Cから，Bに甲壺を預けていたので返して欲しいと連絡があり，初めて甲壺がC所有であったことを知った。Aから上記のいきさつを聞いたCは，甲壺を返せないなら100万円を賠償するよう求められた。

【Q】　AはCに100万円を支払わなければならないか。

【A】　×（703条の善意の不当利得者になり，現存利益だけを返せばよい）

[解説]　Aに不当利得また不法行為が成立するのかを考えてもらう問題である。

　AはC所有の甲壺を権限なく処分している。したがって，他人の所有権を侵害する客観的には不法行為である。しかし，損害賠償義務が成立するためには，Aに他人の所有物であることについて故意または過失が必要になる（709条）。この点，Aに過失を問題にできるような事情はない。そのため，まず損害賠償義務は成立しない。

　次に，他人の所有物を売って代金を取得しているので，不当利得が成立する。そうすると，代金100万円をAはCに返還しないといけないかのようであるが，

善意の不当利得者なので現存利益の返還のみを義務づけられるにすぎない（703条）*1。そうすると，Aは100万円を盗まれてしまっているので，利得が残っていないことになる。確かに，Aに泥酔して道路で寝ていた過失がある。しかし，その段階では他人の物を売ったということを知らなかったのであり，この点を不法行為として問題にすることはできない。なお，Cは，もし泥棒が見つかったならば，それから100万円を取り戻すことはできる（704条）。

よって，AはCに対して何ら支払義務を負うことはない。×が正解となる。

*1 『民法VI』2-1 以下

[2]　悪意の不当利得者

> **CASE13-2**　Aの父親Bは，Cから骨董品の甲壺を預かっていた。Bが死亡し，Aは甲壺を生前Cから預かっているということを聞いて知っていたが，これを売って生活資金にしようとして，甲壺を古物商に100万円で買い取ってもらった。Aは，代金100万円を鞄に入れて帰宅する途中，行きつけの飲み屋で飲んで帰った。Aは泥酔して歩けなくなり，道路上で横たわって寝ていた。その間，窃盗にあい，気がついたら100万円の現金が入った鞄がなくなっていた。
>
> 【Q】　AはCに100万円を支払わなければならないか。

【A】　○（悪意の不当利得者として，利益が残っていなくても受けた利益を返還する，また，不法行為による損害賠償も義務づけられる）

【解説】　Aに不当利得また不法行為が成立するのかを考えてもらう問題である。

Aは C所有の甲壺を権限なく処分している。したがって，他人の所有権を侵害する客観的には不法行為であり，また悪意であり，故意的不法行為になる。したがって，甲壺が100万円以上の価値があれば，100万円で売ったとしてもその100万円以上の価格の賠償義務を負う。不法行為時からの遅延損害金を支払い，また，弁護士費用の賠償も請求できる。

また，悪意の不当利得者になり，受けた利得100万円を利得の現存の有無を問わず返還する義務を負う（704条1文）。また，受けた時からの利息をつける必要がある。もし甲壺の価格が100万円以上であれば，100万円の返還請求では損害がすべて填補されるわけではないので，その差額を損害賠償請求することができる（704条2文）*1。Aの賠償責任は不法行為の確認にすぎない（最判平21・11・

9 判タ 1313 号 112 頁)*²。そうすると，より正確には差額というよりは，100 万円の不当利得返還請求権と 100 万円以上の不法行為による損害賠償請求権の請求権競合が認められることになる。いずれににせよ，A は 100 万円の支払は義務づけられ，○が正解になる。

*¹『民法Ⅵ』2-4 以下　　*²『民法Ⅵ』注 2-8

CASE13-3　　A の父親 B は，C から骨董品の甲壺を預かっていた。B が死亡し，A は甲壺を生前 C から預かっているということを知らず，これを売って生活資金にしようとして，甲壺を古物商に 100 万円で買い取ってもらった。A は，代金 100 万円が入ったため，10 万円を競馬に費やし，全部外れてしまった。もう 10 万円を借金の返済に充て，残りの現金 80 万円が手元にある。その後に，A は，C から，甲壺は C が B に預けていたものであることを知らされ，返還を求められた。A はわけを話して，80 万円しか手元にないのでこれを返しに行くと伝えて，C の自宅に向かった。その途中，A は，チンピラに絡まれて 80 万円の入った鞄ごと取られてしまった。

【Q】　A は，利益が残っていないので C に何も返さなくてよいのか。

【A】　×（90 万円は返さないといけない）

[解説]　善意の利得者の現存利益とは何か，また，途中から悪意になったらどうなるのかを考えてもらう問題である。

　まず，A は善意の利得者であるが，①パチンコや競馬に費やすのは浪費であり，全部外れたので競馬に使った 10 万円については現存利益がない。②借金に充てた 10 万円については，自分の財産から充てるべきなのに，それが残されているので利益が残っていることになる*¹。

　③問題はチンピラに強奪された 80 万円である。善意であれば利得なしということになる。しかし，途中から A は悪意になっている。そのため，悪意になった以降については，704 条が適用されると考えられている*²。不法行為ではないので，利得を失ったことに故意，過失は不要である。そのため，原因行為について悪意で甲壺を売ったわけではないため多少疑問はあるが，判例を適用すれば，A は強奪された 80 万円の返還義務を免れないことになる。

　よって，A は C に対して合計 90 万円の返還義務を負うので，×が正解になる。

*¹『民法Ⅵ』3-4　　*²『民法Ⅵ』3-5

■第 14 章■

侵 害 利 得

[1] 侵害利得の意義

CASE14-1　　　Aは，Bに対して100万円の債権を有している。Aの双子の兄弟Cが，Aを装って，Bに対して100万円の支払を求めて，BはAだと信じて，また信じたことに過失なく，Cに100万円の支払をなした。

【Q】　Cに対して100万円を不当利得返還請求できるのは誰か。

【A】　A（判例では478条の効果は当然に発生し，損失を受けているのは債権を失ったAになる）

【解説】　Cが不当な利得を得ているのは疑いがなく，誰が損失を受けているのかを考えてもらう問題である[*1]。

　　誰が損失を受けているのかは，478条の理解にかかる。①判例は，478条の要件を満たすと当然に弁済の効力が生じることを認めるので，<u>債権を失ったAが損失を受けている</u>ことになる。Bは100万円を支払ったが，債務が消滅しているので損失はない。したがって，AのCに対する不当利得返還請求権が成立することになる。②しかし，学説には，外観法理の一つとして，その利益を受けるか否かを弁済者Bの選択に任せるべきであり──利益といえども強制しえない──，Bの援用を必要としたり，Bに478条の保護の放棄を認める主張がある。この立場では，<u>Bが478条の保護を欲しない場合には弁済の効力が生じないので，Bが損失を受けていて，BがCに対して不当利得返還請求ができる</u>ことになる。

　　しかし，判例は未だ変更されていないので，判例による限り，AがCに対して不当利得返還請求ができることになる。

*1 『民法Ⅵ』3-1 以下，3-10，『民法Ⅳ』3-32 以下

> **CASE14-2**　　Aは，犯罪で得た200万円を隠すために，Bの甲銀行α支店の預金口座に入金し，ほとぼりが冷めたときにBから取り戻すことにした。Aはこの予定通り，Bに200万円を支払う原因もないにもかかわらず，先の200万円をBの上記口座に入金した。
>
> 【Q】　AはBに対して入金した200万円を不当利得返還請求できるか。

【A】　×（いわゆる非債弁済になり，返還請求できない）

[解説]　債務もないことを知りながらなした振込みの返還請求について考えてもらう問題である[*1]。

　　債務もなしに金銭を振り込んでも，銀行預金は有効に成立する。そのため，BはAから法律上の原因のない利得をしていることになり，AはBに対して200万円の不当利得返還請求権が成立する。しかし，民法は，いわゆる**非債弁済**という制度を用意して，そのような無駄な行為をあえてした者に対して法的保護を与えないことにした，不法原因給付とは理由は異なるが，不当利得返還請求権はあるが，それにつき裁判所による法的保護を与えないという制度である。

　　そのため，BはAに返還する必要はない。よって，×が正解である。

　[*1] 『民法Ⅵ』3-9

[2]　三者間にわたる侵害利得——騙取金による弁済等

(a)　騙取金による弁済の問題

> **CASE14-3**　　A会社に勤めるBは，Aから100万円の現金を横領し，これを自己の債権者Cへの弁済に充てた。しかし，Bは既に過払い金が発生している状態であり，債務は元本充当により存在していなかったが，そのことを知らずにBは支払ったものであった。Cは，BがAの金を横領してその金銭で支払ったことを知っていた。
>
> 【Q】　AはCに対して100万円の不当利得返還請求できるか。

【A】　○（Cが横領された金であることを知っていると，CのAに対する不当利得返還義務が成立する）

[2]　三者間にわたる侵害利得——騙取金による弁済等　　139

［解説］ 騙取金による弁済について考えてもらう問題である。

　まず，現金については，占有あるところに所有が認められるので*¹，Bは自分の金銭で支払ったことになり，BからCへの弁済は債務があれば有効である。ただし，その場合でも，判例は，①因果関係の直接性は不要として，社会通念上因果関係が認められればよいと考え*²，②Cが横領について悪意または重過失がある場合には，Aとの関係では「法律上の原因がなく，不当利得となる」という（最判昭49・9・26民集28巻6号1243頁）*³。

　金銭について占有あるところに所有ありとするのは，弁済を受けた者の保護のためであり，弁済者が悪意であればBCの弁済当事者間では弁済は有効で債務は消滅してよいが，Aの金銭から支払を受けたと認めるのである――さらにいえばCのBの債権は回収不能の債権であったのに，Aの金銭で債権を回収したことは実質的に利得になる――。

　ただ本問では，BのCに対する債務は存在せず，BC間でも弁済が無効である。これが上記判例法理に何か影響があるのかを考える必要がある。悪意または重過失であれば，Aの金銭をCは受け取ったと同じ扱いをするというのが判例法理の神髄であるとすれば，BC間の弁済が有効である必要はなく，本問にも判例法理はあてはまる。よって，○が正解であると考えられる。

*¹ 『民法Ⅵ』3-18 以下　　　*² 『民法Ⅵ』3-21　　　*³ 『民法Ⅵ』3-21

⒝　第三者所有不動産の無効な抵当権からの債権回収

CASE14-4　　AがBに融資をするに際して，BがCを代理して，C所有の甲地に抵当権を設定したが，それは無権代理によるものであり，抵当権は成立していなかった。その後，BはAに返済できず，Aが甲地の抵当権を実行して債権の回収を図った。Cは抵当権設定またその実行を知らず，実行に異議を述べておらず，終了した競売手続は有効なものとする。

【Q】　Cは誰に対して不当利得返還請求ができるか。

【A】　AB（抵当権者が利益を得ているというのが判例である）

［解説］　他人所有地の無効な抵当権から債権者が債権回収をした場合，弁済により債務を免れた債務者が利益を受けているのか，それとも債権者が利益を受けているのかを考えてもらう問題である。

　本問では，Aは債権を有していてその弁済を受けたのであるから，法律上の原因はありそうであるが，第三者の財産からの回収であり，無効な抵当権の実行で

あることから問題になる。債務者Bが，Cの財産により債務を免れたので不当利得を得ているはずである。

　しかし，最判昭63・7・1民集42巻6号477頁は，CのAに対する不当利得返還請求を認める。その理由は，「債権者は，競売の基礎である根抵当権が存在せず，根抵当権の実行による売却代金からの弁済金の交付を受けうる実体上の権利がないにもかかわらず，その交付を受けたことになり，すなわち，その者は，法律上の原因なくして第三者に属する財産から利益を受け，そのために第三者に損失を及ぼしたものというべきだからである」ということである[1]。

　そうすると，ABともにCに対して不当利得返還義務——Bは不法行為による損害賠償義務も——を負い，両者は不真正連帯債務の関係に立つことになる——Aが利得を返還した場合には，全額をBに求償できる——。したがって，CはABのいずれに対しても不当利得返還請求が可能である。

[1] 『民法Ⅵ』3-25

■第 15 章■

費用利得及び求償利得

[1] 費用利得の返還請求権

> ### CASE15-1
>
> Aは，捨てられた野良猫だと思って，家の庭に迷い込んだ甲猫（メス・生後6カ月）にエサを与え，甲猫を家で飼うようになった。Aは甲猫に毎日キャットフードを与え，その姿を見て癒しを受けていた。飼い始めて1週間ほどして，甲猫の調子が悪いことから，Aは甲猫を動物病院に連れて行ったところ，先天的な内臓の病気であることが判明した。そのため，Aは甲猫につき，内臓の手術とともに，ついでに不妊手術を行うことを依頼し，手術代として合計10万円を支払った。
>
> Aが甲猫を飼い始めてから1カ月を経過したところで，甲猫の飼主Bが，甲猫がいなくなって以来ずっと探していて，Aの家で甲猫に似た猫が最近飼い始められたという情報を得て，Aの自宅に赴いた。Bは甲猫を見て，自分の飼っていた甲猫であることを確信し，Aに対して甲猫の写真を見せて返還を求め，Aも残念であるが納得し，甲猫をBに引き渡した。
>
> 【Q】 AがBに対して，①返還までのエサ代，及び，②上記手術代の支払請求をしたとして，これは認められるか。

【A】 ①×（利用の利益と費用は清算される），②○（有益費は利益が残っている限り返還請求ができる）

[解説] 他人の所有物について占有者が費やした費用の占有者の所有者に対する償還請求権についての問題である。

　民法は「占有者」——189条とは異なり「善意」は要件になっておらず，また収益権限の取得を信じていた「善意」の占有者である必要はない——は，占有物を返還する際には，占有物の保存のために費やした支出その他必要費を「回復者」に対して償還させることができる（196条1項本文）。ただし，占有者が目的物

の果実を取得した場合はこの限りではなく、「通常の必要費」は収益と清算され償還請求ができない（同但書）。但書は使用利益に拡大適用される。この結果、Aは飼うことにより甲猫から癒しを受けるなどの利益を得ていたのであり、Bに対してエサ代の支払を求めることはできない[*1]。①は×が正解となる。

②については、病気の治療は必要費だが「通常の必要費」ではない。そのため、治療のための手術代は196条1項本文の原則通り、AはBに対して償還してもらうことができる。他方、不妊手術の費用は有益費になり価格の増加が現存する限り、増加による価値が残っている限りでの金額かまたは支出した費用のいずれかを回復者は選択できる（196条2項）。本問では、甲猫は生きており、不妊手術の利益を受けている。現存する増加額はかかった費用全額と考えることができ、Aは手術費用全額をBに償還請求することができる[*2]。よって、②は○が正解となる。

　　*1 『民法VI』4-1 以下　　*2 『民法VI』4-4

[2]　三者間にわたる費用利得──転用物訴権

CASE15-2　　　A会社は、その所有の甲ブルドーザーを、B会社に賃貸した。Bは甲ブルドーザーを使用していて、通常損耗による故障が生じたため、C会社に甲ブルドーザーを引き渡して、その修理を依頼した。Cは修理を終えて、甲ブルドーザーをBに引き渡した。ところが、その後、Bは修理代金を支払わないまま事実上倒産してしまい、AはBから甲ブルドーザーの返還を受け、現在、他の業者に賃貸している。

【Q】　Cは、修理代金分の金額の支払をAから受けたいと考えているが、以下のそれぞれの場合にこれが可能か。①必要な修理は賃貸人A負担とされている場合（ⓐ必要費未払いの場合、ⓑ必要費既払いの場合）、②必要な修理は賃借人B負担とされている場合（ⓐそのことを考慮して賃料が安く設定されている場合、ⓑ賃料が特段安くなっていない場合）。

【A】　①ⓐⓑとも×（判例は②ⓑの場合しか転用物訴権を認めない）、②ⓐ×・ⓑ○（ⓐは二重の負担になるので認められない。ⓑについては、判例はこの場合にのみ転用物訴権を認める）

[解説]　いわゆる**転用物訴権**の問題である。

この問題につき，**ブルドーザー事件判決**（最判昭 45・7・16 民集 24 巻 7 号 909 頁）では，Bの無資力だけを要件として転用物訴権（CのAに対する不当利得返還請求権）が認められていた。この解決では，①②いずれの場合にも転用物訴権が認められる[*1]。

　しかし，判例はその後変更されており，**ビル改修事件判決**（最判平 7・9・19 民集 49 巻 8 号 2805 頁）は，「Bが無資力になったため，CのBに対する請負代金債権の全部又は一部が無価値である場合において，右建物の所有者Aが法律上の原因なくして右修繕工事に要した財産及び労務の提供に相当する利益を受けたということができるのは，AとBとの間の賃貸借契約を全体としてみて，Aが対価関係なしに右利益を受けたときに限られる」とし，「AがBとの間の賃貸借契約において何らかの形で右利益に相応する出捐ないし負担をしたときは，Aの受けた右利益は法律上の原因に基づくものというべきであり，CがAに対して右利益につき不当利得としてその返還を請求することができるとするのは，Aに二重の負担を強いる結果となる」ことを理由としている（主体を ABC に変更）。

　Aが，Bとの関係で修理による利益を受けることに対応する「出捐ないし負担」をした場合には，利得には法律上の原因があるというので，①ⓐでも「負担」しているため，②ⓑでは既に出捐をしているので法律上の原因が認められるため，転用物訴権は否定される。②では，実際の評価は難しいと思われるが，ⓐの場合には実質的に費用分を負担しているため転用物訴権は否定され，ⓑの場合のみ負担や出捐なしにCによる修理という利得をしていることになり転用物訴権が認められることになる。

　よって，②ⓑのみ○になり，①と②ⓐは×が正解になる。

[*1] 『民法Ⅵ』4-5 以下

■第 16 章■

給付利得（原状回復）

[1] 不法原因給付——クリーンハンズの原則

> **CASE16-1**　A会社は，高齢者から金銭をだまし取る詐欺的取引を組織的に行っており，従業員は高齢者をだまして契約を獲得することで，1件当たり高額な歩合給を受けていた。Aの詐欺的商法は警察の取締りを受け，Aは事業を停止し，その代表者は海外に逃亡してしまった。被害者Bは，自分の担当であったAの従業員Cだけでなく，他の従業員Dに対しても，勧誘を受けて投資して失った200万円について支払を求めたいと考えている。
>
> 【Q】　Bは，Dの歩合給の受領は公序良俗に違反して無効であるとして，Aの有する返還請求権を代位行使することを考えている。これは認められるか。

【A】　○（不法原因給付であるが，債権者がこれにより不利益を受けるべきではない）

[解説]　不法原因給付について，債権者による代位行使の可否を考えてもらう問題である。

AとCD間の歩合給の合意は，高齢者をだまして金を巻き上げることで高額な歩合給を受け取れるというものであり，公序良俗に反して無効であるといってよい（90条）。ところが，民法は，無効な契約に基づいてなした給付は返還請求できるはずであるが，公序良俗違反の場合にはいわゆる不法原因給付として返還請求を否定している（708条本文）。いわゆるクリーンハンズの原則がその根拠である。したがって，AがCDらに返還請求することはできない。この場合には，不当利得の要件を満たすので不当利得返還請求権は成立しているが，裁判上の保護を受けられないのである[1]。

では，Aの債権者である被害者Bも，これを代位行使（423条）することはできないのであろうか。債権者に債務者以上の権利は認められないのが，差押えや

代位行使の鉄則である（423条の4参照）。しかし，Bら被害者からだまし取った金がCDに支払われているのに，代位行使を否定して被害者Bに泣き寝入りさせて——ただ，Cに対しては不法行為による損害賠償請求は可能——CDは不当な利得を返還しないでよいというのは正義に反する。

　破産管財人による行使の事例であるが，豊田商事事件の事例で，本問のように従業員への破産管財人による権利行使には708条は適用が否定されている*²。破産管財人は債権者側の代表であり，個別の債権者による代位行使にもこの判決の趣旨はあてはまるので，本問でも○を正解と考えたい。

　*¹『民法Ⅵ』5-3 以下　　*²『民法Ⅵ』5-11

CASE16-2　　Aは，恨みを持っている甲を痛めつけてくれる人をインターネットで募集したところ，Bが，自分が引き受ける旨の連絡をしてきた。そこで，AはBと会い，甲を痛めつけてくれれば50万円の報酬を支払うと提案した。Bはこれを引き受け，手付金として20万円の支払を求めたため，Aはこれに応じて20万円の支払をした。ところが，実は初めからBは実行する意思はなく，金をだまし取るつもりであったため，甲への暴行を実行しない。

【Q】　AはBに対して，支払った20万円をだましとられたとして，不法行為を理由に損害賠償請求をしようと考えている。これは認められるか。

【A】　×（708条は不法行為による損害賠償請求にも類推適用される）

[解説]　不法原因給付がなされた場合に，詐欺を理由に損害賠償請求をして，実質的には支払った金銭を取り戻すことが許されるのかを考えてもらう問題である。

　708条は不当利得についての規定である。しかし，この規制が他の法的根拠によることによって回避せられてしまうのは適切ではない。そのため，708条は物権的請求権にも類推適用されている——あわせて反射的に所有権の取得が認められる——。さらに，詐欺を理由に支払った金額を損害賠償名目で取り戻すことも否定されるべきであり，709条の損害賠償請求にも708条は類推適用されるべきである*¹。したがって，Aは損害賠償請求権を取得するが，その行使は708条の類推適用により認められず，×が正解である。

[関連して考えてみよう]　しかし，詐欺者の違法性のほうが格段に大きい場合に，不法行為者がだまし取った金銭を返還しなくてよいというのは正義に反する。そ

のため，法令で禁止されている利回り保証の約束がなされた株式等の取引において，顧客の不法性に比し，証券会社の従業員の不法の程度が極めて強い場合には，不法行為による請求について 708 条の類推適用が否定されている（最判平 9・4・24 判時 1618 号 48 頁）。

*1 『民法Ⅵ』5-5

CASE16-3

Ａは，Ｂから甲地を建物所有目的で借りて，甲地上に乙建物を建築したが，所有権保存登記を経ていなかった。ＡはＣに対して，自分の愛人になってくれれば乙建物をあげると申し出て，Ｃがこれに応じて，乙建物の引渡しを受けた。ところが，その後，ＡＣは不仲となり，Ａは，乙建物を自己名義で所有権保存登記をして，Ｃに対して建物からの退去を求めた。これに対して，Ｃは，乙建物は自己所有であると主張して，所有権に基づいて，Ａに対して乙建物の所有権移転登記手続を求めてきた。

【Q】 ＣのＡに対する乙建物の所有権移転登記請求は認められるか。

【A】 ○（未登記建物については引渡しで履行が認められ，また，708 条の反射的効果として建物所有権はＢに帰属している）

【解説】 不法原因給付における「給付をした」という要件，物権的返還請求権との関係，また，給付を返還できないことにより目的物の所有関係がどうなるかを考えてもらう問題である。

708 条は「給付をした」ことが要件である。動産であれば引渡しであるが，不動産では所有権移転登記が必要と考えられている。ただし，例外として，本問のように未登記の建物については建物の引渡しだけで給付が認められる。

次の問題は，708 条は不当利得についての規定であるため，契約は無効なのでＡに所有権が残り，ＡはＣに対して所有権に基づく物権的請求権として明渡請求をしたら，これは認められてしまうのではないかということである。この点，判例は物権的請求権にも 708 条の類推適用を認めている*1。

そうすると，乙建物はＡ所有であり物権的請求権が成立するが，その行使が認められないだけのようであるが，判例は，反射としてＢに所有権が帰属することを認めている。そして，Ｃには所有権に基づく物権的登記請求権として所有権移転登記請求が認められている（最大判昭 45・10・21 民集 24 巻 11 号 1560 頁）*2。この結果，Ｃの請求は認められ，○が正解になる。

[関連して考えてみよう] Cに乙建物の所有権が反射的に「帰属」するというのは，708条の法定の効果である。AC間の契約は無効であり，契約の効力として承継取得が認められるのではない。明確ではないが，所有権を原始取得するものと考えてよい。では，甲地についての借地権はどうなるのであろうか。契約関係であり，これを原始取得というわけにはいかず，従たる権利関係として，借地権は移転する＝承継取得することを認めざるをえない。そうすると，無断譲渡になるので，BはAとの借地契約の解除をすることが考えられる（612条2項）。

*1 『民法Ⅵ』5-15　　*2 『民法Ⅵ』5-16 以下

CASE16-4　　Aは，Bから，Aの息子について，500万円での甲大学の裏口入学の話を持ち掛けられた。Aは，Bに着手金として100万円を支払い，成功してAの息子が入学できれば，残りの400万円を支払うことを約束した。その際，Bは，もし失敗してAの息子が入学できなければ，受け取った100万円は返還すると約束した。しかし，その後にBは裏口入学の手続きに失敗し，Aの息子は甲大学に入学ができなかった。

【Q】　AはBに対して，約束通り100万円の返還を請求したいと考えているが，この請求は認められるか。

【A】　×（708条により返還請求できない。これを事前に排除する合意は無効）

[解説]　不法原因給付が成立する場合に，事前になされた返還合意の効力を考えてもらう問題である。

708条の不法原因給付の規定は強行規定であり，当事者の合意によりその適用を排除することは許されない。そのため，708条の適用を排除する合意となる事前の返還約束は無効である*1。よって，Aの返還請求は認められず，×が正解である。

[関連して考えてみよう]　では，事後にBが返還を約束した場合には，その効力は認められるであろうか。判例は，「受領者をしてその給付を受けたものを法律上正当の原因があったものとして保留せしめる趣旨ではない」ことから，「任意返還することは勿論，曩に給付を受けた不法原因契約を合意の上解除してその給付を返還する特約をすることは，同条の禁ずるところでない」として有効と認める（最判昭28・1・22民集7巻1号56頁）。708条は強行規定であるため任意

148　　第16章　給付利得（原状回復）

の返還だけを有効と認めることも考えられるが，上記の判例は返還のために振り出された手形の支払請求を認めている。

*1 『民法Ⅵ』5-20 以下

[2] 三者間にわたる給付利得

(a) 補償関係欠缺型

CASE16-5 　　Aは，Bに商品を販売し，その代金100万円を，自己の債権者Cに対する100万円の借入金債務の支払に充てるために，Cの甲銀行α支店の口座に振り込むよう求めた。Bはこれを了解して，Cの甲銀行α支店の口座に100万円を振り込んだ。ところが，その後，Bの担当者には本件売買契約を締結する代理権がなかったことが判明した。

【Q】 Bは誰に対して，支払った100万円の返還を請求することができるか。

【A】 A（AのCへの弁済は有効であり，Cに対する債務を免れたAが，Bに100万円を返還する義務を負う）

【解説】 三者間にわたる給付利得についての返還関係を考えてもらう問題であり，本問はAB間の補償関係が欠ける場合である*1。

　本問では，2つの弁済がなされている。①まず，AB間の売買契約（補償関係）におけるBからAへの代金の支払であり，BはAの指図によりCに支払い，Aがこれによ りCへ支払うのを省略している（次述②）。②もう一つは，AからCへの借入金の返済である。AがBから代金を受け取って，これをCに支払うのを省略して，Bから直接Cに振り込んでもらっているのである。

　こうして，①BからAへの代金の支払，②AからCへの借金の返済の2つの弁済が法的にはされていることになる。そして，このうち債務がなくて無効になるのは，①のBからAへの代金の支払部分だけである。AからCへの弁済部分は有効である。そのため，BはAに対して支払った代金の返還を求めることができることになる。よって，返還請求ができる相手方は，Aが正解である。

*1 『民法Ⅵ』5-31

⒝ 対価関係欠缺型

CASE16-6 Aは，Bに商品を販売し，その代金 100 万円を，自己の債権者Cに対する 100 万円の借入金債務の支払に充てるために，Cの甲銀行α支店の口座に振り込むよう求めた。Bはこれを了解して，Cの甲銀行α支店の口座に振り込んだ。ところが，既にCは本件債権を相殺により回収しており，AのCに対する借入金債務は消滅していた。

【Q】 Cは，誰に受け取った 100 万円を返還すべきか。

【A】 A（AのCへの弁済のみが無効であり，BからAへの弁済は有効である。AはBに対する代金債権を失い，しかし，代金はCが無効な弁済で受領しており，AのCに対する不当利得返還請求権が成立する）

[解説] 三者間にわたる給付利得についての返還関係を考えてもらう問題であり，本問は AC 間の対価関係が欠ける場合である[*1]。

本問でも 2 つの弁済がされており，債務がなく弁済が無効になるのは，AからCへの借入金債務の返済部分だけである。BはAに対する代金債務を免れ，逆にいうと，AはBに対する代金債権を失うことになる。Bからの代金を，Aに対して貸金債権を有していないCが受け取っており，CはAに代金を渡すべきである。よって，AがCに 100 万円を不当利得として自分に渡すよう請求できる。

　[*1] 『民法Ⅵ』5-33

⒞ 補償関係・対価関係二重の原因欠缺

CASE16-7 Aは，Dから強迫を受けて，Bから 100 万円を借りて，Cの甲銀行α口座に振り込むよう迫られた。Aはさからったら殺されかねないため，Bから 100 万円を利息の約束をして借り入れ，これをBにCの上記口座に振り込んでもらった。AはCとは何らの関係もない。すぐにAは弁護士に相談に行って，弁護士の助言に従い，内容証明郵便により，Bに対して本件消費貸借契約を取り消す旨の意思表示をした。

【Q】 BはAに対して 100 万円の返還を求めようと考えているが，これは認められるか。

【A】 ×（判例はこのような事例でBのAに対する不当利得返還請求を認め

なかった）

[解説] 三者間にわたる給付利得についての返還関係を考えてもらう問題であり，本問は AC 間の対価関係及び AB 間の補償関係の両者が欠ける二重の原因欠缺事例である[*1]。

　本問でも 2 つの弁済がされており，B から A への貸金の交付，及び，A から C への支払部分──そもそも債務があり弁済としての支払とさえなっていない──のいずれも無効になる。そのため，それぞれの間で不当利得返還請求権が成立することになるはずである。

　問題となるのは，A は B の不当利得返還請求権に対して，金銭は C に交付されたので利益を受けていないという主張が出される点である。この点，最判平 13・3・27 判時 1760 号 82 頁（ダイヤル Q^2 事件）は，A が C に金銭を交付しても，A は C に対して不当利得返還請求権を有しているため，「同返還請求権の価値に相当する利益をなお保有している」と説明し，B の A に対する不当利得返還請求を認めている。

　ところが，本問のような事例について，最判平 10・5・26 民集 52 巻 4 号 985 頁は，特段の事情がなければ B の A に対する不当利得返還請求権の成立を認めるといいつつ，二重の原因欠缺であることから「特段の事情があった場合に該当することは明らか」とし，A は「振込みにより何ら利益を受けなかった」とを認定して，B の A に対する不当利得返還請求を否定している。A をこの事例で免責させたい気持ちはわかるが，理由づけが説明として意味をなしていない──上記最判平 13・3・27 で変更された可能性あり──。さらにいえば，2017 年改正により，703 条の現存利益の返還ではなく，原状回復を義務づけられることになったので（121 条の 2 第 1 項）──取消しにより無効になった場合にも適用される──，AB 間では利得喪失の抗弁は認められないはずである。BCD がグルになっているといった特段の事情がある場合に，異なる扱いをするのならばわかるが，その点は理由には現れていない。

　判例に従うと×であるが，大いに疑問は残るところである。

[*1] 『民法Ⅵ』5-34 以下

■第 17 章■

不法行為法の基礎理論

[1] 債務不履行責任と不法行為責任

(a) 請求権競合

> **CASE17-1** Aは, 蔵書を段ボールに詰めて, 大学の研究室から自宅に送ろうとして, B会社に運送を依頼した。その際, その中には1冊200万円もの価格の19世紀の貴重本(以下, これを甲本という)が含まれていたが, このことを告げず, 本とのみ申告していた。Bの従業員Cは, 本件段ボールを運送中に2人組の強盗に遭い, トラックごと強奪されてしまい, 後日, 同トラックは発見されたが, 荷物はすべてなくなっていた。
>
> Bは約款——運送依頼の際に約款があることが説明されている——に, 故意または重過失がない限り, 損害賠償は100万円までという条項があるため, Aの損害賠償請求に対して100万円までしか賠償金は出ないと主張している。
>
> 【Q】 AはBに対して100万円を超える実損害額の賠償請求をしたいと考えているが, これは認められるか。

【A】 ×(高価品特則は不法行為にも適用され, その特約である100万円までは賠償するという条項により, 100万円の賠償までは請求できるが, それ以上の賠償請求はできない)

【解説】 債務不履行と不法行為とのいわゆる請求権競合の問題である。

商法577条は, 高価品の運送を委託する場合, 委託の際に高価品であることまた金額を通知しなければ——運送人に証明責任——, 運送人が高価品であることにつき悪意であるか, また, 滅失等について故意または重過失がある場合でなければ——賠償請求者が証明責任——, 運送人は<u>一切損害賠償責任を負わないことを規定している</u>(577条)。

2018年商法改正前の判例は, いわゆる請求権の<u>自由競合説</u>を採用し, この規

152

定で免責されるのは債務不履行責任だけであり、不法行為責任は免責されないという解決を採用していた。しかし、これがまかり通るのでは、現実の企業活動は、保険をベースにして運用されており、限度額を 100 万円として保険設定をして企業活動している根底が崩壊してしまうことになる。そのため、2018 年商法改正により、商法 587 条を新設し、577 条は不法行為による損害賠償責任についても準用することにした[1]。したがって、不法行為も免責されることになった。

　ただし、100 万円まで賠償するというのは、責任制限という意味だけでなく、高価品についても申告がなくても 100 万円は賠償するという趣旨と解することができる。そして、債務不履行だけでなく不法行為についても 100 万円までは賠償を認める趣旨と考えられる。このため、100 万円までの賠償は請求できるが、実損害の賠償請求はできないので×が正解である。

[関連して考えてみよう]　A が従業員 C に 709 条を根拠に賠償請求したら、実損害の賠償を請求できるのであろうか。C は B の履行補助者であり、B の免責を援用できる——下請けなど元請の所有権帰属の特約など不利益も甘受すべき——という処理がなされるべきである。そのため、2018 年商法改正は、商法 587 条に続けて、588 条を新設し、被用者らの不法行為責任についても 577 条による責任軽減が認められることを規定した。

[1] 『民法Ⅵ』6-2 以下

(b)　債務不履行と併存する不法行為の認否

CASE17-2　　A 会社は、住宅の販売を行う B 会社から注文を受けて、B 所有の甲地上に、乙建物を建築した（土地建物を合わせて、本件不動産という）。B は建築代金を支払い、本件不動産の引渡しを受けた。B は本件不動産を建築中に、建売住宅として既に C に販売し、完成と同時に C 名義での所有権保存登記をなし、引渡しをして、代金全額の支払を受けた。その後、B は事業不振により事実上倒産している。C は、本件不動産の引渡しを受けてから 1 年後に、乙建物の外壁にひびが入り、室内のドアのしまりが悪くなる等、建物に異変を感じた。そのため、専門の業者に調査してもらったところ、建物の建築に構造上の不具合があることが判明した。このまま放置すると、建物が傾斜して、外壁が剥がれ落ちたり、地震の際に倒壊の危険があるだけでなく、建物に傾きが生じると健康への影響も生じるおそれがあることが指摘された。

　そのため、C は、B に交渉しようとしたが、B が事実上倒産しているので、

Bに連絡をすることなく，やむを得ず自分で事業者に依頼をして，補強工事を施して，建物の傾斜が生じることを防止した。この費用には400万円がかかった。不具合発見から2年後に，Cは本件不動産を第三者に売却して，引っ越していった。Cは弁護士に相談したところ，建築業者に賠償請求する余地があると言われて，Aに対して賠償請求をしようと考えている。

【Q】 CはAに対して検査費用及び補強工事費用を賠償請求できるか。

【A】 ○（危険な欠陥住宅の建築は，生命，身体〔健康を含む〕を侵害する可能性のある不法行為であり，その被害発生の予防費用も不法行為を根拠に賠償請求できる）

[解説]　建築の目的物に危険な不適合（欠陥）がある場合に，注文者さらには注文者からの買主は，不法行為を理由として，その被害発生防止のために行った工事費用の賠償を請求できるのかを考えてもらう問題である[1]。

BC間の売買契約において，目的物に不適合があれば，買主Cは売主Bに対して担保責任の追及ができる。しかし，そのためには不適合の発見から1年以内に不適合を通知することが必要である。ところが，Cはこれをしていない。

では，不法行為を理由として，BさらにはAに対して工事費用を損害賠償請求できるであろうか。担保責任の対象である損害であれば，そのような逸脱を認めるのは不都合である。しかし，危険な不適合（欠陥）により生命，身体，財産が侵害されるといういわゆる拡大損害が発生すれば，取引上の損失とは別の損害として，不法行為者かつ故意・過失の要件を満たす者——Aは過失なくBには悪意があるのでBが責任を負う——に対して賠償請求ができる。

ところが，本問では，拡大損害は発生しておらず，その発生を予防するための費用が支出されたにすぎない。それは同時に契約に適合させるための費用でもある。この点，最判平19・7・6民集61巻5号1769頁は，①「建物としての基本的な安全性を損なう瑕疵があり」，②「それにより居住者等の生命，身体又は財産が侵害された」ならば，不法行為による賠償責任を負うものとした。

しかし，未だ「生命，身体又は財産が侵害され」ていなので，709条の権利・利益侵害の要件を満たすのか疑問が残された。最判平23・7・21集民237号293頁（差戻上告審）は，この点は争われることなく，上記判決の「建物としての基本的な安全性を損なう瑕疵」の意義が争われ，既に現実的な危険をもたらしている場合に限らず，「これを放置するといずれは居住者等の生命，身体又は財産に対する危険が現実化することになる場合」でもよいという判断をしただけである。

このため，判例は，709条の権利・利益の侵害がないのではないかという疑問に正面から答えを出していない。権利・利益の侵害はなくても，その防止費用は不法行為による損害として709条を適用することを認めたと評価するしかない。しかし，不適合の追完費用でもあることは変わりなく，1年という期間制限を経過しても全額を賠償請求できるのかという疑問は残される。いずれにせよ，判例に従えば結論としては賠償請求でき，○が正解になる。

　　*1 『民法Ⅵ』6-5-1 以下

[2]　不法行為責任の機能

CASE17-3　　Aは高速道路を運転中，Bの運転する車がインターチェンジから合流しようとしているところを，譲らずにスピードを上げて通り過ぎた。無理やり合流しようしていたBは，やむを得ずAの車をやり過ごして合流した。Bはこのことに腹を立て，Aの車の後ろにピッタリとくっついてあおり運転をし，Aの車の前に出たと思うとブレーキを掛けるということを繰り返した。そのため，Bを避けようとして，Aは中央分離帯に衝突する事故を起こした。Bは逮捕され，警察の取調べによりBは過去に幾度ともなく同様のあおり運転をしていることが判明した。

【Q】　AはBに対して車の修理代また事故による負傷の治療費の他に，懲罰的損害賠償を請求したいと考えている。これは可能か。

【A】　×（損害賠償の目的は損害の填補であり，懲罰的損害賠償は認められない）

【解説】　悪質な不法行為に対しては，懲罰的な損害賠償の請求ができるのかを考えてもらう問題である。民法は，709条において「損害を賠償する責任」を問題にしており，刑事罰とは異なり，懲罰を課する制度ではない。外国法には懲罰的損害賠償を認める国もあるが，日本ではそのような立法は採用しておらず，判例も懲罰的損害賠償が請求されても，これを認めないのみならず，アメリカで日本の企業が懲罰的損害賠償を命じられ，その判決を日本において執行することを公序良俗に反するとして否定している（最判平9・7・11民集51巻6号2530頁）。被害者の苦痛において考慮して，慰謝料額を増額することは許される*1。

　　以上のように，懲罰的損害賠償は認められず，×が正解となる。

　　*1 『民法Ⅵ』6-12

■第 18 章■
不法行為の基本的成立要件
──709 条の基本的不法行為──

[1]　不法「行為」

> **CASE18-1**　　　Aは，B大学に入学すると同時に，同大学の空手部に入部
> した。同部はしごきが厳しく，また先輩による後輩いじめがひどく，Aは入
> 部そうそう嫌気がさして，退部を考えていた。しかし，同じように嫌になり
> 退部を願い出た他の新入生が，退部の最後の稽古という名目で集団リンチを
> 受け入院したのを見て，退部できないでいた。そのため，AはB大学の学生
> 部に事情を話して，空手部の指導をお願いした。学生部の職員から，学生部
> 長の先生また空手部担当の先生に連絡をするという回答を得たので，Aは指
> 導がされると期待して，空手部の退部届を出した。
>
> 　ところが，学生部長への連絡が遅れ，そのため学生部長から空手部の監督
> 及び顧問への指導の要請が遅れ，Aが退部届を出した時点では何らの指導も
> されていない状態であった。そのため，Aは退部前の最後の稽古を命じられ，
> そこで集団リンチを受け，全治4カ月の重傷を負い，病院に入院した。
>
> 　【Q】　AはB大学に対して損害賠償を請求したいと考えている。これは認
> められるか。

【A】　○（B大学としては，公認の団体である空手部の集団リンチの事実を
　　　　知った以上，適切な指導を行うべきであり，それを怠った不作為不法
　　　　行為また在学契約上の安全配慮義務違反が認められる）

[解説]　709 条は不法「行為」を要件として明記していないが，表題に「第 5 章
不法行為」とあるように，故意または過失による「行為」が必要である。本問では，
Aに暴行をふるって負傷させたのは空手部の先輩らである。しかし，大学として
は，自分の大学の学生であり，また，空手部は自分の監督下にある公認の体育会
のクラブであることから，問題文のような連絡を受けた以上，暴行事件を予防す

るために必要な措置をとるべき作為義務が認められる。リンチという重大性からして緊急に対策をとるべきであり，緊急に適切な措置をとっていない以上，作為義務違反としてBは不法行為責任を免れない（不作為不法行為）[*1]。

また，Bは在学契約上，学生に対して安全配慮義務を負い，授業外のクラブ活動であっても大学の監督下の活動であり，安全配慮義務の対象内になる。類似の事例で，東京地判昭48・8・29判時717号29頁は，大学の不法行為責任を認めている。未だ安全配慮義務という処理が定着する前の判決であり，本問では安全配慮義務違反による債務不履行責任も追及できることは疑いない。

よって，Bも不作為不法行為または安全配慮義務違反により賠償責任を負い，○が正解である。

[*1] 『民法Ⅵ』7-7 以下

[2] 行為の違法性──権利・利益の侵害

CASE18-2 　Aの居住する住宅の道路（二車線）を挟んだ対面に，B会社により甲葬儀場が建設された。甲葬儀場は，近隣住民に配慮し，道路側にフェンスを設置して，葬儀の様子が見えないようにしていた。ところが，建物から出棺の時に霊柩車に棺を運び込む様子が，Aの自宅の二階の窓から丸見えであるため，Aはその様子を一度見て気分が悪くなった。そのため，霊柩車に棺を運び込む様子が見えないように，出棺の場所を建物の裏口に変更するよう求めた。

しかし，Bは他の住民からは苦情が出ていない，出棺を裏口からというのは好ましくないと主張し，Aの要求に対して応じようとしない。

【Q】　AはBに対して，Aの住宅から出棺の様子が見えないように，裏口から出棺するなどの変更措置をとること，また，それがなされるまでの間の慰謝料の支払を求めることができるか。

【A】　×（平穏に日常生活を送る利益は保護に値するが，これを違法に侵害しているとまでは認められない）

【解説】　709条は「損害」の発生があればよいのではなく，「権利又は法律上保護さる利益」が侵害され，それにより損害を受けたことを要件として必要としている。当初の709条の規定は「権利」のみを規定していたが，判例により，法律

上保護される利益へと解釈上拡大がされ，民法の現代語化の際に，709条が判例を明文化する形で改正されている。

　したがって，厳格に「権利」といえるものではなくても，何らかの「利益」の侵害でよいことになり，判例は「平穏に日常生活を送るという利益」も保護の対象とする。しかし，権利とは異なり，他の者の行動，営業の自由との調整が必須であり，その違法な侵害があるといえるのかをさらに検討する必要がある。

　そのため，判例は，この利益は主観的なものであり，受け取り方には個人差もあることから，最も敏感な者を基準とするのではなく，通常人を基準とすることを原則とし——ただし，生命，身体，傾向にかかわる場合には，例外的にアレルギーを持つ者がいることも考慮して注意義務が設定される——，本問類似の事例で原告の請求を退けている（最判平22・6・29判時2089号74頁）[*1]。

　特段例外を認めるべき事情もないので，本問でも判例同様にAの請求は認められず，×が正解になる。

[*1] 『民法Ⅵ』7-8以下

[3]　故意または過失

(a)　予見可能性が必要

CASE18-3　　A会社（ディーラー）は，代金完済まで所有権を留保する特約を付して，甲車をBに販売し，引き渡した。登録名義はAのままである。BはCと，C所有の一区画（以下，乙区画という）につき，月極駐車場契約を締結し，乙区画に甲車を停めている。Bは，Aへの代金の分割払いが滞り，また，Cへの駐車料金も滞納し，夜逃げして行方不明になっている。

　Cは，甲車の登録を調べてA所有ということを知り，Aに対して，甲車をどけるとともに，甲車があることにより他に貸せないことで月極駐車料金分の損害を被っているので，除去がされるまでの損害賠償を請求した。

【Q】　CがAに対してなした上記の損害賠償請求は認められるか。

【A】　△（請求後の分のみ損害賠償が認められる）

[解説]　709条は権利・利益の違法な侵害だけでは足りず，不法行為者に故意または過失があることを要件としていることを確認してもらう問題である。

　判例によれば，留保有権者Aは買主Bが弁済期を経過すれば妨害排除義務を負

うものと考えられており，したがって，Aは妨害排除義務を負うのにもかかわらず甲車を放置しており，これは違法な行為（不法占有）である。しかし，違法な行為（不作為）だけで賠償義務が認められるのではないため，Aに故意または過失が必要になり，AはCから事実を告げられるまで違法な侵害を知らなかったのである。したがって，それ以前の損害についての責任はなく，Aが賠償責任を負うのは，それ以後に甲車をどかさなかった期間の損害に限られる*1。

　そうすると，Aには，妨害排除請求までの分は責任がなく，それ以降の分のみ責任があるので，△ということになる。

*1 『民法Ⅵ』7-20

(b) 結果回避義務違反が必要

CASE18-4　　A会社は甲球団を経営し，乙球場を本拠地としてプロ野球の試合を主催している。A主催の試合が催されているとき，試合中に打者が打ったファウルボールが，ネットを超えて内野スタンドに飛び込んだ。Bは子どもを連れて初めての野球観戦にきており，子どものことを気遣って子どもの様子ばかり見ていて，ファウルボールが飛んでくるのに気がつかず，顔面にこのファウルボールの直撃を受けた。

　Aは，チケットにファウルボールに注意をすべきことを記載し，ファウルボールに気をつけることを何度となく場内アナウンスで促し，また，客席に係員を何人も配置して，ファウルボールが飛んできたときにホイッスルを鳴らして知らせていた。内野フェンスをもっと高くすればファウルボールを防げたが，臨場感を味わってもらうためにあえて，ファウルボールの危険はあるがネットを低くし，その代わりに上記のような措置をとっていた。

【Q】　BはAに対してファウルボールによる負傷により被った損害につき賠償請求をしたいと考えているが，これは認められるか。

【A】　×（Aには違法性はあるが，結果回避義務を尽くしていると認められ，過失が否定される）

【解説】　709条の過失について確認してもらう問題である。

　過失とは，結果の予見可能性がある場合に，結果回避として要求される行為を尽くさなかったこと（結果回避義務違反）である。結果の予見可能性また回避可能性があるだけでは過失にはならない。

本問では，A主催の試合中に，ファウルボールによりBを怪我させており，違法に身体を侵害しているため違法性は認められる。しかし，結果回避義務としてどこまで要求されるのかが問題であり，絶対にファウルボールが客席に飛び込まないようにネットで覆いつくす義務があるのであろうか。社会通念からは，臨場感を求める客もいるので，客の自己決定にまかせ，臨場感よりも安全を欲する客はネット裏などの席を選択し，リスクを引き受けて臨場感を味わうが，しかしネット裏のような高額な席は避けたいという者はネットのない内野席にするといった，選択肢を用意しておけばよいと考えられる。そして，問題文のような措置を尽くしている以上，社会通念を基準として判断する以上は，本問では結果回避義務違反（過失）はないといわざるを得ない（特殊事情があれば別）[1]。

微妙ではあるが，×を正解と考える。球団としては保険をつけて補償金の給付を行い，その分を料金に反映させるということもできる。

[1] 『民法Ⅵ』7-24 以下

CASE18-5

A会社は甲スーパーを経営しており，そのα店において，Bが，誰でもいいから殺害してやろうと考え，リュックサックに包丁を忍ばせて店舗に入り，たまたま居あわせた客のCを包丁で切りつけた。Cは驚いて逃げ，助けを求めたが，それに気がついた従業員Dが警備員（α店にはⅠ人のみ）を店内放送で呼び出している間に，CがBに切りつけられ，負傷した。Bはすぐに駆けつけた警備員と従業員により取り押さえられた。Dが店内放送で警備員を呼び出すのではなく，気がついてすぐに止めに入れば，Cの被害は食い止められた可能性がある。

【Q】 CはAに対して本件加害による負傷につき，損害賠償を請求したいと考えている。これは認められるか。

【A】 ×（Aには作為義務として客を暴漢から守る義務があるが，その違反があったとは認められない）

[解説] 本問も709条の過失について確認してもらう問題である。

抽象的な可能性としては，どんな場所でも暴漢がこのような事故を起こすという万が一の可能性はある。では，不特定多数人を集客する以上，そのような抽象的・一般的に予見可能な事故に対する何らかの結果回避義務（作為義務）がAに認められるとして，その内容はどう考えるべきであろうか。飛行機のような事故

の重大性に鑑みれば，荷物チェックがされてよいが，頻繁に出入りするスーパーでそのような荷物チェックをする結果回避義務を認めるのはナンセンスである。

　そのため，必要な数の警備員を配置する——結局は代金に跳ね返るので不必要に多くの警備員は客の求めるところではない——ことは必要であるが，店舗の大きさによるが，1人警備員がいれば十分であり，呼び出してから駆けつけるまで時間が空くのは仕方がない。また，従業員Dに自分が身の危険を犯してまで止めることを要求するのは酷である。結局は，本問ではAに結果回避義務違反は認められないといわざるを得ない[*1]——使用者責任だけでなく，企業としての709条の人的物的組織編成義務違反についても（☞[CASE18-6]）——。

　そのため，Cには可哀そうであるが，×が正解になる。

　*1 『民法Ⅵ』7-24以下

(c) 法人の過失

CASE18-6　　A会社は甲スーパーを経営しており，そのα店において，Bが，誰でもいいから殺害してやろうと考え，リュックサックに包丁を忍ばせて店舗に入り，たまたま居あわせた客のCを包丁で切りつけた。甲スーパーは1階建てであり，徹底した経費削減のため警備員は配置しておらず，また，狭い店内の通路の両側に段ボールに入れたまま商品が積んである。そのため，Cは驚き逃げたが，通路に商品があふれていてうまく逃げられず，また，店長Dは事件に気がつき，すぐに助けに向かったが，やはり通路に商品があふれていて，また逃げようとする客を避けながらであったため，BがCに切りつける前に止めることはできなかった。すぐにDが他の客と協力してBをCから引き離し，Bを捕まえ，警察に引き渡したが，CはBに切りつけられ重傷を負った。

【Q】　CはAに対して本件加害による負傷につき，損害賠償を請求したいと考えている。これは認められるか。

【A】　○（Cの従業員に過失がなく使用者責任は認められなくても，会社自体の人的物的組織編成義務違反による709条の責任を認めることができる）

【解説】　本問は法人自体の過失を認め，使用者責任ではなく，法人の709条の責任を認めることができるのかを検討してもらう問題である。

店長Dほか従業員は，Bの加害行為に気がついてすぐに行動を起こしており，Cが切りつけられることを阻止できなかったとしても，個人的には過失を認めることは難しい。そうすると，Aの使用者責任を問題にすることは難しい。しかし，Aとしては，このような事態に対処するために，警備員を雇ったり，通路に商品の入った段ボールが積まれて通りにくくなっているのを改善するなどの，人的物的組織編成義務を法人自体の義務として問題にできる。法人自体に結果回避義務違反＝過失を認め，法人の709条の責任を認めることができることになる*1。

　最高裁が明確な判断をしてはいないが，法人自体に709条の責任を認めることができ，○と考えたい。

*1 『民法Ⅵ』7-31以下

■第 19 章■

過失と違法性をめぐる各論的考察

[1] 医療過誤

> **CASE19-1**　Aは，甲病気によりB病院（医療法人）の治療を受けており，担当のC医師より，甲病気の治療方法として，B病院で採用しているα治療法の説明を受けた。その際，Cは，他の病院にはβ方法を採用しているところもあり，それぞれ一長一短があるが，B病院ではα治療法を採用しているため，β治療法についてAに説明しなかった。
>
> Aは，B病院において，C医師によりα治療法による治療を受けたが，病気は完治せずに後遺症が残った。Aは治療後に，β治療法を採用している病院もあることを知り，β治療法によったならば後遺症が残らなかったのかは不明であるが，事前に説明を受けて検討したかったと悔やんでいる。
>
> 【Q】　AはB病院に対して，β治療法について説明をしなかったことにつき，慰謝料を請求したいと考えているが，これは認められるか。

【A】　○（CはAに対して，いずれも治療法として採用されているものである以上は，β治療法についても説明をしておくべきであり，自己決定権の侵害を問題にできる）

【解説】　病気の治療法は，試行錯誤により確立されていくものであり，いろいろな提案がされている場合に医師側はそれらをすべて説明する必要はない。しかし，既にいくつか実際に確立された治療法がある場合には，それらを説明し，それぞれのメリット・デメリットを知らしめ，患者の自己決定に任せるべきである。したがって，後遺症がより軽くなった可能性を問題にすることも場合によっては考えられるが，少なくとも治療についての自己決定権の保障のためには，治療法についての十分な説明が必要である[*1]。

　そのため，Cがβ治療法について説明をしなかったのは，Aの自己決定権を侵

害するものであり，AのBに対する慰謝料請求は認められる（715条1項）。そのため，○が正解になる。β治療法によったならば，後遺症は残らなかったことを証明することは必要ではない。

_{*1} 『民法VI』 8-3, 8-4-1

> **CASE19-2**　　Aは，体調が優れないため，B病院（医療法人）の診察を受けた。B病院の医師Cは，Aをα病と診断し，そのための薬を処方した。その後，Aは処方された薬を飲んでいたが，一向に体調が改善されないため，疑念を持った家族から，他の病院に行って診察を受けることを勧められた。そのため，B病院の診察を受けてから3カ月後に，他の病院の診察を受けたところ，Aは肝臓癌であり，既に末期であることがわかった。その7カ月後に，Aは肝臓癌が原因で死亡した。Aは，B病院の診察を受けた時点で既に癌の末期であり，死は避けられず，すぐに治療をしていても実際に死亡した時点よりもどれだけ長く生きられたかは不明である。
>
> 【Q】　Aの相続人Dは，B病院に対して，すぐに癌を発見して治療をしていればより長く生きた可能性があるとして，Aには慰謝料請求権が成立し，これを相続したと主張してその支払を求めた。これは認められるか。

【A】　○（より長く生きられた相当程度の可能性を一つの利益として，その侵害により慰謝料請求権の成立を認めるのが判例である）

【解説】　癌を見落としたが，既に末期でどのみち死亡は免れなかった場合の病院の責任を考えてもらう問題である。判例（最判平12・9・22民集54巻7号2574頁）は，「医療水準にかなった医療が行われていたならば患者がその死亡の時点においてなお生存していた相当程度の可能性の存在が証明されるときは，医師は，患者に対し，不法行為による損害を賠償する責任を負う」という。「生命を維持することは人にとって最も基本的な利益であって，右の可能性は法によって保護されるべき利益であ」るという。<u>生命侵害自体については責任は認められない</u>。

　より長く生きられた場合には延命利益の侵害になるが，その証明は困難であるため，<u>延命の相当程度の可能性があったことそのものを利益とした</u>のである。「可能性」も一つの利益と構成したのであり，相当程度の可能性があったという証明軽減も併せて実現していることになる。この結果，DはAがより長く生きら

れた相当程度の可能性があったことを証明して，Aの慰謝料請求権の成立またその相続による取得が認められることになる*1。よって，○が正解になる。

*1 『民法Ⅵ』8-4-4

CASE19-3　Aは，個人で甲病院を経営しており，B（4歳・男児）が母親に連れられて診察に来たので，その診察を行った。Bは体調が悪く，何か重篤な病気の可能性が疑われるが，甲病院の設備では正確にその病気を診断することはできない。Aはα病を疑ったが，そうではない可能性もあるため，Bの母親に，α病かもしれないが今のところなんとも言えないと伝え，もし病状が改善されなければまた来院するように告げた。

　Bの状態は，Aから処方された薬を母親が与えても一向によくならず，さらに悪化していったため，翌朝一番で，Bの母親はBを連れてAに治療を求めた。Aは，その症状から一層α病を疑うようになり，かなりBの様態がひどいため，救急車を呼び，一番近い乙大学病院に搬送した。乙大学病院で専門の施設により診察をした結果，Bはやはりα病であった。

　α病は，その症状が出てから一刻も早い治療が必要であり，Bについても前日の診察時にただちに乙大学に緊急搬送していれば，後遺症がより軽くなった可能性がある。

【Q】　BはAに対して，より後遺症が軽くなった可能性を奪われたことにつき慰謝料を請求したいと考えている。これは可能か。

【A】　○（すぐに転送すれば後遺症がより軽くなった相当程度の可能性の侵害を理由に，Bの慰謝料請求は認められる）

[解説]　個人病院では正確な診断ができない場合の医師の義務，適切な措置が取られていたならばより後遺症が軽くなった可能性がある場合の責任について考えてもらう問題である。

　判例は，医師の注意義務は，「当該医療機関の性格，所在地域の医療環境の特性等の諸般の事情を考慮」され，町医者と大学病院とでは要求される注意義務の程度が異なることを認める（最判平7・6・9民集49巻6号1499頁）*1。しかし，町医者がその病院の設備では正確な診断ができず高度な医療設備のある大学病院ないし同等の設備のある病院での診察が必要な場合，急を要する場合には，いわゆる**転送義務**が認められる（最判平15・11・11民集57巻10号1466頁）*2。

その上で，上記判決は適切に転送されていたならば後遺症がより軽くなった相当程度の可能性があれば，「患者に上記重大な後遺症が残らなかった相当程度の可能性の存在が証明されるときは，医師は，患者が上記可能性を侵害されたことによって被った損害を賠償すべき不法行為責任を負う」ことを認めている[3]。よって，本問も○が正解である。

*[1] 『民法VI』8-2　　*[2] 『民法VI』8-4-2　　*[3] 『民法VI』8-4-5

[2]　名誉・プライバシー

(a)　名誉感情

> **CASE19-4**　　Aは，同僚と飲み屋で泥酔状態になるまで飲んだ後，Bが経営する飲み屋に１人で入った。B以外には客はなく，Aは，Bが肥満体型であるため，「お前デブだな」，「デブだから客が入らねえんだよ」と何回も悪態をついた。Aは泥酔していて，その記憶はまったく残っていない。あまりにも気分を害したBは，途中からAの発言を録音し，Aから名刺を受け取っており，Aが陳謝しなければ訴訟も辞さない構えである。連絡を受け，AがBの店に翌日訪れたが，記憶がないとまったく反省していない。
>
> **【Q】**　BはAに対して慰謝料を請求したいと考えている。これは可能か。

【A】　○（名誉感情の侵害であり，公然性は不要である）

[解説]　名誉は709条により保護される人格権であるが，いわゆる社会的名誉であり，ある者の社会的評価を下げることにより侵害されるものであり，本問ではどのような不法行為になるのかを考えてもらう問題である[1]。

「名誉」とは「人がその品性，徳行，名声，信用等の人格的価値について社会から受ける客観的な評価，すなわち社会的名誉」であり，「人が自己自身の人格的価値について有する主観的な評価，すなわち名誉感情」とは別の法益であると考えられている（最判昭45・12・18民集24巻13号2151頁）。権利ないし利益の侵害と構成する必要があるので，名誉と区別すると，人の評価にかかわる精神的平穏利益とでもいうべき利益である。社会的な評価の低下は必要ではなく，本人に面と向かって感情を害する行為によって侵害されることになる。名誉感情の侵害を理由に慰謝料を認めた下級審判決は多い。

以上より，BのAに対する慰謝料請求は認められる。○が正解になる。

(b) 名誉毀損

❶ 法人の名誉

CASE19-5　A会社はペットショップを経営しているが，同社のインターネットの Twitter 上のコメント欄に，Aで売られているペットには遺伝的な病気の猫や犬が多い，ペット売り場の衛生管理が杜撰である，などといった書込みが何度も続いた。書込みをしたのはBであった。

【Q】　AはBに対して名誉毀損による損害賠償を請求したいと考えている。これは可能か。

【A】　○（判例は法人にも名誉を認め，無形損害の賠償を認める）

[解説]　法人にも名誉が認められ，その侵害による損害賠償請求ができるのかを考えてもらう問題である。

　名誉は人格権であるため，「人格」を有する自然人だけに認められるはずであるが，[CASE19-4]の判例による名誉の定義では財産権である「信用」も含まれているため，「信用」に関する限りでは法人にもあてはまり，すると法人にも「名誉」が認められることになる*1。

　実際，判例は法人の名誉を認め，その侵害による「無形損害」の賠償を認めている（最判昭39・1・28民集18巻1号136頁〔代々木診療所「赤い衛生兵」事件〕）。現在では，民事訴訟法248条が制定され事情が変わったこともあり，学説には批判が強い。しかし，未だ明確な判例変更はないので，○が正解となる。

*1 『民法VI』 8-6-1

❷ 名誉の「毀損」とは

CASE19-6　A会社は，テレビ放送事業を運営しているが，夜10時のニュースにおいて，α市においては違法な野焼きが恒常的に行われ，そのためダイオキシンによる農地の汚染が起き，α市のある農家の農作物から基準値を超えるダイオキシンが検出されたことを報道した。これを見ていたα市の農家Bは，まるでα市のすべての農家の農作物が危ないかのような報道に聞こえたので，Aにすぐに電話して苦情を述べ，全部の農家がそうではない

ことを訂正して述べるよう求めた。しかし，Aは，α市の農家からダイオキシンに汚染された農作物が発見されたという事実を伝えただけであると説明し，Bの要求する訂正をしなかった。

【Q】 BはAに対して名誉毀損による損害賠償を請求したいと考えている。これは可能か。

【A】 ○（信用も名誉に含まれ，また，名誉毀損の有無はいわゆる一般視聴者基準による）

[解説] 個人についても信用侵害が名誉毀損と構成できること，また，テレビ放送による名誉「毀損」の有無についての基準を考えてもらう問題である。

名誉には財産権である「信用」も含まれるため，本問でも農家としての営業にかかわる信用が害されれば「名誉」毀損になる。問題は，テレビ放送における名誉毀損が認められるための基準である。確かに，本問での放送内容は，α市の農作物がすべてダイオキシンに汚染されているとはいっていない。α市のある農家にダイオキシンに汚染された農作物が発見されたと伝えただけである。特に頻繁に野焼きをする業者が近くにあったなどの特別の原因によることも考えられる。

しかし，判例は，名誉毀損の有無について，新聞や雑誌については**一般読者基準**により判断し（最判昭31・7・20民集10巻8号1059頁），また，テレビ放送については**一般視聴者基準**により判断している（最判平15・10・16民集57巻9号1075頁〔所沢ダイオキシン報道事件〕）[1]。国語の試験のようにじっくり精読するのではなく，ながめ読みをする者を基準とし，また，テレビ放送も大雑把に理解して満足する視聴者を基準にすべきことになる。そのため誤解が生じかねない場合には，α市の農作物全部がダイオキシンに汚染されているのではないということを注意喚起する必要がある。

本問では，上記放送には視聴者によるB主張通りの誤解の可能性があり，それなのに誤解を解消するための注意喚起はされておらず，Bは慰謝料また営業損害の賠償を請求できる。○が正解である。

　　　[1] 『民法Ⅵ』8-7

❸ **名誉毀損の免責事由**

CASE19-7　　Aは，2期連続して衆議院議員選挙に当選している国会議員である。B会社の発行する甲週刊誌に，Aについての記事が掲載されてお

り，Bの記者Cは，Aの大学時代の同級生に取材をして，その話から，Aは大学時代に詐欺取引の会社を立ち上げて儲けていたということを記載した。しかし，Cが取材したのは，Aの出世を快く思っていない者による虚言であり，Cは他の同級生を取材して確認することなく，上記記事を記載したものであった。Aは本件記事を見て激怒している。

【Q】 AはBに対して名誉毀損を理由として慰謝料を請求したいと考えている。これは可能か。

【A】 ○（真実性の抗弁も相当性の抗弁も認められない）

【解説】 名誉毀損についての免責事由を考えてもらう問題である。

　本問のように名誉を毀損する記事が書かれた場合でも，①その行為が公共の利益に関する事実に係り，②もっぱら公益を図る目的に出た場合には，③摘示された事実が真実であることが立証されたときは，その行為には違法性がないと考えられている。真実であれば，それを公表して社会的評価が下がっても，違法な行為とは認められない（最判昭41・6・23民集20巻5号1118頁）*1。しかし，本問では摘示された事実が真実ではないので，このいわゆる真実性の抗弁は認められない。

　他方で，違法性があっても故意過失がなければ709条の不法行為責任は成立しないことになる。判例も，「その行為者においてその事実を真実と信ずるについて相当の理由があるときには，右行為には故意もしくは過失がな」い，と認めている（同上判決）。相当性の抗弁といわれるが，要するに，無過失ということを被告側が証明責任を負うということである。本問では，記者Cは同級生1人の話だけで真実と信じており，これだけ重大な事由なので，他の証言で間違いないと思われるほどの裏付けを取るべきであった。そのため，BはCの無過失を援用することはできないといわざるを得ない。

　したがって，AのBに対する慰謝料請求（謝罪広告も可能）は認められ，○が正解となる。

*1 『民法Ⅵ』8-8

❹ 死者の名誉毀損

CASE19-8 　Aは，長年，政治家として活躍し，何度も大臣を経験している者であるが，既に2年前に死亡している。Aの死後，B会社の発行する甲週刊誌に，Aについての記事が掲載されており，Bの記者Cは，Aの大学

時代の同級生に取材をして，その話からＡは大学時代に詐欺取引の会社を立ち上げて儲けていたということを記載した。しかし，Ｃが取材したのは，Ａの出世を快く思っていない者による虚言であり，Ｃは他の同級生を取材して確認することなく，上記記事を記載したものであった。Ａの孫Ｄは，本件記事を見て激怒している。

【Q】　ＤはＢに対して，Ａの名誉毀損を理由として慰謝料を請求したいと考えている。これは可能か。

【A】　×（死者の名誉毀損を理由としては慰謝料請求はできない）

[解説]　死者の名誉毀損について考えてもらう問題である。

　死者の名誉を毀損する記事が掲載された場合に，死者自身が慰謝料請求をすることは考えられない。そのため，Ｄは自分の権利・利益が侵害されなければ709条により損害賠償を請求することはできない。

　この点，東京高判昭54・3・14判時918号21頁（「落日燃ゆ」事件判決）は①摘示された事実が虚偽であり，②その事実が重大で，その時間的経過にかかわらず，遺族の「故人に対する敬愛追慕の情を受認し難い程度に害した」といえる場合には不法行為の成立を肯定すべきものという――事案では真実の証明が認められ責任否定――。そのため，本問ではＤのＢに対する「敬愛追慕の情」の侵害を理由として慰謝料請求が可能である[*1]。しかし，Ａの名誉毀損を理由とすることはできないので，×が正解になる。

　　[*1] 『民法Ⅵ』8-9

❺　論評による名誉毀損

CASE19-9　　　Ａは，プロ野球の甲球団の監督を4月から務めている。Ｂ会社の発行する甲週刊誌に，Ａについての記事が掲載されており，Ａのこれまでの先発ピッチャーやリリーフの起用，バッターの起用等について指摘した上で，その采配についてことごとく批判をし，「甲球団の史上最悪の監督」であり，「リーグ途中であっても監督を変更すべきである」といった内容の記事が掲載された。書かれている投手やバッターの起用は真実であり，虚偽の内容は書かれていない。

【Q】　①ＡはＢに対して，Ａの名誉毀損を理由として慰謝料を請求すること，また，②甲球団においてＡを親愛する選手Ｃは，Ａに対する敬愛の情

の侵害を理由としてＢに対して慰謝料を請求することを考えている。これ
らは可能か。

【Ａ】　①△（論評としての域を逸脱しているかは微妙），②×（死者とは異
　　　なり生存中の宗教的指導者らの名誉毀損につき，信者らの固有の慰謝
　　　料請求は認められない）

【解説】　いわゆる公正な論評（フェア・コメント）による名誉毀損の問題を考え
てもらう問題である。
　事実適示による名誉毀損は，虚偽の事実を適示して社会的評価を下げるもので
あり，真実であれば責任を生じない。本問では，摘示された事実は真実である。
しかし，それに対して示された評価（論評）により社会的な評価が下げられてい
るのである。ある事実をどう評価するかはその人次第である。しかし，人間は他
人の意見に流されやすく，論評により，そうなのかと思い込み社会的評価が下げ
られることが考えられる。指摘した事実が真実だからといって当然に免責を認め
るわけにはいかない。
　そのため，判例は事実適示型とは別に，論評型の名誉毀損類型を認め，これに
つき異なった規律をしている。最判平 16・7・15 民集 58 巻 5 号 1615 頁は，「そ
の行為が公共の利害に関する事実に係り，かつ，その目的が専ら公益を図ること
にあった場合に，上記意見ないし論評の前提としている事実が重要な部分につい
て真実であることの証明があった」こと，また，「人身攻撃に及ぶなど意見ない
し論評としての域を逸脱したものでない」ことを要件として違法性が阻却される
ことを認める。逆にいうと「論評としての域を逸脱」すれば違法になるのであ
る[*1]。本問は微妙であり，多少誇張が過ぎるので責任を認める余地はあるが，△
としておいた。
　次に②については，参考となる事例として，宗教法人幸福の科学の事例がある。
主宰（会長）の名誉を毀損する記事が掲載された場合に，その信者に慰謝料請求
が認められるのかが問題とされ，請求はすべて否定されるが，傍論として「**内心
の静謐な感情**」という利益を問題にして，それが害されたといえるならば，信者
に対しても不法行為になることが認められているが，傍論にすぎない（最判平
11・3・25 集民 192 号 499 頁）。本問ではこの適用を認めるのは無理だと思われ
る。×を正解としておく。
　　[*1]『民法Ⅵ』 *8-10*

(c) プライバシーの権利

CASE19-10　Aは元プロ野球の選手であり，4番バッターとして活躍した経歴があるが，現在は引退して居酒屋を経営している。B会社は，その発行する週刊誌に，Aが妻と離婚して愛人と同居していること，Aの高齢の父親が交通事故を起こして被害者が死亡していること，Aの弟が覚せい剤の取引で有罪判決を受けていること，Aは高校生のときに無免許でバイクを乗り回していて事故を起こしていたこと，高校時代の学校の成績はほぼビリに近かったこと，などを掲載している。いずれも真実である。

【Q】　AはBに対して上記記事の掲載を理由として慰謝料を請求することができるか。

【A】　○（知られたくない個人情報を公表することは，プライバシーの侵害として違法である）

[解説]　名誉毀損では摘示された事実が真実であれば違法性が阻却される。しかし，真実であれば個人情報を公示してよいというわけではない。本問はいわゆる**プライバシーの権利**を確認してもらう問題である[*1]。

人には知られたくない事実がある。しかし，公人のように，政治家としての資質を図る上で必要な個人情報は，知られたくなくてもその公表を甘受せざるを得ない。一方，一般私人の個人情報の公表はこれが公益利益に資することになることはなく，低俗な興味を満足させるだけであり，それに本人が堪えなければならないということはあり得ない。そのため，個人情報はみだりに公表されてはならない。本人の情報のみならずその親族についての情報も，その個人に関わる情報として考えられる。

以上のように，本問で指摘された事実はすべて事実ではあるが，Aは政治家でもなんでもなく，元プロ野球選手として庶民の興味の対象として記事にする価値が高いというだけであり，本問の情報の公表は公益に関わるものでも公益を図るためでもなく，違法である。よって，○が正解である。

[*1]　『民法Ⅵ』*8-11* 以下

CASE19-11 　　Ａは小説家であり，いろいろ関係者に取材をして，モデル小説「宇宙を泳ぐ魚」を公表した。その関係者として登場する甲は，Ｂがモデルである。Ｂは政治家でもなんでもなく，会社員にすぎないが，主人公の知合いという形で，その生い立ち，20年以上前の一度の犯罪行為等がすべて小説の中には書かれている。甲がＢをモデルにしていることは，関係者ならば一目瞭然である。

【Ｑ】　ＢはＡに対して上記小説の公表を理由として慰謝料を請求することができるか。

【Ａ】　○（モデル小説や仮名記事でも，本人の推知可能性があればプライバシーの侵害が認められる）

【解説】　特定人のプライバシーが公表されたといえるかどうかの評価にかかわる問題である。

　プライバシー侵害には，ある特定人の個人情報が公表されることが必要である。その特定人が主婦Ａとか少年Ｂとかまたは○野○男といった仮名であっても，知る人が読めば容易にわかる場合には，その人のプライバシーの公表として違法になる。このことは，モデル小説でも同様であり，判例でもプライバシー侵害が認められている（最判平６・２・８民集48巻２号149頁〔小説「逆転」事件〕，最判平14・９・24判時1802号60頁〔小説「石に泳ぐ魚」事件〕）[1]。

　また，私人であっても，過去の犯罪行為についてはプライバシーとして保護の対象にはならないが，それが相当期間経過しており，過去の事実として平穏に暮らす利益の保護を優先せられるべきであると評価されるほどになっている場合には，公表は禁止されるべきである（上記最判平６・２・８民集48巻２号149頁）。本問では20年以上前の一度だけの犯罪行為であり，秘匿されるべき情報になっているといってよい。

　よって，限られた者だけの推知可能性しかないとしてもプライバシー侵害になり，○が正解になる。

[1]　『民法Ⅵ』*8-11-2*

CASE19-12 　　A大学は，甲元総理大臣を呼んで講演会を開催する際に，学生活動家による妨害を危惧して，事前登録制とした。講演会前日，警備にあたる警視庁から，参考資料として参加者の名簿の提出を求められ，A大学はこれに応じて名簿をデータで送付した。名簿のデータには，学年，学籍番号，性別，年齢，電話番号，住所が記載されている。

【Q】 Bは，参加予定者として上記名簿に自分の個人情報が含まれているのに，これを同意を得ずに警察に提供した行為は違法であるとして，Aに対して慰謝料を請求することを考えている。これは認められるか。

【A】 ○（学籍番号等も個人情報として保護の対象になり，また，個人情報の公表だけでなく，同意なしに第三者機関にこれを提供することも違法な侵害行為となる）

[解説] 　プライバシーの権利が個人情報についてのコントロール権として，ささいな個人情報も保護の対象となり，また，公表だけでなく第三者機関への情報の提供もその違法な侵害になることを考えてもらう問題である[*1]。

　本問は**早稲田大学江沢民講演会事件**を参考にした問題であり，同事件では早稲田大学が江沢民の講演を事前登録制にし，警視庁から出席者の名簿の提出を要請されたので，これに応じて参加者の同意を得ずに警視庁に名簿を提出した事例で，「学籍番号，氏名，住所及び電話番号」も「本人が，自己が欲しない他者にはみだりにこれを開示されたくないと考えることは自然なことであり，そのことへの期待は保護されるべきものである」として，プライバシーの侵害が認められている（最判平15・9・12民集57巻8号973頁〔1人慰謝料5000円〕）。

　そうすると，本問でも認められる慰謝料の金額は微々たるものになるが，プライバシーの侵害が認められ，○が正解になる。

*1 『民法Ⅵ』8-11-3

CASE19-13 　　A会社は，その発行する週刊誌に，B法務大臣が，甲国を訪問した際に，カジノを楽しんだ後にお忍びで売春宿に行っていたことをスクープする記事を掲載した。これは真実であり，Bが店から出てくるところの写真も掲載されている。

【Q】 BはAに対して慰謝料を請求することができるか。

【A】　×（政治家はいわゆる公人として，その人間についての評価に必要な個人情報は同意なくさらされても受忍しなければならない）

【解説】　プライバシーの権利が公人については制限されることを考えてもらう問題である[1]。

　最判平6・2・8民集48巻2号149頁（小説「逆転」事件判決）では，犯罪報道について，「その者が選挙によって選出される公職にある者あるいはその候補者など，社会一般の正当な関心の対象となる公的立場にある人物である場合には，その者が公職にあることの適否などの判断の一資料として右の前科等にかかわる事実が公表されたときは，これを違法というべきものではない」と判示する。犯罪とは異なり，カジノで遊んだ，風俗店に入ったという個人情報については，微妙ではあるが，<u>政治家としての評価に資する情報なので，その公表は違法性を欠く</u>ということができる。

　よって，Aは慰謝料請求はできず，×が正解になる。

[1]『民法Ⅵ』*8-12*

[3]　生活環境妨害

CASE19-14　　A会社は，河川敷から採取した砂利を，大型ダンプから一度甲作業場の砂利置場に降ろして，その後，小型トラックに積み込んで注文者の元に発送する事業を行っている。大型ダンプから砂利を降ろす際には，相当大きな騒音が発生し，それとともに砂利が砕けることによる粉塵が飛び散っている。そのため，甲作業場の隣に先祖の代から居住して農業を営んでいるBは，甲作業場ができてから，砂利の積み下ろしの際の騒音と粉塵とに悩まされている。砂利の積み下ろしの際の騒音は，甲作業場のある乙市の生活条例における騒音規制値をはるかに超えるものである。

【Q】　BはAに対して慰謝料を請求することができるか。

【A】　○（生活において音や臭い等を出すことは不可避であるが，受忍限度を超える場合には違法になり，その目安として条例による規制値が参考にされる）

[解説] 生活環境をめぐる平穏生活利益の保護を考えてもらう問題である[*1]。

騒音，粉塵被害の事例について，判例は，「工場等の操業に伴う騒音，粉じんによる被害が，第三者に対する関係において，違法な権利侵害ないし利益侵害になるかどうかは，侵害行為の態様，侵害の程度，被侵害利益の性質と内容，当該工場等の所在地の地域環境，侵害行為の開始とその後の継続の経過及び状況，その間に採られた被害の防止に関する措置の有無及びその内容，効果等の諸般の事情を総合的に考察して，被害が一般社会生活上受忍すべき程度を超えるものかどうかによって決すべきである」と判示している（最判平6・3・24判時1501号96頁）。いわゆる受忍限度論と呼ばれる議論である。一概に音だけでは決められず，種々の要素を考慮することになるが，Bのほうが先住性があり，条例の規制値も大きく超えていることから，本問では受忍限度を超えているといってよい。

よって，Bは慰謝料請求ができ，○が正解になる。差止め請求についても，条例の規制値以内に抑えるよう求めることができる。

　　*1 『民法Ⅵ』*8-14*

[4] 取引的不法行為

> **CASE19-15**　Aは，B銀行と日頃から取引があり，息子夫婦の住む家の購入を考えている。AがBの行員Cにいい物件を知らないか，また購入資金の融資を受けられるか相談したところ，融資は可能なこと，Bの取引先の地主Dが甲地を売る予定であり，それはちょうどAの希望する条件に合致することの説明を受けた。Aがこれに興味を示したため，Cは自行のローンを組んで甲地を購入することを勧めた。
>
> 　Aはこの勧めに従い，仲介業者の仲介により，Dから甲地を購入した。ところが，購入後調べたところ，甲地は接道義務をわずかばかり満たしておらず，建物の建築ができないことが判明した。そのため，AはDとの契約を合意解除し，Bとのローンも合意解約してもらった。
>
> 　**【Q】** Aは登記費用等が無駄になったため，これをBに対して賠償請求することを考えている。これは可能か。

【A】　×（原則として，銀行は仲介業者によるチェックを信頼すればよく，自ら接道義務を満たすかどうかまで調査する必要はない）

［解説］ 銀行が自分のローンを利用して，土地を購入することを勧めた場合，勧める土地について調査・説明義務を負うのかを考えてもらう問題である[1]。

変額保険の危険を十分説明しないで顧客を勧誘した行為につき，保険料の支払を融資した銀行については，説明義務違反が否定され（最判平 8 ・10・28 金法 1469 号 51 頁），本問のような接道義務を満たしていない土地の購入のために融資をした銀行につき，「接道要件の満たされていないことを認識していながら，これを買主である融資の申込人に殊更に知らせなかったり，又は知らせることを怠ったこと，また，販売業者と業務提携等をし，行員がその土地の売主等の販売活動に深くかかわっているなど，信義則上，銀行の説明義務を肯認する根拠となり得るような特段の事情」がない限り責任はないとして，説明義務違反が否定されている（最判平 15・11・ 7 判時 1845 号 58 頁）。

よって，本問では仲介業者には責任が認められるが，BはCが特に接道義務を満たしていないことを知っていたといった特段の事情がない限り，責任は認められない。よって，×が正解になる。

[1] 『民法Ⅵ』8-15 以下

[5]　その他の不法行為

(a)　不当訴訟・不当応訴

> **CASE19-16**　Aは，甲自転車に乗って歩道を走っていたが，急に物陰から乙自転車で飛び出してきたBを避けたところ，Bが当たってもいないのに大げさに転び，痛み出した。そこに居合わせた通行人Cが，Bを介抱した。BはAの連絡先を聞き，急いでいるので後で乙自転車の修理費用を請求すると言って，その場を離れた。
>
> その後，BはAに連絡をし，乙自転車は高級ロードバイクであり，修理に 10 万円がかかったと領収書を示して，その支払を求めた。Aは，当たっていないとこれを拒絶したため，Bが訴訟を提起し，訴訟においてCが証人として，AがBに衝突したと証言をした。しかし，実はBとCはグルであり，修理代の領収書は偽造されたものであった。
>
> **【Q】**　Aは反訴を提起して，Bに対して不当訴訟を理由に損害賠償を請求することを考えている。これは認められるか。

【A】 ○（いわゆる当たり屋による損害賠償請求であり，事実的，法律的根拠を欠き，そのことを認識しているので，訴訟提起は違法であり不法行為になる）

[解説] 訴訟提起が不法行為になるための要件を考えてもらう問題である[*1]。

　　訴訟は争いを裁判所に事実認定また法的争いについて白黒をつけてもらう制度であり，原告が敗訴した場合に，敗訴を予見できた，すなわち過失があったとしても，賠償責任を認めることはできない。違法性を欠くといってよい。しかし，例外的に，「①当該訴訟において提訴者の主張した権利又は法律関係（以下「権利等」という。）が事実的，法律的根拠を欠くものであるうえ，②提訴者が，そのことを知りながら又は通常人であれば容易にそのことを知りえたといえるのにあえて訴えを提起したなど，訴えの提起が裁判制度の趣旨目的に照らして著しく相当性を欠くと認められる」場合には，違法性が認められている（最判昭63・1・26民集42巻1号1頁）。

　　本問では，明らかにBは不当な請求をしているのであり，Aは不当訴訟により受けた損害の賠償請求が可能である。○が正解になる。

[*1] 『民法Ⅵ』 8-20 以下

(b) 不 貞 行 為

CASE19-17　　Aは，夫Bと婚姻関係にある。Bは職場に入社してきたC女を一目見て気に入り，特別に目を掛けて指導をし，Cの気を引くことに躍起になった。Cは，Bが既婚であることを知り，Bのアプローチを適当に避けていたが，Cが仕事で大きなミスをしたときにBが助けてくれたため，CもBに惹かれていくようになった。BとCの関係は次第に親密になっていき，BがCのためにマンションを借り，Bはしばしばそこに宿泊するようになり，しまいにはBは自宅に帰らず，Cと同棲を始めた。

　　Aはこの事実を知り，Bに，Cと別れるように迫ったが，Bが，Cとこのまま生活をしたいと言うので，やむを得ず離婚を切り出し，Bはこれに応じて，ABは離婚届けを出した。AB間には子D（男児・5歳）がおり，Bが家に帰らなくなってからBに遊んでもらえず悲しい思いをしていた。

　　【Q】　A及びDは，Cに対して慰謝料を請求できるか。

【A】　Aは○（不貞の相手方は他方配偶者に対して不法行為責任を負う），
　　　　Dは×（加害の意思をもって不貞の相手になったなど特段の事情がない限り，未成年子に対しては不法行為にはならない）

【解説】　不貞の相手方は，他方配偶者及び未成年子に対して不法行為責任を負うのかを考えてもらう問題である。

　まず，他方配偶者に対しては，既婚者であることを知っている限り，既に夫婦関係が破綻しているといった特段の事情がない限り（最判平8・3・26民集50巻4号993頁），不法行為が成立する（最判昭54・3・30民集33巻2号303頁）。「婚姻共同生活の平和の維持という権利又は法的保護に値する利益」の侵害が理由とされている。不倫相手が積極的に誘惑したなどの特に強い違法性は要求されていない[1]。Aについては○が正解となる。

　ただし，この場合，「不貞行為を理由とする不法行為責任を負うべき場合があることはともかくとして，直ちに，当該夫婦を<u>離婚させたことを理由とする不法行為責任を負うことはない</u>」と考えられている（最判平31・2・19民集73巻2号187頁）。

　次に未成年子に対する不法行為については，「その子が日常生活において父親から愛情を注がれ，その監護，教育を受けることができなくなったとしても，その女性が害意をもって父親の子に対する監護等を積極的に阻止するなど特段の事情のない限り，右女性の行為は未成年の子に対して不法行為を構成するものではない」と判示する（最判昭54・3・30民集33巻2号303頁）。違法性で制限をしているようにも見えるが，「相当因果関係がない」というのが，要件充足を否定する際の構成である[2]。よって，Dについては×が正解である。

　　[1] 『民法Ⅵ』 *8-21*　　[2] 『民法Ⅵ』 *8-20* 以下

■第 20 章■

損害の発生及び損害と不法行為との因果関係

[1] 損害の発生

CASE20-1 Aは，運送会社Bに雇われ，荷物の仕分け作業に従事していた。あるとき，荷物を宅配便のトラックに積み込むに際して，同僚が荷物を崩し，Aはその下敷きになった。Aはすぐに救急車により病院に搬送されたが，右足に後遺症が残った。しかし，Aは後遺症のハンデを必死の努力で補い，また，Bも事故により後遺症が残ったことから，Aの就労に特別の配慮をしており，事故前とその収入は変わっていない。

【Q】 AはBに対して，安全配慮義務違反を理由に，治療費及び傷害についての慰謝料とは別に，将来の収入減による損害につき賠償請求をしようと考えているが，これは認められるか。

【A】 ○（損害がなければ賠償請求できないが，将来の収入について収入減が考えられる場合には，現在において収入が減っていなくても逸失利益の賠償請求が可能である）

【解説】 人身侵害における逸失利益について考えてもらう問題である。

判例は，いわゆる差額説に依拠し，後遺症が残っても収入が減少していなければ，逸失利益については損害を認めなかった（最判昭42・11・10民集21巻9号2352頁）。その後，最判昭56・12・22民集35巻9号1350頁は，「現状において財産上特段の不利益を蒙ってい」ないとしても，なお後遺症に起因する労働能力低下に基づく財産上の損害がある場合を認め，①事故の前後を通じて収入に変更がないことが本人において労働能力低下による収入の減少を回復すべく特別の努力をしているなど事故以外の要因に基づくものであって，かかる要因がなければ収入の減少を来たしているものと認められる場合とか，②労働能力喪失の程度が軽微であっても，本人が現に従事し又は将来従事すべき職業の性質に照らし，特に昇給，昇任，転職等に際して不利益な取扱を受けるおそれがあるものと認めら

れる場合に，例外の余地を認めている[*1]。

　本問では，後遺症の程度によっては②の可能性があるが，少なくとも①には該当するものと考えられる。そのため，○と考えたい。

　　[*1] 『民法Ⅵ』11-13

[2]　不法行為と権利侵害との因果関係

CASE20-2　　Aの経営する牧場から，牛1頭（以下，甲牛という）が柵を越えて逃げ出した。Bはハイキング中であったが，ハイキングコースに突如甲牛が現れたため，狼狽し，来た道を逆走して逃げた。すると，甲牛が追ってくるので，Bはスピードを上げて必死で逃げた。Bは甲牛から50メートル程度離れ，甲牛も追うのを止めたのを確認したが，そのままの猛スピードで坂を下り降り，さらに200メートル先で木の根っこにつまずき転倒し，顔面を地面に強く打ちつけた。

【Q】　BはAに対して，転倒による治療費等の損害の賠償請求をしようと考えているが，これは認められるか。

【A】　×（718条1項の「その動物が他人に加えた損害」ということはできない）

[解説]　成立要件としての因果関係について考えてもらう問題である[*1]。

　不法行為において，因果関係は2つに分けることができる。まず，権利侵害があった場合に，それによって生じた損害をどこまで賠償するべきかという<u>損害賠償の範囲を確定するための因果関係</u>（相当因果関係），そして，もう一つは，そもそも不法行為によって権利侵害が生じたといえるのかという<u>成立要件としての因果関係</u>である。本問で問題になっているのは後者である。ただ709条ではなく，718条1項の責任なので，同規定の「その動物が他人に加えた損害」といえるのかが問題になる。これも相当因果関係の有無によって判断される。

　そうすると，Aによる牛の管理が十分ではなかったため甲牛が逃げ出したので，牛がBに襲い掛かって怪我をさせれば718条1項の責任を免れない。しかし，確かに「あれなければこれなし」という事実的因果関係はあるが，本問では甲牛によってBが負傷したということは困難である。そのため，×を正解と考える。

　　[*1] 『民法Ⅵ』9-3 以下

■第 21 章■
不法行為責任の成立を阻却する事由
（抗弁事由）

[1] 正当防衛と緊急避難

(a) 正 当 防 衛

CASE21-1 　Aが道路脇の歩道を歩いていたところ，Bが甲車を運転中，交差点で無理に右折をしようとして，対向車線のC運転の乙車と接触してしまい，甲車は制御を失い，Aのほうに向かってきた。ガードレールがあるものの，身の危険を感じたAは，とっさに逃げようと駆け出したところ，前にスマホでゲームをしながら気がつかずのんびり歩いていた大学生Dがいたため，Dに衝突してしまった。Dはそのため転倒し，持っていたスマホを落として壊してしまい，自分も強くガードレールに顔面を打ちつけてしまった。

【Q】　AはDに対して損害賠償義務を負うのであろうか。

【A】　×（720条1項の正当防衛が成立する）

[解説]　正当防衛による違法性阻却について考えてもらう問題である[*1]。

　「他人の不法行為に対し，自己又は第三者の権利又は法律上保護される利益を防衛するため，やむを得ず加害行為をした者は，損害賠償の責任を負わない」ことになっており，これが正当防衛である（720条1項本文）。①本問では，Bの過失による接触事故があり，不法行為の要件を満たす。不法行為は故意であることを要しない。②Aは事故により死亡や負傷を避けようとしたのであり，防衛という要件も満たす。③問題は「やむを得ず」という点である。

　ガードレールがあるので，大型トラックのようにガードレールを突き破る可能性がない限り，歩行者には危険は及ばないはずである。まさにそのためのガードレールである。しかし，ガードレールを乗り越えてくる可能性もあり，やむを得ないという要件を満たしているものといえる。Dに衝突したのも過剰防衛とまでいえず，Dは相当因果関係にある損害として，BまたはCにも過失が認められればCに賠償請求するしかない。よって，Aは賠償義務を負わず，×が正解になる。

*1 『民法Ⅵ』10-2

(b) 緊急避難

> **CASE21-2** Aは，甲オートバイを運転中，突然，道路脇からヒグマが出てきて，前方から自分に向かって走ってきたため，急ブレーキをかけ，方向転換をして，来た道をヒグマを避けるため戻ろうとした。ところが，その後続のB運転の乙車と接触してしまい，Aは転倒するとともに，乙車も損傷を受けた。ヒグマはその様子に驚いて山に戻っていった。その一部始終は乙車のドライブレコーダーに残されている。
>
> 【Q】 AはBに対して損害賠償義務を負うのであろうか。自動車損害賠償保障法は考えなくてよい。

【A】 ○ or △（720条2項の緊急避難は成立しないが，過失が否定される可能性がある）

【解説】 緊急避難による違法性阻却について考えてもらう問題である[*1]。

「他人の物から生じた急迫の危難を避けるため<u>その物を損傷した場合に</u>」は，加害者は損害賠償責任を免れる（720条2項）。これを**緊急避難**という。刑法と比較すると，刑法37条1項は，「自己又は他人の生命，身体，自由又は財産に対する現在の危難を避けるため，やむを得ずにした行為」となっているのに対して，避難行為として違法性が阻却される行為が，<u>「その物を損傷」する行為</u>に限定されている。そのため，本問にはあてはまらない。

飼育されている動物であれば，718条1項の不法行為の可能性があるので，正当防衛になるが，本問は野生のヒグマである。このような制限を不合理なものとして拡大解釈をする学説があるが，判例は不明である。そのため，条文をそのまま適用する限り，Aは責任を免れず○ということになるが，ただ過失が否定される可能性が残される。そのため，△ということも考えられる。

*1 『民法Ⅵ』10-5

[2] 社会的相当行為・危険の引受け

> ### CASE21-3
> 　Aはゼミの夏合宿に参加し，体育館で行われたスポーツレクリエーションとしてのドッジボール大会において，Bの投げたボールが顔面に当たり転倒し，右腕を床に着いた際に右腕を脱臼してしまった。Aはそのまま救急車で病院に搬送され，治療を受け，脱臼で全治3カ月と診断された。そのため，合宿後にあったロースクールの入学試験において，利き腕が固定されて思うように使えず，答案がうまく書けずに不合格になってしまった。
>
> 【Q】　AがBに対して損害賠償請求をしたならば，この請求は認められるか。

【A】　×（危険の引受けの相当範囲である）

[解説]　違法性阻却事由について考えてもらう問題である。

　条文規定はないが，社会的に相当なお互い様の行為は——音や臭いといった受忍限度論があてはまる行為については受忍限度を超えないとそもそも違法ではない——，社会的に相当な範囲内であれば，違法性が阻却される。また，スポーツなどある程度危険を伴う活動に任意に参加する者は，その相当の範囲内での危険の実現については，リスクをお互いに引き受けており，やはり原因行為者の行為は違法性が阻却される[*1]。

　本問では，ドッジボールであり，そもそも参加者にボールをぶつけるという身体に加害をもたらすことが競技内容になっており，相当な範囲内であれば——逃げ遅れた者に至近距離で全力でぶつけても許容限度内——それにより運悪く怪我をする者が出ても，引き受けた危険の範囲内の自己責任ということになる。保険などをあらかじめつけて，そのようなリスクは参加者全員で負担しておくことが望ましい。AはBの責任を問うことはできず，×が正解である。

　[*1]『民法VI』10-6

■第 22 章■

不法行為責任の効果

[1] 損害賠償の方法──金銭賠償の原則

> **CASE22-1**　　　Aの自宅の道路沿いのフェンスに，ある日の深夜，Bがスプレーで絵を描いていた。物音に気がついたAは，すぐに表に行き，逃げたBを追いかけて捕まえた。
> **【Q】**　Aは，Bにフェンスのスプレーを自分で消させたいと思っている。この請求は認められるか。

【A】　×（金銭賠償主義が採用されている）

［解説］　不法行為の効果について考えてもらう問題である。

　　BはA所有のフェンスに落書きをしており，所有権侵害の不法行為が成立する。その効果については，722条1項が417条を準用し，金銭賠償主義が採用されている。いわゆる現実賠償，本問でいうとBに自らフェンスの落書きを消すことによる損害の回復をさせることはできない[*1]。Aが自ら業者に依頼してペンキを塗り直すなどして落書きを消して，そのかかった費用をBに賠償請求するしかないことになる。ただし，特約は可能であり，Bが，自分が責任をもって落書きを消すことを約束した場合には，賠償方法についての特約として──互譲はないので和解ではないし，また，更改とまでいう必要もない──その履行を求めることができる。

　　AB間で特約がされない限り，AはBに対して金銭による損害賠償を請求しうるだけであり，×が正解になる。

　　[*1] 『民法Ⅵ』 *11-1*

[2] 身体・生命侵害による損害賠償

CASE22-2 Aが甲車を運転中，B運転の乙車と接触した。Bが運転中，スマホを床に落としたため，それを拾おうとした際，前方の注視を怠り，対向車線にはみ出てしまったのが事故の原因である。Aは乙車との衝突を避けようとハンドルを右に切り，乙車と接触後，道路脇の電信柱に衝突し，救急車で病院に緊急搬送された。Aには，この事故により重大な後遺症が残った。AB間の賠償交渉がまとまらず，AはBに対して損害賠償を求める訴訟を提起した。

第Ｉ審判決が出される前に，Aは横断歩道を歩行者信号青で杖を突いて渡っていたところ，Cが丙車をスマホを操作しながら運転していて，赤信号を見落として，Aに丙車を衝突させてしまった。この事故が原因で，Aは翌日死亡した。Aの訴訟は唯一の相続人である妻Dが承継した。

【Q】 Dは，AのBに対する，①後遺症による生涯分の逸失利益の賠償請求権，また，②後遺症による生涯分の介護費用の賠償請求権を，Aの死亡により相続を原因として取得することができるか。

【A】 ①○（事故後に死亡しても，一度成立して一生涯分の逸失利益の賠償請求権は消滅しない），②×（介護費用については，死亡までの実際にかかった介護費用分しか請求できない）

[解説] 後遺症による稼働可能期間分の将来の逸失利益の賠償請求権，及び，死亡までの生涯の介護費用の賠償請求権の成立時期の問題と関連させて，訴訟中に被害者が死亡した場合に，その賠償請求権がどうなるのかを考えてもらう問題である。難易度の高い問題である。

後遺症による逸失利益は働けず収入が得られなかったことによって賠償請求権が時の経過とともに漸次成立していくのではなく，また，介護費用も実際に支払った介護費用分の損害賠償請求権が成立していくのではない。それでは，5年毎に時効（724条の2）にかからないように訴訟を提起しなければならず面倒なことこの上ない。そのため，判例は，将来の分も一気に全部不法行為時に損害賠償請求権が成立するものと認め，ただ将来の分を現在受け取ることになるので中間利息を差し引いている。

そうすると，不法行為と同時に将来のすべての逸失利益の損害賠償請求権及び

介護費用の損害賠償請求権が成立していることになる。しかし，これは便宜的な擬制であり，被害者が死亡した場合にまで貫くべきなのかは，2つの損害で異なる扱いがされている。

①逸失利益の損害賠償請求権については，「交通事故の時点で，その死亡の原因となる具体的事由が存在し，近い将来において死亡が客観的に予測されていたなどの特別の事情がない限り，右死亡の事実は就労可能機関の認定上考慮すべきものではない」とされ，既にすべての損害賠償請求権が成立しているという擬制が維持されている（最判平8・4・25民集50巻5号1221頁）[*1]。そのため，①についてはDが相続することになり，○が正解になる。

②他方で，介護費用については，実際に支払ったことを損害とするものであり，将来の分の擬制は公平の観点から認めることは限界的な権利である。そのため，判例は，「被害者が死亡すれば，その時点以降の介護は不要となるのであるから，もはや介護費用の賠償を命ずべき理由はなく，その費用をなお加害者に分させることは，被害者ないしその遺族に根拠のない利得を与える結果となり，かえって衡平の理念に反する」と，逸失利益とは異なる解決をした（最判平11・12・20民集53巻9号2038頁）[*2]。したがって，②は×が正解になる。

[関連して考えてみよう]　逸失利益について，Bによる事故の結果による稼働能力喪失分につき，Bに対してその減少分の賠償請求権が発生した後に，Cによる事故で死亡したことにより残稼働能力による収益がなくなるため，その事故の時から稼働可能年数分の損害賠償——比喩的にいうとBが60%分の賠償に対して，Cは残りの40%分の賠償——請求権が成立し，これがDに相続されることになる。死亡したため生活費控除がされるが，これは死亡させたCの損害賠償請求権からのみ控除される。なお，死亡による財産的損害・精神的損害のいずれについても相続を認めるのが判例の確立した立場である。

[*1]『民法Ⅵ』 *11-14*　　[*2]『民法Ⅵ』 *11-15*

[3]　損害賠償の範囲

CASE22-3　　Aはタクシーの運転手をしているが，甲車においてエンジンをかけて暖房を効かせたまま仮眠中に，室内に排気ガスが充満し，意識を失った。Aと連絡がとれないことから，使用者たるタクシー会社が，近くを走行中の他の社員に調査に行かせたところ，Aがぐったりしているのを発見した。Aは救急隊により助け出され，救急措置を受け，病院に入院した。

Aは，この一酸化炭素中毒事故から約１カ月後に職場に復帰した。それから１週間後に，Aが甲車に乗り，信号で停車中に事故にあった。後続のBがスマホを見ながら乙車を運転していて，前方不注視のためブレーキをかけるのが遅れて，乙車をAの甲車に追突させたのであった（以下，本件事故という）。

　Aは，本件事故により，頭部，頸部及び脳に対し，相当に強い衝撃を受け，これが一酸化炭素中毒による脳内の損傷に悪影響を負荷した。本件事故による頭部打撲傷と，一酸化炭素中毒とが併存競合することによって，一旦は潜在化ないし消失していた一酸化炭素中毒における各種の精神的症状が顕在発現して，長期にわたり持続し，次第に増悪し，Aは本件事故から３年後に死亡した。

【Q】　Aの唯一の相続人である妻Cは，Bに対して，死亡によるAの損害についてまで賠償請求権を相続を原因として取得しうるのか。

【A】　○（賠償範囲は416条２項の類推適用により画され，特別事情による損害の拡大は，不法行為においてはよほどでないと否定されることはない）

[解説]　損害賠償の範囲について考えてもらう問題である。

　不法行為における損害賠償の範囲については，判例は416条を相当因果関係についての規定と考えた上で，同規定を類推適用している。しかし，計算可能性が要求される債務不履行責任（契約責任）とは異なり，予見可能性を問題とするのは適切ではないと批判されている。しかし，判例は予見可能性を否定することはなく，実際の運用をいわば債務不履行とダブルスタンダードによっているものといえる*1。

　本問でも，Bが，衝突した前の車を運転しているAが，１カ月前に上記のような事故により一酸化炭素中毒になっていることを予見することは不可能である。しかし，およそこの世にありうることをすべて予見可能性ありとして処理し，後述の素因減額により公平な調整を図るのが判例であるといえる。ゼロか全額かというオール・オア・ナッシングの処理ではなく，責任を認めた上で金額を素因減額により調整するのである。本問でも相当の割合で減額されることになる。

　しかし，減額はされるものの，Aの死亡についてもBによる追突事故と相当因果関係を認められることになり，○が正解である。相続肯定説を判例が採用して

いることは［CASE22-2］に説明した。

*1 『民法Ⅵ』*11-20* 以下

[4] 損害賠償請求権者——間接被害者

⒜ 精神損害について

❶ 請 求 権 者

CASE22-4　　A は前夫と離婚をして，5 歳の B（男児）の親権を取得して，B と生活をしていた。その後，働きに出た勤め先で，A は C と出会い，再婚した。AB と C は同居するようになったが，C は B と養子縁組をしていない。しかし，B は実の親子のように母の夫である C に懐いており，C のことをパパと呼んで，家族 3 人で旅行に行ったり，遊びに行ったりしている。A が C と再婚してから 3 年後，C が D の飲酒運転による交通事故により不慮の死を遂げた。C の相続人は，C の両親と A である。AC 間には子はいない。

【Q】　この場合，A とともに，B も D に対して慰謝料の支払を請求することができるか。

【A】　○（B にも 711 条が類推適用される）

【解説】　遺族の慰謝料請求権を規定した 711 条の類推適用について考えてもらう問題である。

　　C は B を養子とはしていないため親子関係はなく，あくまでも妻の血のつながりのない子（姻族）にすぎない。711 条は，親，子または配偶者に遺族固有の慰謝料請求権者を限定している。しかし，BC は事実上の親子ともいうべき関係であり，本当の親子同様の精神的苦痛を受けるはずである——これは B が死亡した場合も同じ——。夫の障害のある妹が夫の妻の庇護のもとに長年にわたって生活をしてきた事例で，この妹からいうと兄の妻の交通事故による死亡事例で，この妹に 711 条の類推適用により固有の慰謝料請求が認められている（最判昭 49・12・17 民集 28 巻 10 号 2040 頁）[1]。

　　よって，本問でも，B は D に対して 711 条の類推適用により固有の慰謝料の請求ができ，○が正解となる。

*1 『民法Ⅵ』*11-32*

CASE22-5　　Aは前夫と離婚をして，2歳のB（女児）の親権を取得して，Bと生活をしていた。Aは，働きに出て，母子家庭で苦労をしてBを育てていた。離婚より7年後に，Bは，Cの飲酒運転による交通事故にまき込まれ，重大な後遺症が残り，顔面にも醜状が残った。そのため，明るく活発であったBは元気がなくなり，将来を悲観している。

【Q】　この場合，Bだけでなく，AもCに対して慰謝料の支払を請求することができるか。

【A】　○（Aにも709条，710条による慰謝料請求権が認められている）

[解説]　遺族の慰謝料請求権を規定した711条に該当しない被害者の負傷事例で，親が慰謝料を請求できるのかを考えてもらう問題である。

　判例は，死亡以外への拡大については，711条の類推適用ではなく，「Xはその子の死亡したときにも比肩しうべき精神上の苦痛を受けたと認められるのであって，かかる<u>民法711条所定の場合に類する本件においては，Xは，同法709条，710条に基いて，</u>自己の権利として慰藉料を請求しうる」と説明する（最判昭33・8・5民集12巻12号1901頁）。原審判決は711条の類推適用と説明したのをあえて変更したものである[*1]。未だ類推適用ということが簡単には認められていなかった時代であり，[CASE22-4]では711条の類推適用が認められている。将来的には，判例により本問も711条の類推適用によることが予想される。

　法的構成は措くとして，本問でも，AもCに対して固有の慰謝料を請求できることになり，○が正解となる。

[関連して考えてみよう]　ところで，本問では，治̇療̇費̇は誰が賠償請求できるのであろうか。Bの後遺症による逸失利益はBしか請求できないのは当然である。Bの介護費用については，Aが親権者の監護義務に基づいて負担することになるが，便宜上，未成年者でも監護費用は未成年者自身の損害として賠償請求が認められている。この点は，治療費も同様であり，母親Aが実際には支払うとしても，子の損害としてBが賠償請求することも認められている。ただし，親が賠償請求することも可能とされ──理論よりも便宜的な考慮が優先──，その根拠としては422条の類推適用という説明を提案する学説がある。

[*1] 『民法Ⅵ』11-33

(b) 財産的損害について

CASE22-6 Aは，Bから甲建物を賃借し，α薬局の名で薬局を個人で経営していたが，これを法人化することを考え，C会社を設立し，その商号をα薬局と定めた。定款上，AがCの代表取締役になり，その妻と親戚が名目上取締役になっているが，報酬も受け取っておらず，仕入れなどの取引は従前通りAが「α薬局」の名で行っており，実態はなんら変わっていない。

あるとき，Aが商品の仕入れに向かう途中，Aは，Dの運転する乗用車に，Dの過失により追突され，これにより1週間入院し，Cのα薬局はAが1人ですべての事業を行っていたため，α薬局をこの1週間は休業せざるをえなかった。

【Q】 この場合，Aだけでなく，CもDに対して1週間の休業による逸失利益の賠償を請求することができるか。

【A】 ○（法人化されていても形骸化している場合には，経営者個人の負傷により会社に損失が生じた場合，会社自体も賠償請求ができる）

【解説】 いわゆる企業損害といわれる問題を考えてもらう問題である[*1]。

会社の従業員——たとえば，有名なレストランのシェフ——が事故で負傷して就労できず，それにより使用者が損害を被っても，それは債権侵害の不法行為類型であり，使用者に損害を与えようという意図で行われた場合でなければ，使用者に対する不法行為とまではならない。これは，取締役の場合も，雇用契約が委任契約に変わるだけで，債権侵害であるという本質に差はないはずである。

ところが，本問のような個人企業については，個人＝会社とでもいうべき実体であり，判例は異なる解決をしている。「俗にいう個人会社であり，その実権は甲個人に集中して，甲には乙会社の機関としての代替性がなく，経済的に甲と乙会社とは一体をなす関係にある」ということから，乙による賠償請求が認められている（最判昭43・11・15民集22巻12号2614頁）。

以上より，Aが個人で賠償請求してもよいし——Aは当然この他に慰謝料また治療費の賠償請求ができる——，Cが会社として——Aが代表して——賠償請求してもよいことになり，○が正解である。

[*1] 『民法Ⅵ』11-34

[5] 慰謝料請求権の一身専属性
── 特に名誉毀損による慰謝料請求権

CASE22-7　　Aは，B会社が出版している週刊誌に，その名誉を毀損する記事が掲載されて，憤慨している。Aは，Bに対して慰謝料の支払を求める訴訟を提起するかどうか検討している。しかし，経営している会社が倒産し，会社の債務について連帯保証人になっていたため，賠償金をとってもどうせ債権者への賠償資金にしかならないので，弁護士費用をかけてまで回収することには及び腰である。

【Q】　この場合，Aに対して金銭債権を有するCが，Aに代位してBに対して慰謝料の支払を自分に対してなすよう求める訴訟を提起したとして，この請求は認められるか。

【A】　×（名誉毀損による慰謝料請求権は，判決などで確定されない限り代位行使はできない）

[解説]　慰謝料請求権の一身専属性を考えてもらう問題である[*1]。

　判例は（最判昭58・10・6民集37巻8号1041頁），①「名誉を侵害されたことを理由とする被害者の加害者に対する慰藉料請求権は，……これを行使するかどうかは専ら被害者自身の意思によって決せられるべきもの」であるという性質に加えて，②「その具体的金額自体も成立と同時に客観的に明らかとなるわけではなく，被害者の精神的苦痛の程度，主観的意識ないし感情，加害者の態度その他の不確定的要素をもつ諸般の状況を総合して決せられるべき性質のものであることに鑑みると，被害者が右請求権を行使する意思を表示しただけでいまだその具体的な金額が当事者間において客観的に確定しない間は，被害者がなおその請求意思を貫くかどうかをその自律的判断に委ねるのが相当であるから，右権利はなお一身専属性を有するものというべきであって，被害者の債権者は，これを差押えの対象としたり，債権者代位の目的とすることはできない」という。

　この結果，Aが慰謝料請求をしてくれない限り，債権者は慰謝料からは回収ができないが，慰謝料というものは所詮そういったものである。生命侵害による慰謝料については，本人による行使が考えられず，判例は当然相続を認めている。名誉毀損による慰謝料について，本人が行使する前に死亡したらどうなるのであろうか。本人に決定を任せるというのは，本人が生存している間にあてはまるも

のであり，また，本人の死亡により加害者に棚ぼた的利益を与えるのも問題である。この点は措くが，本問ではCは代位行使は許されず，×が正解になる。

*1 『民法Ⅵ』11-37 以下

■第 23 章■
損害賠償の調整

[1] 損 益 相 殺

> **CASE23-1**　　Ａは，Ｂ会社の社員Ｃにより投資を勧誘され，これに応じて資金を何度にもわたって投資し，合計 2000 万円の投資をしたものの，最初の 2 度ほど配当金として合計 100 万円を受け取っただけで，それ以外はすべて損失となった。その後，Ｂの行っている投資取引は法令に違反する詐欺的取引であることがわかり，ＡはＢ及びＣに対して，支払った 2000 万円を損害としてその賠償を求めた。これに対して，Ｂ及びＣは，Ａはこの取引で 100 万円を配当金として受領しているので，100 万円を損益相殺として差し引くべきであると主張している。
>
> 【Ｑ】　Ｂ及びＣの損益相殺の主張は認められるか。

【Ａ】　×（利益はあるが，これを損害賠償から差し引くことは許されない）

［解説］　損益相殺の可否を考えてもらう問題である。

判例は，やみ金による超高金利で，借主（被害者）が支払った金額を損害として賠償請求した事例で，受け取った元本分を損益相殺することを否定している（最判平 20・6・10 民集 62 巻 6 号 1488 頁）。708 条本文で元本の返還請求ができず，また相殺もできないので，損益相殺を認めることはこれらを潜脱することになるからである。また，本問のような事例でも，同様に配当金を損益相殺することを否定している（最判平 20・6・24 判時 2014 号 68 頁）。

708 条とのバランス論は，Ｂについては妥当するが，Ｃは返還請求権を何も有していないので 708 条とのバランス論は妥当しない。やはり，公平・正義の観点から，Ｃについても損益相殺を否定すべきである。この点は判例がないが，Ｃについては損益相殺の主張を認める判決が出されることは考えられない。

こうして，ＢＣの損益相殺の主張は認められるべきではなく，×が正解である。

*¹『民法Ⅵ』*12-1*

　　　　Aは，自己所有の甲地上に，B会社に建物の建築を依頼し，Bは建物（以下，乙建物という）の建築を完成させた。ところが，乙建物は，材料費を減らすために設計とは大きく異なる柱の材質，柱や壁の強度となっており，特に基礎工事については杜撰な手抜き工事がなされ，土台と接合していない部分さえみられた。Aは，乙建物での居住開始後，数カ月して建物の壁にひびが入り，ドアの建て付けが悪くなり，床が微妙に傾き，ボールを床に置くと転がりだす始末であった。

　そのため，Aが，引渡しから5カ月後に，Bに苦情を述べたところ，基礎工事を下請け業者に行わせたため，下請け業者が杜撰な手抜き工事をしたものであると陳謝をし，補強工事を提案してきた。Aは，専門の検査業者に検査を依頼したところ，補強工事で済むような程度ではなく，建替えしか地震の際の倒壊の危険を避ける方法はないという検査結果が出された。

　あくまでも補強工事にこだわるBの提案を拒絶し，Aは，乙建物を取り壊し，別の業者に新たな建物の設計に基づいて建物（以下，丙建物という）を建築してもらった。引渡しより1年後に，Aは甲建物を取り壊し，丙建物がそれから3カ月後に完成するまでの3カ月間は，アパートを借りて住んでいた。

　AはBに対して，建替え費用，引越し費用，3カ月間のアパートの賃料，検査業者に支払った検査費用，乙建物の所有権保存登記関係の費用等を損害として，その賠償を求め，さらに慰謝料の支払も求めた。これに対して，Bは，丙建物には乙建物と同じ期間居住できるのに，1年間の居住利益を享受したので，この1年分居住利益を損益相殺すべきことを主張した。

【Q】　Bの損益相殺の主張は認められるか。

【A】　×（利益はあるが，これを損害賠償から差し引くことは許されない）

[解説]　損益相殺の可否を考えてもらう問題である。

　地震により倒壊しかねない建物の建築は不法行為になり，損害発生を避けるため建物を取り壊すことは不法行為によって生じた損害として，不法行為を理由に賠償請求ができる（☞[CASE17-2]）。引越費用や賃料等も相当因果関係にある損害といえる。ただ問題は，乙建物の取壊し費用は損害を回避するための費用であり，不法行為を理由として賠償請求が認められてよいが，丙建物を建築する費

用はいわば請負契約上の債務を追完するための費用であり，契約の履行にかかわる費用であり，債務不履行を問題にはできるが，不法行為では賠償できないのではないかという疑問がある。判例は建替え費用全部を不法行為による損害として認め，その賠償を命じ——相当因果関係の存在を理由とするものといえる——，財産損害であるが慰謝料まで認める。

　ところで，損益相殺については，注文者からの買主による損害賠償請求について，「当該買主からの工事施工者等に対する建て替え費用相当額の損害賠償請求において損益相殺ないし損益相殺的な調整の対象として損害額から控除することはできない」とされている（最判平 22・6・17 判時 2080 号 55 頁）*1。利益を否定したのではなく，損益相殺の対象とされるべき利益ではないという説明である。よって，Bの損益相殺の主張は許されず，×が正解である。

　*1 『民法Ⅵ』12-1

[2]　過失相殺

(a)　過失相殺能力

CASE23-3　　AとBは8歳の男児であり，Cがスーパーで買い物をしている間，入口の支柱にひもでつながれていたCの飼犬甲犬を見つけ，甲犬にちょっかいを出した。ABのちょっかいは次第にエスカレートしていき，落ちていた棒でつつくようにまでなった。そのため甲犬が恐怖を覚えて，Aに対して噛みついた。驚いたAは，逃げ出して，通りかかった自転車にぶつかり転倒して，右手を骨折した。

【Q】　A（親権者が代理して）はCに対して，噛みつかれたこと及び転倒した骨折につき損害賠償を求めたのに対して，Cは過失相殺を主張している。Cの過失相殺の主張は認められるか。

【A】　○（過失相殺には事理弁識能力があればよい）

[解説]　過失相殺能力を考えてもらう問題である。

　過失相殺のためには，責任を負わせるのではなく，**責任弁識能力ではなく**——甲犬がABのいたずらにより怪我をしても，ABには責任はなく，監督責任者の責任が問題になる——公平の観点からの調整であるため**事理弁識能力があればよ**いと考えられている（最大判昭 39・6・24 民集 18 巻 5 号 854 頁）。8歳の男児

について過失相殺が認められている[1]。

　本問では，ABがちょっかいを出したのであり，718条1項の適用自体が問題になるが，その適用を認めるとしても，8歳であり事理弁識能力が認められ，過失相殺が可能になる。よって，事理弁識能力の程度により過失相殺の程度が変わるのかは問題にはなるが（8歳と15歳で同じ過失相殺率でよいのか），Aにつき過失相殺は認められ，○が正解になる。

　　[1] 『民法Ⅵ』12-4

(b)　複数当事者間の過失相殺

CASE23-4　　Aは，深夜，外灯もない二車線の道路で，ハザードランプも出さずに，道路脇に甲車を停めて，仮眠をしていた。そこに，甲車の車線後方からB運転の乙車が近づいてきたが，甲車の発見が遅れ，甲車を避けるため，とっさに反対車線に回避しようとした。ところが，たまたま反対車線には，Cの運転する丙車が通りかかり，Cも甲車を見落とし，乙車が反対車線に飛び出してくることを予見せずに，何ら減速せずに現場にさしかかり，そのため乙車と丙車とが接触しそうになり，Cが乙車を避けるためハンドルを切ってガードレールに衝突した。甲車と乙車には被害はない。

　A・B・Cのそれぞれの本件事故についての過失割合は，1対4対1と評価できる。Cが丙車の損傷につき受けた損害は600万円であり，これをABに対して賠償請求しようと考えている。

【Q】　CはABに対して，Cの過失割合である6分の1を差し引いた，500万円につき，ABに連帯して賠償を求めているとして，これは認められるか。

【A】　○（同時的事故については，絶対的過失相殺がなされる）

[解説]　複数の者が同時的の事故に関与する場合に，過失相殺の仕方を考えてもらう問題である[1]。

　判例は，このような事例で，Cの主張するような，いわゆる**絶対的過失相殺**を採用した。その原審判決は，いわゆる**相対的過失相殺**により，AC間，BC間でそれぞれの過失割合による過失相殺をした。この方法だと，AC間は1対1なので300万円の賠償請求ができ，BC間では4対1なので，480万円の賠償請求ができ，ABは300万円の限度で連帯して賠償することになる。

ところが，最高裁は絶対的過失相殺を採用し，Ｃにつき６分の１を全員との関係で過失相殺し，残り 500 万円について，AB が連帯して賠償することを認めた（最判平 15・7・11 民集 57 巻 7 号 815 頁）――AB 間の求償も 100 万円対 400 万円で計算される――。相対的過失相殺は，共同不法行為の場合には全員から全額の賠償を取れるという 719 条の趣旨に反するからである。よって，○が正解になる。

［関連して考えてみよう］　同じく同一損害に複数人が関与しているが，異時的不法行為である場合には，判例も相対的過失相殺を採用する（最判平 13・3・13 民集 55 巻 2 号 328 頁）。交通事故につき被害者に過失があり，医療過誤につき被害者側（被害者が子で母親の過失）に過失があった事例（☞［CASE33-3］）で，「過失相殺は各不法行為の加害者と被害者との間の過失の割合に応じてすべきものであり，他の不法行為者と被害者との間における過失の割合をしん酌して過失相殺をすることは許されない」としている（求償の計算は複雑になる）。

　*¹ 『民法Ⅵ』12-5

(c)　使用者の過失と過失相殺

CASE23-5　　Ａ会社の社員Ｂは，Ａ所有の甲車を運転していて，交差点に差し掛かったところ，Ｃ運転の乙車が無理に右折をしようとしたため，これに接触し，バランスを失い，甲車をガードレールに衝突させてしまった。Ｂにも前方不注視の過失があり，BC の過失割合は，３対７である。Ａは，甲車の損害として 500 万円をＣに対して賠償請求をしようとしている。これに対して，Ｃは，Ｂの過失を過失相殺して 350 万円の賠償を主張している。
　【Q】　Ｃの過失相殺の主張は認められるか。

【A】　○（被用者の過失は使用者の過失と同視される）

［解説］　被用者に過失があった場合の使用者の損害賠償請求について，過失相殺の可否を考えてもらう問題である。
　Ａの所有の甲車を，ＢとＣとが両者の過失により侵害したことになり，共同不法行為が成立する。そうすると，Ａは BC に対して，共同して損害 500 万円全額の賠償請求ができるかのようである。しかし，「該自動車従業員にも過失ありたるときは，同条に所謂被害者の過失中に包含するものと解するを相当とす」として，被用者に過失があった場合には，その使用者の損害賠償請求について過失相

殺をすることが認められている（大判大9・6・15民録26輯884頁）[1]。理由は述べられていないが，使用者として負担すべきリスクであり，使用者責任の趣旨が根拠といえよう。

このため，AはBに対しては全額請求できるかは信義則による制限により決まるが，Cに対してはBの過失分を差し引いた7割分の350万円しか賠償請求ができないことになる。よって，○が正解である。

  [1] 『民法Ⅵ』12-11

(d) 被害者側の過失

> **CASE23-6**　　Aは，妻Bを助手席に同乗させて，甲車でスーパーに買い物に行く途中，信号のないT字路において，道路に侵入してきたC運転の乙車と接触した。これにより，Aは甲車の助手席側を電柱に衝突させ，助手席に乗っていた妻Bが負傷した。本件事故についてのACの過失割合は，1対1である。BのCに対する200万円の損害賠償請求に対して，Cは，ACの過失割合による過失相殺を主張している。
> 【Q】　Cの過失相殺の主張は認められるか。

【A】　○（いわゆる被害者側の過失が認められる）

[解説]　同一家計（財布は1つ）の者が加害者の1人となっている場合には，被害者たる他の家族の賠償請求について過失相殺が認められることを考えてもらう問題である[1]。

親が未成年子の監督を怠って，幼児が道路に飛び出して事故にあうといったように，被害者本人の過失相殺を問題にできなくても，親の過失をいわゆる被害者側の過失として考慮することが認められている（最判昭44・2・28民集23巻2号525頁）。その後，本問のような夫婦においても，被害者側の過失の法理が適用されている（最判昭56・2・17判時996号65頁）。この判決はその根拠の説明もしており，同じ家計であり，Bが200万円の賠償金をCから得ても，CがAに対して100万円の求償をすることになり，結局AB夫婦としては残るのは100万円であり，だったら最初から簡易に清算して100万円のみの賠償請求に制限しようというのである。

Bの財産とAの財産は別であり（夫婦別産制），この法理が妥当なのかは疑問はあるが，判例があるので，Cの過失相殺の主張は認められることになり，○が

正解になる。

[3] その他の損害賠償の調整事由
──被害者の身体的・精神的素因の斟酌

> **CASE23-7** Aは中年の女性であり，独身で子どももいない。Aが，甲車でスーパーに買い物に行く途中，Bの運転する乙車により追突された（本件事故）。本件事故については，Aには過失はなく，Bの前方不注視による一方的過失であった。
>
> Aは本件事故により，頸椎に軽度の負傷を受けたが，保険会社を介した賠償交渉がうまくいかないことから，賠償神経症にもなり，事故から5年以上経過してもなお通院を続けて，薬の処方を受けている。これにはAの精神的な要因が大きく寄与している。AはBに対して，ことあるごとに賠償を求め，Bは自己に非があるので，そのたびに陳謝して，必ず賠償すると約束をしているが，Aの請求する金額があまりにも常識を外れた高額なので，支払交渉がいつまでもまとまらない。Aが弁護士をつけて，慰謝料と5年分の治療費の支払を求めて訴訟を提起した。
>
> 【Q】 AによるBに対する5年分の治療費全額についての賠償請求が認められるか。

【A】 ×（相当因果関係により損害の範囲が制限されるだけでなく，相当因果関係が認められる損害についても素因減額がされる）

【解説】 被害者の素因が寄与して損害が拡大した場合に，賠償金の減額が認められるのかを考えてもらう問題である*1。

判例（最判昭63・4・21民集42巻4号243頁）は，被害者の心因的素因が寄与して損害が拡大した場合に，722条2項の類推適用を認めている。本判決は2年分の治療費のみが相当因果関係にある損害であるとして制限した上で，その2年分についても，「身体に対する加害行為と発生した損害との間に相当因果関係がある場合において，その損害がその加害行為のみによって通常発生する程度，範囲を超えるものであつて，かつ，その損害の拡大について被害者の心因的要因

が寄与しているときは，損害を公平に分担させるという損害賠償法の理念に照らし，裁判所は，損害賠償の額を定めるに当たり，民法 722 条 2 項の過失相殺の規定を類推適用して，その損害の拡大に寄与した被害者の右事情を斟酌することができる」という一般論を宣言する（実際に 6 割減額）。[CASE22-3] にみたように，被害者の既往症も考慮される

　本問でも，まず相当因果関係の観点から賠償範囲が画され，その範囲内とされた治療費についても，心因的素因の寄与を認めて減額がされるものと思われる。したがって，全額の賠償請求はできないので，×が正解になる。

*1 『民法Ⅵ』12-18 以下

CASE23-8

　Aは，B会社に 4 月に大卒の新入社員として入社したが，入社してすぐから，仕事を終えて会社を出るのが午前 0 時過ぎというのが普通であり，忙しい時期には，午前 2 時以降にタクシーで帰宅し，シャワーを浴びて仮眠して 7 時には会社に向けて家を出るという状態が続いた。Aの母親ら家族は，Aの健康のことをひどく心配している。

　入社 3 カ月後頃に，Aは仕事で大きなミスをしたことから，上司Cに叱責され，そのことによる心労もあり，うつ病の症状を呈するようになった。しかし，Cは，Aの様子がおかしいことに気がついたものの，特に仕事量を減らしたり，他のより楽な職場に変更するなどの配慮をすることがなかった。

　Aは入社 5 カ月後に，大学在学中から付き合っていた彼女に振られてしまい，さらに落ち込むようになった。Aの家族は，会社を辞めるよう勧めたが，Aはそのまま仕事を続けた。入社 7 カ月を過ぎた頃，Aはまた大きなミスをしてしまい，Cに叱責され，大きく落ち込んでいた。翌朝，会社に行くために家を出たものの，会社に行くとCに昨日のことでまた叱責されかねないと憂鬱になり，駅のホームで電車を待っていて，ホームを通過する特急列車に咄嗟に飛び込み，Aは即死した。Aのうつ病には，Aの性格的な精神的弱さが大きく寄与しており，Aの同期入社には他にうつ病になった者はいない。

【Q】　Aの相続人である両親 DE は，Aの死亡による損害賠償請求権を相続を原因として取得したものとして，Bに対して賠償を求める訴訟を提起した。これに対してBは，Aの心因的素因を理由に減額を主張しているとして，Bの減額の主張は認められるか。

【A】　×（使用者であるBは，Aの心身の状況を配慮して就労させる安全配慮義務を負うので，減額は許されない）

[解説]　被害者の心因的素因が寄与して損害が発生また拡大した場合に，安全配慮義務違反の事例でも素因減額が認められるのかを検討してもらう問題である[*1]。

　[CASE23-7] では，<u>心因的要素が作用しているのは，交通事故の加害者の手を離れた後の被害者側の排他的な領域においてである</u>。ところが，本問では，Bは社員の心身の健康を守る安全配慮義務があり，それは社員の特性を見極めて社員ごとの対処が要求されるものである。B——の履行補助者C——は，Aの特殊性を見極めてそれに対応した就労を配慮しなければならないのである。そのため，最判平12・3・24民集54巻3号1155頁（電通事件判決）は，被用者の心因的素因が影響したところの過労によるうつ病罹患またその後の自殺について，<u>722条2項の類推適用を否定した</u>。本問でも，Bの減額の主張は認められず，×が正解になる。

　　[*1] 『民法Ⅵ』*12-20*

CASE23-9

　Aは，甲車を運転していて，Bの運転する乙車の追突を受け，これにより頸椎を負傷した（本件事故）。本件事故は，Bの一方的な過失によるものであり，Bが前方不注視で，前に停車しているAの甲車に気がつくのが遅れ，急ブレーキを踏んだが間に合わなかったものの，徐行していたため，速度5〜10キロ程度で軽く追突したにすぎない。

　普通ならば，この程度の衝突で頸椎を負傷することはないが，Aは普通の人よりもかなり首が長かったため——ただし，病気によるものではない——，この程度の衝撃でも頸椎に負傷を負ったものであった。AがBに対して，甲車の修理代の他に，頸椎の負傷による損害の賠償請求をした。

【Q】　Aの上記請求に対して，Bは，頸椎の損傷はAの身体的要因が大きく寄与しており，その治療費を全額負担するのは公平ではないと減額を主張した。Bの減額の主張は認められるか。

【A】　×（疾病とはいえない身体的特徴には，722条2項の類推適用は認められない）

[解説]　被害者の身体的特徴が寄与して損害が発生・拡大した場合に，賠償金の

減額が認められるのかを考えてもらう問題である*1。

　最判平 8 ・10・29 民集 50 巻 9 号 2474 頁は，<u>722 条 2 項の類推適用を否定</u>する。「被害者が平均的な体格ないし<u>通常の体質と異なる身体的特徴</u>を有していたとしても，<u>それが疾患に当たらない場合</u>には，特段の事情の存しない限り，被害者の右身体的特徴を損害賠償の額を定めるに当たり斟酌することはできない」と判示する。身体的特徴と疾病の区別は微妙であるが，本問でも A の首が長いのは病気ではないので，減額は許されないことになる。よって，×が正解になる。

　*1 『民法Ⅵ』12-20

■第 24 章■

損害賠償と相続

[1] 逸失利益の賠償請求権の相続

> **CASE24-1** A（男・28 歳会社員）は交差点で信号待ちをしていた。そこに，Bの運転する甲車が，無理に右折をしようとして，直進の車と接触し，これにより制御を失い，Aに衝突し，Aは 10 メートル以上飛ばされ，頭を強く打ち，搬送された病院で死亡が確認された。Aは未婚であり，子どもはおらず，両親 CD が A を相続した。
>
> 【Q】 CD は，B に対して，A が死亡したことにより生涯の逸失利益の賠償請求権が A から CD に相続により移転したと主張して，賠償請求をしている。これは認められるか。

【A】 ○（死亡による死亡後の逸失利益の賠償請求権が被害者に帰属し，これが相続される）

【解説】 被害者が死亡した場合に，死亡により就労できなくなり，死亡後の逸失利益を損害として賠償請求権が成立し，これが相続の対象になるのかを考えてもらう問題である。判例は，死に至るべき負傷をした後に，しばらくして被害者が死亡した事例につき，不法行為時に死亡逸失利益の損害賠償請求権が既に成立し，それが死亡により相続されることを認める（大判大 9・4・20 民録 26 輯 553 頁）。さらには，被害者が即死した事例についても，死亡逸失利益の損害賠償請求権が死に至る不法行為時に成立し，その後の死亡により相続されることが認められる（大判大 15・2・16 民集 5 巻 150 頁）。「右傷害の瞬時に於て被害者に之が賠償請求権発生し，其の相続人は該権利を承継するものと解するを相当なり」というのである。即死の場合にも，死に至る不法行為と死亡との間には時間的間隔を認め，相続を肯定するのである*1。

　よって，本問は「逆相続」として批判されている事例であるが，Aの生涯の収益をAの両親 CD が賠償金名目で受け取れることになる。○が正解となる。

[2] 慰謝料請求権

> **CASE24-2** 　A（男・85歳会社員）は，歩道を杖を突いて歩いていた
> ところ，後ろからBが自転車に乗って，駅に急ぐためかなりのスピードで，
> Aの脇を通り抜けようとした。ところが，Aが，Bの自転車に気がつかずに，
> Bが通り抜けようとした側に動いたため，Bは，Aに軽く接触してしまった。
> Aはこの接触により転倒し，後頭部を歩道に打ちつけ，意識不明の状態にな
> り，1週間後にこの事故が原因で死亡した。
> 　Aは結婚をしておらず，子どももおらず，Aの相続人は，妹Cだけである。
> AとCは両親が20年前に亡くなって以来，ほとんど交流はなかった。Aに
> はほとんどみるべき財産はなく，Cは，Aの死亡による慰謝料請求権を相続
> したと主張して，Bに対してこれを行使して支払を求めた。
> 　【Q】　CのBに対する上記請求は認められるか。

【A】　○（死亡による死亡慰謝料請求権も相続される）

【解説】　被害者が死亡した場合に，死亡という苦痛に対して慰謝料請求権が不法行為と同時に成立し，これが相続されるのかを考えてもらう問題である。また慰謝料請求権は一身専属権であり相続されるのかどうかも考えてもらうことになる。
　判例は，当初，死亡前に慰謝料を請求する意思を表明することを必要とした（意思表明説）。しかし，いわゆる「残念事件」以来，学説の批判が強くなっていき，判例は，「慰藉料請求権が発生する場合における被害法益は当該被害者の一身に専属するものであるけれども，これを侵害したことによつて生ずる慰藉料請求権そのものは，財産上の損害賠償請求権と同様，単純な金銭債権であり，相続の対象となりえないものと解すべき法的根拠はなく」と，大法廷判決により判例変更を宣言し，当然の相続を認めるに至った（最大判昭42・11・1民集21巻9号2249頁〔当然相続説〕）*1。事例はいわゆる「笑う相続人」の事例であり，学説による評釈はこぞって批判的であった。
　しかし，判例変更はされていないので，Cの請求は認められるといわざるをえない。そのため，○が正解となる。
　*1 『民法Ⅵ』13-3 以下

■第 25 章■
特定的救済（差止請求）
──侵害行為の停止または予防請求権──

[1]　差止請求の可能性

CASE25-1　　Aは，B会社が，B発行の週刊誌上のCの連載をまとめた α小説を出版しようとしているため，α小説はモデル小説であり，それに自分が登場人物として仮名で書かれていることから，Bに対してα小説の発行の差止めを求めて訴訟を提起した。

【Q】　AのBに対する上記請求は認められるか。

【A】　○（プライバシー侵害に対して差止め請求が認められる）

[解説]　プライバシー侵害に対する差止め請求について考えてもらう問題である。
　判例は，「人格権としての名誉権は，物権の場合と同様に排他性を有する権利というべきである」と，人格権については排他的権利であることから差止請求を認めている（最大判昭 61・6・11 民集 40 巻 4 号 872 頁）[1]。ただし，人格権侵害に対して不法行為が成立する場合でも，損害賠償請求は認められるが，差止請求が認められるのかはまた別の考慮がなされている[2]。
　小説「石に泳ぐ魚」事件判決（最判平 13・2・15 判時 1741 号 68 頁）は，事前の差止めにつき，「どのような場合に侵害行為の差止めが認められるかは，侵害行為の対象となった人物の社会的地位や侵害行為の性質に留意しつつ，予想される侵害行為によって受ける被害者側の不利益と侵害行為を差し止めることによって受ける侵害者側の不利益とを比較衡量して決すべきである。そして，侵害行為が明らかに予想され，その侵害行為によって被害者が重大な損失を受けるおそれがあり，かつ，その回復を事後に図るのが不可能ないし著しく困難になると認められるときは侵害行為の差止めを肯認すべきである」とした（実際に差止めを認容）。そうすると，仮名でもプライバシー侵害が認められるため（☞[CASE19-11]），差止めを認めるほどの重大な損失を受ける場合であれば，Aの差止め請求は認められ，○が正解になる。

[2]　差止請求権と損害賠償請求権の関係

CASE25-2　　Aは，B会社が経営する鉄道営業により，騒音に苦しんでおり，Bは防音壁を設けているものの，特急通過時の騒音は，その地域の市条例の規制値をはるかに超えるものである。しかし，これ以上の防音設備を設けることはできず，また，通過時の特急の速度を落とせば規制値内にとどまるが，それでは特急としての役割を果たすことはできなくなる。そのため，AがBに対して，規制値に収まるように速度を落として走行することを求めたが，Bはこれに応じていない。

【Q】　AがBに対して，①規制値に収まる速度を超えた走行の禁止，また，②騒音を理由とした過去及びとりあえず将来5年分として慰謝料を請求したとして，これらは認められるか。

【A】　①×（公益性・必要性故に認められない），②△（過去の分は認められるが，将来の分は認められない）

【解説】　人格権侵害に対する差止め請求における公益性による制限について考えてもらう問題である。判例も，「道路等の施設の周辺住民からその供用の差止めが求められた場合に差止請求を認容すべき違法性があるかどうかを判断するにつき考慮すべき要素」として，「施設の供用の差止めと金銭による賠償という請求内容の相違に対応して，違法性の判断において各要素の重要性をどの程度のものとして考慮するかにはおのずから相違がある」として，賠償を認めつつ差止めが否定さることを容認する（最判平7・7・7民集49巻7号2599頁〔国道43号線訴訟〕）*¹。

　空港や鉄道また道路といった公益性の高い施設について，損害賠償が認められる一方で，その施設の運用自体を止めることは求められない。ただし，夜何時以降の飛行を禁止するまたは速度を制限するという制限的な差止めは，認められる余地がある。とはいえ，よほどの耐えがたい騒音がひっきりなしに続くのであれば，そのような制限的差止めも考えられるが，本問では微妙であり，認められない可能性が高い。①については×としたが，認められる可能性がまったくないわけではない。②の損害賠償についても，差止請求が認められない限り，将来も損

害が発生するはずであるが，原告が転居したり死亡したりする可能性もあり，将来の分の損害賠償請求は認められない*2。よって，過去の分は○，将来の分は×ということになり，△を正解とした。

　　　*1『民法Ⅵ』14-2 以下　　*2『民法Ⅵ』14-2-1

■第 26 章■
不法行為債権の期間制限

[1]　3 年または 5 年の短期消滅時効期間

(a)　加害者を知ることが必要

CASE26-1　Aは，その所有の自宅の壁に，深夜落書きをしているBを見つけ，追いかけてBを取り押さえた（①時点）。Aは，Bを叱責し，Bは，責任をもって業者に依頼をして，壁の塗り替えをすることを約束した。しかし，いつまで経ってもBが約束したペンキの塗り替えを行わない。そのため，Aは，Bに何度も催告をしたが，Bは職に就いておらず，バイトで暮らしているだけで，金がないことがわかった。

そのため，落書きのときは数人いたようだったため，一緒に落書きをした仲間を教えるように求めた。Bはなかなか口を割らなかったが，Aが教えないと警察に届けると脅し，また仲間を話せばBは免責するとも約束したため，Bは，Cが一緒に落書きをしていたことを教え，Cの連絡先も伝えた（②時点）。Aは，すぐにCに連絡したが，Cは，電話による連絡に対して陳謝したものの，その後に謝りにA宅に出向くことはもちろん，損害賠償をすることもなかった。

Aは，落書きを証拠として残していたが，①から1年経過後に（③時点）業者に頼んでペンキを塗り直してもらい，その代金を支払った。

【Q】　この場合，Cに対する損害賠償請求権（3 年）の消滅時効の起算点は，①から③のいずれか。

【A】　②（加害者を知るとは，現実に加害者を認識することが必要であり，損害賠償請求権は費用を支出するのは将来であるが，不法行為時にその費用分の損害賠償請求権が成立しているものと扱われる）

【解説】　724 条 1 号の 3 年の消滅時効の起算点である，加害者及び損害を知ると

いう要件について考えてもらう問題である。

　被害者が加害者を知ったといえるためには，「加害者に対する<u>賠償請求が事実上可能な状況のもとに，その可能な程度にこれを知った</u>」ことが必要とされている（最判昭48・11・16民集27巻10号1374頁〔ロシア人拷問事件〕）。認識可能性では足りないため，本問では，Bから聞き出すことができた時ではなく，実際にBからCを聞き出した時が起算点になる（②時点である）[*1]。

　また，損害を知るということも，「被害者が損害を知った時とは，被害者が損害の発生を現実に認識した」ことが必要とされている（最判平14・1・29民集56巻1号218頁〔ロス疑惑報道事件〕）[*2]。本問の場合には損害の発生をいつと見るかであるが，落書き自体で損害賠償請求権は成立し，実際にペンキ塗り替えをして，その代金を支払ったことは損害の発生のためには必要ではない。したがって，落書きの事実さえ知っていればよく，ペンキ塗り替えをしてそのかかった費用の金額を実際に知ったことは必要ではない。

　以上からして，Cに対する損害賠償請求権の724条1号の消滅時効の起算点は，本問では②時点ということになる。

　[*1]『民法Ⅵ』15-3　　[*2]『民法Ⅵ』15-4

(b)　予見しえない後遺症について

CASE26-2　　A（5歳・男児）は，自転車に乗っていて，Bの運転する自動車に衝突され，右足に重傷を負った。Aの両親とBは，示談により治療費と慰謝料合計100万円を支払い，それ以外債権関係はないことを確認した。ところが，Aの成長とともに，足のケガが影響して障害が生じ，上記事故から3年を経過した時点で，Aは事故により負った負傷の後遺症につき手術をすることが必要になった。そのため，Aの両親は，病院にAの手術を行ってもらった。

　そのため，Aの両親は，Aを代理して，Aの損害として，今回の治療費の賠償をBに請求した。しかし，Bは，既に示談で解決済であること，また，事故から3年が経過しているので時効にかかっていることを援用して，これに応じない。

　【Q】　Aの後遺症による手術費用の損害賠償請求は認められるか。

　【A】　○（和解の対象に本件後遺症は含まれていない。また，時効は後遺症

の発現から，さらにいえば 2017 年改正法では人身損害は短期の時効
期間は 5 年になった）

[解説]　事故当時に予見できない後遺症についての和解の効力と，時効の起算点
について考えてもらう問題である。

　和解と後遺症の点については［CASE11-6］に説明をした。時効の起算点については，不法行為の時に損害が発生しておらず，治療を実際に受け，その費用を支払って初めて損害が発生するのかというと，損害の発生は身体侵害があったときに，そのために必要な治療費については，事故時にただちに損害賠償請求権が成立——現実の損害は発生する前でもよく，額は事後的に確定される——しており，被害者が事故による負傷さえ認識すれば，損害を知ったことになる。

　しかし，「受傷時から相当期間経過後に……後遺症が現われ，そのため受傷時においては医学的にも通常予想しえなかったような治療方法が必要とされ，右治療のため費用を支出することを余儀なくされ」た場合，「後日その治療を受けるようになるまでは，右治療に要した費用すなわち損害については」，3 年の時効は進行しないとされている（最判昭 42・7・18 民集 21 巻 6 号 1559 頁）*1。そうすると本問では，後遺症については別個に時効が起算され，後遺症が発現し，それを法定代理人たる A の両親が知った時が起算点となる。未だ時効期間——724条の 2 により身体損害については 3 年ではなく 5 年になる——が経過していないことになる。よって，A の後遺症についての損害賠償請求は認められ，○が正解になる。

*1　『民法Ⅵ』15-5

(c)　継続的不法行為について

> **CASE26-3**　　A は，隣に開店した大型焼き肉店 B の，昼食時及び夜間の
> 排煙のため，窓を開けて生活することができず，洗濯物も外干しができず，
> 不満を募らせていた。A は B に苦情を言い，B は排煙に際して浄化装置を設
> 置すると約束し，何らかの装置が付けられたものの，大した効果はなかった。
> A は，排気口を建物の反対側の屋上に設置するよう求めたが，建物は賃借で
> あり，1 階の店舗から 7 階建ての建物の屋上まで排煙のためにパイプを通す
> には，賃貸人と契約をして，また大がかりな装置が必要になるので，無理で
> ある旨を伝えて，心づてとして 2 万円を A に渡した。
> 　A はこれに納得をせず，ついに B の開店から 5 年後に，差止めと過去の分

の損害賠償とを求める訴訟を提起した。

【Q】　Aの損害賠償請求に対して，Bは時効を援用したとして，これは認められるか。

【A】　△（3年以上前の分は時効が完成している）

【解説】　継続的不法行為における時効について考えてもらう問題である[*1]。

差止めについては，健康に深刻な被害をもたらす有害物質でないので，認められず，損害賠償によることになる可能性が高い。その不快また不便による損害賠償――慰謝料になるが，外で洗濯物が干せないので，室内干の設備を購入した場合にはその費用の賠償も考えられる――については，いわゆる継続的不法行為なので，判例によれば1日1日分の慰謝料請求権が発生し――しかし束になって複数成立するのではなく1つの損害賠償請求権に増加的に追加される――時効が起算されることになる。

そうすると，3年以上前の慰謝料については時効が完成していることになる。慰謝料以外にたとえば室内干し装置の購入については，その購入時にその費用分の賠償請求権が成立し，時効が進行するものと思われる。ただ724条の2との関係は問題になる。「身体」を害する有害物質ではなく，気分が悪くなるという程度であり，724条の2の適用は微妙である。724条の2の適用を認めれば時効は全面的に完成していないことになる。

3年以上経過している部分は時効が完成しているが，5年の時効による可能性もあるため，△としておいた。また，時効期間を5年と考える余地もある。

[*1] 『民法Ⅵ』15-6 以下

[2]　20年の時効期間

CASE26-4　　Aは，B会社に雇用され，トンネル掘削工事に従事していたが，その際，十分な粉塵吸引に対する防護策が講じられていなかった。その状態で，Aは5年間トンネル掘削工事に従事した後，のどのいがいががひどくなり，Bを退職し，タクシーの運転手に転職して，現在までこれを続けている。Aは，Bを退職してから，タクシー会社の健康診断を毎年受けているが，何も異常はなかった。ところが，Bを退職してから18年後に，呼吸がたまに苦しくなることから，歳によるものだと思っていたが，念のため病

院に行って精密検査を受けたところ，初期の塵肺炎であることがわかった。

　Aは，病院の医師から，Bの下でのトンネル工事の際に吸い込んだ粉塵の影響であり，その影響が長年進行していって塵肺炎を発症させたということを説明された。そのため，AはBに対して，診断書を示して治療費の賠償を求めたが，時効を理由に門前払いされた。Aは一旦は諦めていたが，新聞記事で塵肺炎訴訟の記事を読み，ただちに弁護士に相談に行き，Bに対して賠償を求める訴訟を提起した。この時点で，既にB退職時から20年が経過していた（医師の診察を受けてからは2年）。

　【Q】　AのBに対する損害賠償請求は認められるか。

　【A】　○（724条2号の不法行為から20年の時効は，遅発性損害については損害発生時から起算される）

　【解説】　724条2号の20年の長期時効期間の起算点について考えてもらう問題である。

　本問では，Aが損害を知ってから2年しか経過しておらず，724条の2の5年の時効は完成していない。しかし，724条2号の不法行為から20年の時効は，B退職より20年が経過しているので——5年間，安全配慮義務が継続しているが，それが終了した時を問題にするとしても——時効が完成しているかのようである。ところが，それを認めては，本問のような遅発的損害が生じる不法行為類型につき被害者に酷である。

　そのため，判例は（最判平16・4・27民集58巻4号1032頁〔筑豊塵肺訴訟判決〕），20年を除斥期間と解していた時代の判決であるが，「身体に蓄積した場合に人の健康を害することとなる物質による損害や，一定の潜伏期間が経過した後に症状が現れる損害のように，当該不法行為により発生する損害の性質上，加害行為が終了してから相当の期間が経過した後に損害が発生する場合には，当該損害の全部又は一部が発生した時」を起算点としている——損害の発生という損害賠償請求権の成立要件を満たすのは損害発生時（治療費と異なり障害自体がまだ発生していない）——。また，塵肺炎の発症自体とは，これによる死亡による損害とは別であり，死亡したことによる損害賠償請求権の時効は死亡時から起算している[*1]。

　このため，症状発症から20年を起算するため，未だ20年は経過しておらず，724条の5年の時効も完成していないので，Aの請求は認められることになる。よって，○が正解である。

CASE26-5　Aは高校生の時に行方不明になり，両親BCは必至で探したが，見つからなかった。実は，近所のアパートに住むDが，自分の部屋（1階）にAを連れ込み，殺害し，その遺体を，畳を外して床下に埋めていたのであった。殺害から24年が経過した時点で，アパートが建て替えられることになり，Dは，Aの白骨遺体が発見されることになると思い，また，遺族に申し訳ないと思っていたため，警察に自首をした。

　Dは BC に陳謝をしたが，Dを許すことはできず，事件の全容を解明するために，Dに対して損害賠償を求める訴訟を提起した。①BCの711条に基づく固有の慰謝料とともに，②Aの死亡による損害賠償請求権の相続を理由に，その賠償も請求した。これに対して，Dは20年の時効を援用した。

【Q】　①②について，Dによる20年の時効の援用は認められるか。

【A】　①×，②○（160条の法意により時効完成は否定される）

[解説]　724条2号の20年の長期時効期間について考えてもらう問題である。
　判例は（最判平21・4・28民集63巻4号853頁），20年を除斥期間と考えていた時代の判決であるが，「被害者を殺害した加害者が，被害者の相続人において被害者の死亡の事実を知り得ない状況を殊更に作出し，そのために相続人はその事実を知ることができず，相続人が確定しないまま除斥期間が経過した場合にも，相続人は一切の権利行使をすることが許されず，相続人が確定しないことの原因を作った加害者は損害賠償義務を免れるということは，著しく正義・公平の理念に反する」として，「160条の法意に照らし」，6カ月内に相続人が殺害に係る不法行為に基づく損害賠償請求権を行使すれば，除斥期間の完成は認められないものとした。停止規定（改正法では完成猶予）の類推適用により解決をしたのである*1。

　この判例は，20年が時効とされた2017年改正法の下でも妥当するものと考えられ，本問では，BCは，Dが自首してDによるA殺害の事実を知ってから6カ月以内に訴訟提起をすれば，時効完成を阻止できることになる。①について160条を適用できないので×になるが，②のAの損害賠償請求権の相続については，○が正解である——相続肯定説の思わぬ利点が認められた——。
　*1 『民法Ⅵ』15-8 以下

■第 27 章■
失 火 責 任
──責任を軽減する特別法──

[1] 失火責任法と未成年者監督者責任

CASE27-1 　A（5歳・男児）とB（7歳・男児）は，兄弟であり，
CDの子である。あるとき，母親Cが買物に行くため，ABに甲建物（D所有）
で留守番をさせて出かけた。ABが，電気ストーブに紙を近づけて火をつけ
て遊んでいたところ，Aが，紙に火が燃え広がって熱くなり，火がついた紙
を床に放り投げたため，周りに落ちていた新聞紙に火が燃え移り，甲建物が
火災で焼失してしまった。ABは逃げて無事であった。

　　北風が強く吹いていた日であったため，甲建物（D所有）の火災が隣のE
所有の乙建物にも延焼し，乙建物もその一部が火災の被害を受けた。

　【Q】 CDはEに対して賠償責任を負うか。

【A】 △（CDにABの躾や監督に重大な過失があれば責任を負う）

　[解説] 責任無能力者による失火について失火責任法の適用を考えてもらう問題
である[1]。

　本問は，故意による放火ではなく「失火」であるため失火責任法が適用になる。
では，重過失は誰を基準に考えるべきであろうか。この点，判例は，「714条1
項に基づき，未成年者の監督義務者が右火災による損害を賠償すべき義務を負う
が，右監督義務者に未成年者の監督について重大な過失がなかったときは，これ
を免れる」としている（最判平7・1・24民集49巻1号25頁）。

　本問では，日頃の躾の状況はわからない。監督については，子どもだけなのに
暖房を電気ストーブによりエアコンによらないこと，ストーブの周りに燃えやす
い新聞紙を放置していたことなど，過失を基礎づける事由はあるが，重過失とま
でいえるのかは微妙である。そのため，△としておいたが，免責の可能性が高い
と思われる。

[1] 『民法Ⅵ』16-3

[2]　失火責任法と使用者責任

CASE27-2　　　Aは，B会社に雇われ，事務職員として働いている。Aは,
喫煙所が決められているにもかかわらず，非常階段において喫煙をし，火の
ついたままのタバコを，Bのビルの隣のC所有の一軒家（甲建物）のほうに
投げ捨てた。その日は，冬で空気が乾燥し，また風が非常に強い日であった
が，Aは，表でタバコを吸っていて，急にトイレに行きたくなって，たばこ
をポイ捨てしたものであった。
　　Aが捨てたタバコは，風で飛ばされ，Cの家の庭の落ち葉を集めていた場
所に落ち，風が強かったため，落ち葉に火がつき，甲建物が火災で全焼した。
　　【Q】　ABはCに対して賠償責任を負うか。

【A】　○（Aは重過失があり，Bはその使用者としてBの重過失を問題にす
　　　るまでもなく失火免責は受けない）

【解説】　被用者による失火について失火責任法の適用を考えてもらう問題である。
　　原因行為者に不法行為責任が成立することを要件とはしない責任無能力者の監
督者責任とは異なり，使用者責任は，被用者に不法行為が成立する場合に使用者
も報償責任により賠償責任をさらに負担するというものである（いわゆる代位責
任）。そのため，使用者責任では，失火責任法の適用については，被用者の重過
失の有無を基準とすることになる（最判昭42・6・30民集21巻6号1526頁）[1]。
　　したがって，失火者Aに重過失があり，709条の責任を免れず，使用者Bにつ
いては使用者責任につき選任・監督の重過失を問題とすることなく，Aの不法行
為について代位責任を負う。よって，ABともに責任を負い，○が正解になる。
　　[1] 『民法Ⅵ』16-4以下

[3] 失火責任法と土地工作物責任

> **CASE27-3**　A会社は，その所有の甲ビルを，本社ビルとして使用して
> いるが，電気関係の配線の工事の際に，工事業者のミスにより，電線に傷が
> ついており，そこから発熱があり，周辺の器材に火がつき，甲ビルに火災が
> 発生した。火災は，B会社所有の隣接した乙ビルにも燃え広がり，乙ビルも
> 被害を受けた。
>
> **【Q】**　BはAに対して，火災による損害を賠償請求したが，Aは業者のミ
> スによるものであり，Aには重大な過失はないと免責を主張している。A
> の免責の主張は認められるか。

【A】　×（土地工作物責任における所有者の責任は無過失責任であり，失火
免責は認められない）

【解説】　土地工作物責任と失火責任法の適用を考えてもらう問題である[*1]。
　判例の表現は明確ではないが，土地工作物責任の所有者責任は無過失責任なの
で――占有者責任については重過失をはめこむ余地はある――，失火責任法を適
用することは考えられない（大判昭7・4・11民集11巻609頁など）。よって，
Aは責任を免れず，×となる。Aは工事を行った業者に求償するしかない（717
条3項）。

　　[*1]　『民法Ⅵ』*16-7* 以下

■第 28 章■
責任無能力者の監督者責任

[1] 未成年者の責任能力及び未成年者の監督者責任

CASE28-1
Aは11歳2カ月の小学6年生であるが，日曜日に少年野球の練習が終わった後に，校門付近に移動してあったサッカーゴールにおいて，サッカーボールによりシュートの練習をしていた。Aの蹴ったボールがゴールポスト上を大きく外れて，バウンドして，閉まっていた校門の上を通り，校門と道路をつなぐ橋を転々と転がっていき，道路に出ていった。そこに原付バイクで通りかかったB（75歳）は，ボールを避けようとして転倒し，ヘルメットをしていたものの，頭を打ち，緊急搬送された。その5カ月後，この事故が原因となって，Bは死亡した。

【Q】 Bの遺族CDは，A及びその両親EFに対して賠償請求をしたいと考えている。これは認められるか。

【A】 ×（Aは責任能力が認められず，EFには義務違反が認められない）

[解説] Aについては責任能力の有無，EFについては監督者責任を考えてもらう問題である。

責任弁識能力のない未成年者については，損害賠償責任が否定されている（712条）。責任弁識能力は個体差はあるが概ね<u>11歳程度が基準とされている</u>*1。本問のAは責任能力が否定される公算が大きい。そのため，Aについては，×が正解と考えられる。

他方，EFについては，714条の未成年者の監督者責任が問題になる。親としての監督義務を怠らなかった場合には（EFに証明責任あり），免責されることになっている。この免責については，「その直接的な監視下にない子の行動について，人身に危険が及ばないよう注意して行動するよう日頃から指導監督する義務がある」が，通常は人身に危険が及ぶような行為でない場合には，「当該行為について具体的に予見可能であるなど特別の事情が認められない限り，子に対する

218

監督義務を尽くしていなかったとすべきではない」と解されている（最判平27・4・9民集69巻3号455頁〔サッカーボール事件〕）*2。

　上記判決は，日曜日の校庭でゴールに向けてサッカーボールを蹴る行為は「通常は人身に危険が及ぶような行為」ではないと認めている。したがって，日頃の指導監督義務とは関係のない行為であり，特別の事情も認められないので，本問でもEFは免責される。CDはEFにも賠償請求ができず，×が正解である。

　　*1 『民法Ⅵ』17-1以下　　*2 『民法Ⅵ』17-4-1

［2］　責任能力のある未成年者の監督者責任

CASE28-2　　　Aは14歳8カ月の中学3年生である。Aは，中学に入った頃から，地域の不良仲間と付き合いだし，中学2年生になる頃には，万引きや恐喝で補導されることもあった。Aの両親BCは共稼ぎで，日頃からAの躾を十分に行っておらず，Aは補導後にBCから叱責され家出をしたことがあり，BCは，また強く言うと家出するのではないかと考え，強く叱ることができないでいた。Aはその後も不良仲間と付き合い，同級生にけがをさせるなどの行為を続けている。Aは，遊ぶ金に困り，通りがかった会社員Dから金を恐喝しようとしたが，Dが抵抗したため，Dをナイフで刺して金を強奪した。

　Dはこれにより重症を負い，入院し，その期間就労できず，収入が得られなかった。

　【Q】　Dは，Aだけでなく，BCに対しても賠償請求をしたいと考えている。これは認められるか。

　【A】　○（BCにも709条のAの指導監督についての義務違反が認められ，Dに対して賠償義務を負う）

［解説］　責任能力ある未成年者の法定監督者責任を考えてもらう問題である*1。

　714条の監督者責任が認められるためには，責任能力のない未成年者がなした加害であることが必要である。ところが，Aは14歳であり責任能力がある。しかし，まだ14歳であり，責任能力が備わっているとしても，親の指導監督義務がなくなるわけではない。

　そのため，判例は，「未成年者が責任能力を有する場合であっても監督義務者

の義務違反と当該未成年者の不法行為によって生じた結果との間に相当因果関係を認めうるときは、監督義務者につき民法 709 条に基づく不法行為が成立する」という解決をしている（最判昭 49・3・22 民集 28 巻 2 号 347 頁）。BC は A の指導監督を十分していたとは思われず、709 条の責任を免れない。よって、○が正解である。

　　*1 『民法Ⅵ』17-5

［3］　心神喪失者とその監督者責任

CASE28-3　　　A は 92 歳で、妻 B（85 歳）と二人暮らしである。A は、数年前から痴呆の状態が現れ、次第に悪化していき、家を出て散歩に行ったまま帰ってこないことが頻繁に起こるようになった。そのため、隣の市に住んでいる長男 C は、A を、やはり痴呆症が少し出てきた B とともに、介護付きの有料老人ホームに入居させることを検討していた。その矢先に、A が、B が夕食の準備をしている間に、玄関から表にサンダルで出て行ってしまい、D が経営するパン屋に入り、勝手に売り物のパンを食べだし、D に止められたところ、パンの置かれている台をひっくり返してしまい、台に乗っていたパンがすべて床に落ちて、売り物にならなくなってしまった。

【Q】　D の、ABC に対する損害賠償請求は認められるか。

【A】　×（A は責任無能力であり、また、BC は監督義務を引き受けたとまで認められる事情はない）

【解説】　責任無能力者に法定の監督義務者がいない場合について考えてもらう問題である。

　　まず、A 自身については認知症の程度がかなり進んでおり（要介護の程度が高い）、責任能力は否定されるものと思われる（713 条）*1。その場合、A を「監督する法定の義務を負う者」が 714 条の責任を負う。もちろん、先行行為に基づく作為義務としての監督義務、そしてその違反による 709 条の責任が否定されるわけではない。

　　本問では、A は施設に入所していたわけでもなく、また、成年後見開始の審判を受けていたわけでもない。ただ、たとえ成年後見開始の審判を受けていたとしても、後見人には身上監護の義務はなく——同居は必要ではなく、法人も後見人

になれる——，後見人が714条の責任を負うわけではない。判例は，「責任無能力者との身分関係や日常生活における接触状況に照らし，第三者に対する加害行為の防止に向けてその者が当該責任無能力者の監督を現に行いその態様が単なる事実上の監督を超えているなどその監督義務を引き受けたとみるべき特段の事情が認められる場合には，衡平の見地から法定の監督義務を負う者と同視」できるとして，714条1項の類推適用が認められるという*2。

　Bは自分も高齢であり，認知症も軽度ながら現れており，Aと同居しているが，その監督まではとても無理であり，Cも同居しておらず，自ら監護は無理であるため，Aの監督を引き受けたとまでは認めることは困難である。責任無能力者が資産家である場合には公平の観点から賠償義務を認める立法もあるが（公平責任），日本民法はそのような立法は採用していない。Dは誰にも賠償は請求できないことになる。×とならざるをえない。

　*1『民法Ⅵ』17-2　　*2『民法Ⅵ』17-6

■第 29 章■
使用者責任

[1] 使用者責任の根拠と法的性質

> CASE29-1　　　A会社はピザの宅配事業を行っている。Bは，Aの甲支店
> の配達業にアルバイトとして雇われ，配達を担当していた。Bは，C宅にピ
> ザの配達に出向いた際に，Cから配達が遅いと文句を言われたことに腹を立
> て，Cと言い争いになり，Cの顔面を殴り，負傷させた。
> 【Q】　Cは，BのみならずAに対して損害賠償を請求しようと考えている
> が，これは認められるか。

【A】　○（使用者責任においては，715条1項但書の免責は事実上認められ
ない）

[解説]　出前中・配達中の喧嘩の事業執行性を検討し，また，使用者責任につい
て確認するだけの問題である。

　Bは，Aの事業であるピザ配達に従事していて，その際に喧嘩になっており，
喧嘩は事業の執行ではないものの，事業の執行に際して起こりうる行為であり，
使用者がリスクを負担すべき事件である。判例でも，すし屋の出前の途中で，車
と接触しそうになり喧嘩になって，出前を行っていたものが相手に暴行した事例
で，事業執行性が認められている（最判昭46・6・22民集25巻4号566頁）[*1]。

　そして，使用者責任は，715条1項但書があるが故に中間責任といわれている
が，実際上判例は使用者に免責を認めることはなく，同規定は死文化されており，
報酬責任にふさわしく無過失責任になっている[*2]。したがって，Aは免責は受け
られず，Cの請求は認められ，○が正解である。

　　[*1] 『民法Ⅵ』 18-18　　　[*2] 『民法Ⅵ』 18-1 以下

[2]　使用者責任の成立要件

CASE29-2　　A会社に雇用され，手形の発券事務を行っているBは，その管理している手形の用紙を利用して，自分の借金の支払に充てるために，A名義の手形を発行し，これを債権者Cに交付した。Cは，これをDに裏書譲渡したが，Dは，Bが権限外で本件手形を発行したことを知らなかった。

【Q】　この場合に，DはCに対して，手形金の支払または損害賠償の支払を求めたとして，これは認められるか。

【A】　△（手形については転得者にも110条の適用があり，善意無過失ならば手形を有効に取得し，過失があっても重過失でなければ，使用者責任を追及できる）

【解説】　被用者が権限外の行為を行った場合における，使用者責任の認否について考えてもらう問題である。

　まず，手形については，Bは手形について，Aの手形についての発行権限はあるが，今回の発行は権限外の発行である。Dは転得者であるが，手形行為については転得者にも110条の適用が可能とされているので，Dが善意無過失であれば，有効に手形債権を取得する。しかし，過失があれば手形債権を取得せず損害を被ることになる。

　その場合に，DはAに対して使用者責任を追及することができないのであろうか。権限外の手形発行が事業の執行といえるのかが問題になるが，「不当に事業を執行したるものに外ならずして其の事業の執行に關する行爲たることを失はざる」と認められ（大連判大15・10・13民集5巻785頁），その後，「『民法715条にいわゆる『事業ノ執行ニ付キ』とは，被用者の職務執行行為そのものには属しないが，その行為の外形から観察して，あたかも被用者の職務の範囲内の行為に属するものとみられる場合をも包含する」と，いわゆる**外観標準説**が採用されている（最判昭40・11・30民集19巻8号2049頁）。ただし，相手方には善意無重過失が必要とされている[*1]。

　この結果，Dは，過失があっても重過失でない限り，Aに対して使用者責任を追及できることになる――過失相殺は避けられない――。そのため，過失・重過失は不明なので，△としておいた。

　*1 『民法VI』*18-17* 以下

[3] 使用者責任の効果

(a) 使用者責任と被用者の対外的責任

> **CASE29-3** A会社に雇用され，物品の運送に従事しているBは，ある
> とき，トラックを運転中に，鎖を外れた犬が道路に急に飛び出してきた際，
> これに気がつくのが遅れ，この犬を避けようとしてハンドルを切ったところ，
> 制御を失い，電柱にトラックを衝突させ，トラックは横転した。そのため，
> トラックの中に積まれていた，AがCから配達の依頼を受けた荷物の中身で
> ある骨董品の甲壺が割れてしまった。Aは配達の依頼を受けるに際して，C
> から高価な甲壺（500万円相当）であることは告げられていなかった。
>
> 【Q】 Cは，事故を起こしたBに対して，甲壺の価格の賠償を求めること
> を考えている。これは認められるか。

【A】 ×（被用者の対外的な責任は否定されないが，商法の2018年改正に
より商法588条1項が設けられ，被用者の不法行為責任にも高価品免
責が認められることになった）

[解説] 被用者が事業の執行につき行った不法行為責任について，被用者自身の
対外的な責任を考えてもらう問題である。

学説には，被用者に故意または重過失がない限りは，被用者の対外的責任を否
定する，または，被用者に対する被害者の権利行使を制限する有力説がある。し
かし，判例にはそのような制限を認めるものはない。そのため，被用者に過失が
ある限りは709条の責任を免れない[1]。

ところが，請求権競合について [CASE17-1] で説明したように，商法の2018
年改正により，商法588条1項が設けられ，高価品免責（商法577条）がAの不
法行為責任だけでなく，Aの従業員Bの不法行為責任にも及ぶことが明記された。
そのため，Cは，Bにも不法行為を根拠として賠償請求することはできないこと
になる。よって，結局は×が正解である。

[1] 『民法Ⅵ』 *18-30* 以下

(b) 使用者から被用者への求償

> **CASE29-4** A会社はピザの宅配事業を行っている。Bは，Aの甲支店

の配達業にアルバイトとして雇われ，配達を担当していた。Bは，ピザの配達のため，配達用バイクを運転していて，「20分以内に配達できなかったらピザ1枚のサービス券を交付」するというサービスのため，急いで運転していて，運転を誤り転倒し，C所有の甲建物にバイクを衝突させてしまった。甲建物はこれにより損傷を受け，Cは業者に頼んで修理をしてもらった。Aはこの事故につきCに陳謝し，甲建物の修理費用を賠償した。

【Q】　Aは，Cに賠償した費用を全額，Bに対して求償することができるか。

【A】　×（Aは急いで配達をさせるという過酷なノルマを従業員に科しており，また，報償責任の原理からも全額の求償を認めるのは信義則に反する）

[解説]　使用者の被用者に対する求償について考えてもらう問題である。

民法は715条3項により，使用者は被用者に求償（額の制限なし）できるものと規定している。これは，被用者が不法行為者であり，使用者はいわば法定の保証人のような関係に立つものととらえているようにみえる。しかし，それは報償責任の原理に反する。被用者は自己の個人的活動ではなく——喧嘩などは別として——使用者の事業を執行しているのであり，それにより利益を受けるのは使用者である。被用者を使用することによる利益のみを吸い上げて，それに関連するリスクは負担しないというのは公平ないし正義に反することになる。

判例は，必ずしも報償責任を制限の根拠とはしていないが，「使用者は，その事業の性格，規模，施設の状況，被用者の業務の内容，労働条件，勤務態度，加害行為の態様，加害行為の予防若しくは損失の分散についての使用者の配慮の程度その他諸般の事情に照らし，損害の公平な分担という見地から信義則上相当と認められる限度において，被用者に対し右損害の賠償又は求償の請求をすることができる」と，信義則により求償権が制限されることを認めている（最判昭51・7・8民集30巻7号689頁）*1。なお，被用者から使用者への逆求償も，最判令2・2・28（民集掲載予定）は，「損害の公平な分担という見地から相当と認められる額」について認める初めての判断を示している。

本問ではどのくらいの求償が認められるのかはわからないが，AがBに対して全額の求償はできないことは間違いない。そのため，×が正解である。

*1 『民法Ⅵ』18-34 以下

第 30 章

請負の注文者の責任

CASE30-1 A会社は，その道路に面した敷地に植わっている桜の木が，外来カミキリムシの幼虫の被害により枯死したため，枯死した桜の木の伐採を，園芸業を営むB会社に依頼した。その中の甲木については，前の週の台風の被害で地盤が緩んでおり，倒壊の危険があったが，AはこのことをBに注意しておかなかった。

そのため，Bの従業員Cは，甲木を伐採するに際して，特に倒れることを考えず，枝打ちをしてから，幹を最後に伐採しようとして，伐採用の足場を組んで，枝打ちを開始した。ところが，枝打ちを開始して5分程度したところで，突如甲木が根元から倒れて，道路に倒れ掛かり，その場を通りかかったDの運転する乙車を直撃した。これにより，乙車は損傷を受けた。

【Q】 乙車の所有者Dは，その修理費用をAに賠償請求することを考えているが，これは認められるか。

【A】 ○（Aは，甲木に倒れる危険性があることを知っていたならば，Bに伝えるべきであり，709条の責任を負い，さらには717条2項の責任も認められる）

[解説] 請負人の作業中の事故につき，注文者が責任を負う場合について考えてもらう問題である。民法は，注文者と請負人との間には使用関係がないため，原則として注文者は請負人の起こした事故について責任がないことを宣言しつつ（716条本文），注文者に仕事の指図について過失があった場合には，注文者が責任を負う余地を認めている（同但書）。誤った指図をした場合だけでなく，なすべき指図をしなかった場合にも，同但書の適用が認められるべきである[1]。

そうすると，AはBに，その知り得た危険を伝えておらず，716条但書が適用になり，Bにも過失が認められるならば，BCともに賠償義務を負うことになる。よって，○が正解である。

[1] 『民法VI』19-1

■第 31 章■
土地工作物責任

[1]　土地工作物責任の責任主体

> **CASE31-1**　　A会社は，その所有の甲建物を，B会社に賃貸し，Bは，
> Aの許可を得て，その子会社Cに，甲建物を転貸した。Cは甲建物で家電の
> 量販店を経営しているが，店舗内にエスカレーターを設置したメーカーDに
> よる工事が不適切であったため，エスカレーターが稼働中に急停止する事故
> が起きた。そのため，その時に昇りのエスカレーターに乗っていた客のEは，
> そのはずみで前のめりに転倒し，顔面をエスカレーターの階段に強く打ちつ
> けた。
> 【Q】　Eは，治療費と慰謝料を請求したいと考えているが，責任が認めら
> れるのは誰か。

【A】　ABCD（ただし，間接占有者Bは微妙で△，また，AはBCが免責さ
　　　　れなければ×）

【解説】　土地の工作物について瑕疵があり，そのため事故が生じた場合の責任者
について考えてもらう問題である。
　まず，そもそも本問の事例が717条1項の土地の工作物といえる事例なのかが
問題になる。というのは，古い判例であるが，織布工場内に備え付けられたシャ
フトによる事故について，717条の適用を否定した判決があるからである（大判
大1・12・6民録18輯1022頁）。しかし，学説はこぞって反対をし，最高裁の
判例は未だ出されていないが，下級審判決には，717条1項の適用を肯定する判
決が多く出されている（エスカレーターやエレベーター）[*1]。
　そこで，717条1項の適用を認めることを前提として議論をしていくが——瑕
疵の点は明らかである——，誰が責任主体になるのであろうか。717条1項本文
によると「工作物の占有者」が責任を負い，占有者が必要な注意をしたことを証
明できた場合には，所有者が責任を負うことになっている[*2]——所有者の責任は

補充的ないし二次的責任であるが，並列的に被害者はいずれに対しても請求できるという少数説がある——。

では，「占有者」とはここでは，直接占有者Cなのか間接占有者Bなのか，それとも両者なのか。判例は，国が建物を所有者から賃借し，進駐軍に利用させていた事例で，間接占有者たる国の「占有者」としての責任を認めているが（最判昭31・12・18民集10巻12号1559頁），直接占有者が治外法権の対象になっている特殊事例である。そのため疑問は残るが判例の形式論を適用すれば，BCいずれも法的には「占有者」にした上で，免責立証をいずれも認めることになる。

そうすると，BCが連帯して責任を負い，いずれも免責立証をしたら——その可能性は高い——，所有者Aが責任を負うことになり，Aについては免責立証は認められない。もちろんDは709条により責任を負う。よって，Dは当然，BCは第1次的に責任を負うが免責立証可能，BCが免責される場合にはAが責任を負うことになる。そのため，ABCは正確には△であり，Dは常に責任が認められる。

*1 『民法Ⅵ』20-4以下　　*2 『民法Ⅵ』20-11以下

[2]　土地工作物の瑕疵

> **CASE31-2**　　A会社は，旅客鉄道運送事業を営む私鉄である。その東京のJRとの乗換駅では，ラッシュアワー時には乗客でごった返す状況であるが，ホームには転落を防止するホームドアは設置されていない。あるとき，乗客Bは，乗換のために，ホームをスマホでゲームをしながら歩いていたところ，前から歩いてきた乗客αが，Bはまったく譲る様子がないことに怒りを覚え，わざと勢いをつけてBにぶつかった。Bは不意を突かれ，衝撃でよろけて足を踏み外し，線路に転落してしまった。Bは，電車が到着する前に，係員と乗客とに助けだされたが，転落により肋骨を骨折した。
>
> 【Q】　Bは，Aに対して，ホームドアを設置していないから安心して歩行もできない，ホームドアがあれば転落を防止できたと主張して，損害賠償を求めている。Bの請求は認められるか。

【A】　△（時代と場所による）

【解説】　鉄道の駅のホームにホームドアがないことが土地工作物の瑕疵といえる

のかを考えてもらう問題である。

　駅のホームが土地工作物であることは疑いない。そして，Aが所有，少なくとも占有していることも疑いない。問題は，積極的に危険な状態が存在したのではなく，ホームにホームドアがないことが鉄道のホームとしての「瑕疵」に該当するのかである。鉄道のホームは電車が入線する性質上危険な場所であり，精神異常者らに押されて転落したり，酔っぱらっていたり，ゲームをしていてうっかり足を踏み外して，線路に転落する可能性があり，また実際にそのような事故はあるので，予見可能性もある。そのような危険に対して，どのような対策まで設備として施しておく必要があるのかという問題である。

　717条1項の「瑕疵」には，積極的に余計な危険性がある場合だけでなく，点字ブロックのように，危険な場所であるため，その危険を実現しないよう事故を防止する必要な設備——非常ボタンなども——の設置が求められ，これがなければ瑕疵と評価される可能性がある。鉄道の踏切で，遮断機や警報装置が設置されていなければ瑕疵と認められている（最判昭46・4・23民集25巻3号351頁）。これを機能的瑕疵という。被害の蓋然性・重大性，危険の明白さの程度，危険回避の技術的可能性とコストなどの総合的な事情を考慮して，瑕疵といえるのかを評価すべきであり，点字ブロックにみられるように普及の程度——自動車の欠陥でいったらシートベルト，自動停止装置等のように——も考慮される。

　ホームドアについては，地方の乗客の少ないホームでは，電車が通る危険な設備だからということで設置を義務づけることはさすがに無理であるが，本問の事例は微妙である。△としておいたが，瑕疵が認められる可能性は否定できない——大きく過失相殺はされる——。

*1 『民法Ⅵ』20-10

■第 32 章■

動物占有者の責任

CASE32-1　　Aは，自分の甲農園において，除草用にヤギを飼育している。ヤギはロープでつながれて，農園内の草を食べている。近くの小学生B（8歳・男）は，同級生とともに，勝手に甲農園に入り込み，ヤギに触って遊んでいた。あまりにもBがしつこいため，ヤギが逃げたが，Bはこれを追いかけていき，尻尾をつかんで止めようとした。そのため，ヤギがこれを嫌がって，後ろ足でBのことを蹴り上げた。蹴りがBの顔面に当たり，Bは右目の視力が低下する後遺症を受けた。

【Q】　Bの両親は，Bの法定代理人として，Aに対して損害賠償を求めている。Bの請求は認められるか。

【A】　△（動物占有者の責任が認められる）

[解説]　「動物の占有者」の責任（718条1項）の問題である[*1]。

　「動物の占有者」は，その「動物が他人に加えた損害」を賠償する責任を負う（718条1項本文）。ただし，いわゆる中間責任であり，「動物の種類及び性質に従い相当の注意をもってその管理をした」ならば免責される（718条1項但書）。

　本問では，Aが飼っている＝占有しているヤギがBに損害を与えている。子どもが興味を持ち，また，場合によっては危険性があるヤギを飼う以上は，農園の入口を入れないようにしておくべきであった。ただし，ヤギ程度の危険であれば，相当程度の柵等があればよく，それが設置してあったのにBが乗り越えて入った場合には，但書により免責される可能性がある。このように，免責の可能性があるため，△としておいた。

　　[*1] 『民法Ⅵ』21-1

CASE32-2　　　Aは甲犬を飼っているが，出張で１週間自宅に戻れないため，Bペットホテルに預けて，朝夕２回の散歩をオプションで依頼した。Bの従業員Cは，甲犬を連れて，夕方，ペットホテルの周辺の散歩に出かけたが，Dの連れている乙犬が甲犬に吠え掛かり，Cは甲犬を乙犬から離そうとしたが，甲犬は乙犬に襲い掛かり，これに噛みつき重症を負わせた。

【Q】　Dに対して損害賠償責任を負うのは誰か。

【A】　AB及びC（動物占有者の責任が認められる）

[解説]　「動物の占有者」の責任（718条１項）の問題であり，同代理「管理」者の責任（同２項）との関係も検討してもらう問題である。

民法は，動物の「占有者」（718条１項）と占有者に代わって「保管」する者の責任（同２項）とを規定している。民法の起草者は，寄託契約の受寄者は，賃借人のように使用収益という自己の利益のために占有しているのではなく，全面的に他人のために占有をするので，占有者ではなく管理者（保管者）と考えている。

この起草者の考えによれば，寄託の場合には，受寄者には占有が認められないため，718条２項の「管理」者としての責任を認め，寄託者は占有を保持しているため，718条１項の「占有者」としての責任を負うことになる。いずれも免責立証は可能である。また，本問のCは占有補助者であり，718条１項・２項のいずれにも該当せず，709条の責任を負うだけとなる。

ところが，現在では受寄者にも占有を認めるのが判例であり，718条２項が宙に浮いてしまっている。占有補助者に適用する判例もあるので，Cに718条２項を適用することも考えられる。判例は必ずしも明確ではない。占有者に直接占有者だけでなく間接占有者も含める民法の立場によれば，AもBも718条１項の「占有者」としての責任を負うが，同但書による免責の可能性がある。他方，Cは「管理」者として，718条２項により同様の責任が認められる可能性がある。そのため，ABC全員を責任者とすることを正解とした。

　　*1 『民法Ⅵ』21-2

第 33 章

共同不法行為

[1] 共同の不法行為（719条1項前段の共同不法行為）

(a) 共同の不法行為の要件——故意的事例

CASE33-1 　中学3年生の男子AとBは，Cのことを日頃からいじめており，あるとき，体育館脇の倉庫の屋根にCを誘い出し，2人で，Cに，そこから飛び降りるように命じた。Cはこれを拒絶したが，ABは執拗に飛び降りるように迫り，ついにはAがCに蹴りを入れて，突き落とした。Cは幸い足から着地したが，両足を骨折した。

　Cの両親は，Cの法定代理人として，ABに対して，Cの負傷による損害の賠償を求めた。これに対して，Bは，Cが落ちたのはAが蹴りを入れたからであり，自分は落としていないと，Cの負傷についての責任を争っている。

【Q】　Bは，AがCを蹴り落したので，Cの負傷につき損害賠償責任を負わないのか。

【A】　×（Bも責任を負う）

【解説】　719条1項前段の共同不法行為について考えてもらう問題である。

　719条1項前段は，「共同の不法行為」によって他人に損害を与えたことが必要である。709条に対する特則としては，自己責任の原則との関係で意義がある。本問でいうと，Cを蹴り落としたのはAである。しかし，ABは，Cに飛び降りるよう一緒に強制していたのであり，Aの行為も不法行為またBの行為も不法行為であり，これだけでCが飛び降りれば，いずれの不法行為による損害でもある。確かに，結局は，AがCを蹴り落としたのであり，自己責任の原則からはBには責任はなさそうである。ところが，「共同の不法行為」という幅の広い概念が設定されており，判例（たとえば，最判昭43・4・23民集22巻4号964頁）はこれを客観的関連共同性があればよいという，かなりの事例を包括できそうな概念によって運用している（客観的関連共同性説）*1。

ABが一緒に行っている行為の危険性からして，その中の1人がじれったくなって蹴り落とすことも考えられるのであり，共同してその前の行為を行ったリスクの範囲内の行為であり，Bも責任を負うべきである。そのため，BもCの本件負傷につき責任を免れることはできず，×が正解である。

　*1 『民法Ⅵ』22-7 以下

(b) 共同の不法行為の要件──過失による事例

❶ 同時的事故

> **CASE33-2**　Aは甲車を運転中，信号機のないT字路において，対向車線が一瞬空いたので，右折しようとした。ところが，対向車線を走っている乙車を運転していたBが，右折しようとしている甲車に気がつき，右折車両のために早く通り過ぎようと，スピードを上げた。そこに，Aが無理に右折をしたため，Bは甲車との衝突を避けるため，とっさに右にハンドルを切り，乙車は制御を失い，反対側の歩道に突っ込み，歩道を歩いていたCに衝突した。Cはこの事故により重傷を負った。
>
> 【Q】　Cに衝突したのはBの乙車であるが，AもCに対して本件事故による損害につき損害賠償責任を負うか

【A】　○（AもBとともに責任を負う）

[解説]　本問も719条1項前段の共同不法行為について考えてもらう問題である。

　719条1項前段は，「共同の不法行為」という何にでも適用できそうな概念を要件として設定し，判例は［CASE33-1］にみたように，「客観的関連共同性」というさらに輪をかけてどうにでも使える広汎な概念に言い換えている。そのため，719条2項の教唆・幇助の延長的に相互的な教唆・幇助関係がみられる事例に限らず，本問のように過失による不法行為が競合した事例についても，719条1項前段が適用になる。

　Cに衝突したのはB運転の乙車であり，Aが責任を負うのは自己責任の原則の例外のようである。しかし，Aには無理に右折をしたという過失があり，その後の本件事故は相当因果関係にある損害であり，709条だけでAのCに対する責任が認められる。Bも同様であり，ABともに709条により全額の損害賠償を負うので，719条1項前段という他人の行為についての責任の特則を持ち出す必要はない。しかし，この点は，判例は曖昧に同規定を運用しており，ある損害発生

に複数の不法行為が競合していれば，719条1項前段を適用している*1。

　このため，理論的には疑問はあり学説による批判もされているが，判例の客観的関連共同説によれば，AB は 719 条 1 項前段により連帯して全額の損害賠償義務を負うことになり，〇が正解である。

*1　『民法Ⅵ』22-7 以下

❷　異時的事故

CASE33-3　　A は，甲車を運転中，自転車に乗って急に道路を横断しようと飛び出してきた B（10 歳・男子）を避けられず，B の自転車に接触し，B は転倒し，自転車から投げ出された。B はすぐに救急車により C 病院に搬送され，D 医師が担当したが，レントゲン検査における脳内出血を見落とし，そのまま治療せずに放置すれば死亡する危険性があったにもかかわらず，迎えにきた B の母親 E に B を引き渡し，何かあるかもしれないので頻繁に様子を見て，もし容体が急変したらすぐに救急車を呼ぶように伝えた。

　E は，B を布団を敷いて休ませ，頻繁に様子を見ていたが，変わった様子もないので大丈夫だと思い，深夜を過ぎてからは様子を見ることはなく，E もそのまま眠りについた。ところが，B の容体が深夜 2 時くらいに急変し，B の苦しんでいる声に気がついた E が，B のところに行った時点では，既に危篤状態であり，E はただちに救急車を呼び，救急隊員により B への応急手当がなされたが，病院に搬送された後，B は死亡した。B の様態が急変してすぐに手当てをすれば，死を免れた可能性が高い。

【Q】　B の死亡による損害賠償請求権を相続した B の両親 EF が，固有の慰謝料請求権とともに，ACD に対して賠償請求をしたとして，これらは認められるか。

【A】　〇（全員が 719 条 1 項前段の共同不法行為責任を負う）

【解説】　本問も 719 条 1 項前段の共同不法行為について考えてもらう問題である。
　判例は，719 条 1 項の「共同の不法行為」につき客観的関連共同性を根拠にするため，本問のような異時的に不法行為が競合し，しかし相当因果関係が認められる場合にも，その適用を肯定している。最判平 13・3・13 民集 55 巻 2 号 328 頁は，「事故後搬入された C 病院において，B に対し通常期待されるべき適切な経過観察がされるなどして脳内出血が早期に発見され適切な治療が施されていれ

ば，高度の蓋然性をもってBを救命できたということができるから，**本件交通事故と本件医療事故とのいずれもが，Bの死亡という不可分の一個の結果を招来し，この結果について相当因果関係を有する関係にある**。したがって，本件交通事故における運転行為と本件医療事故における医療行為とは民法719条所定の共同不法行為に当たる」という*¹。過失相殺については，[CASE23-4]**[関連して考えてみよう]**に説明した。

　ともかく1つの損害について複数の不法行為が競合し，それらすべてとの間に相当因果関係があれば，719条1項前段が適用されることになる。719条1項前段の他人の行為についての責任という709条に対する特則規定であることは何ら顧みられず，連帯して賠償させる点に主眼が置かれているかのようである——ただし，この点だけであれば，427条に対して解釈による例外を認めることはできる——。

　以上のように，ACD全員が709条により責任を負い，719条1項前段によりそれらの賠償義務は連帯とされることになる。○が正解になる。

*¹ 『民法Ⅵ』22-15

(c)　寄与度に応じた減責

CASE33-4　　ABC（いずれも18歳・男）は，深夜の甲公園にD（16歳・男）を呼び出し，Dに対して，Aの彼女に手を出そうとしたことを糾問し，Dが陳謝したにもかかわらず，ABCは殴る蹴るの暴行を行った（第1暴行）。この様子を見ていた住民が警察に通報し，パトカーのサイレンが聞こえため，AはDを車に乗せて，他の場所に移動し，BCもバイクでその後を追った。Aは，乙波止場にDを降ろし，ABCは暴行の続きを始めたが（第2暴行），BCは，このままではDが死んでしまうかもしれないと思い，Aに止めるように勧めたが，Aは激怒し，これを聞き入れなかった。そのため，BCは，Aにもう止めるように言い残して，バイクに乗ってその場を離れた。

　Aはなお執拗にDに対して暴行を続け（第3暴行），Dがぐったりしたので，さすがに暴行を止め，Dをそのまま放置して，車で立ち去った。心配になったBCは，現場に戻ったところ，Dが泡を吹いて痙攣しているため，これはさすがにまずいと思い，救急車を呼んだ。Dは駆けつけた救急車により病院に緊急搬送されたが，数時間後に死亡した。暴行を中心的に行ったのはAであり，BCは押さえつけたり腹に蹴りを入れる程度の暴行をしたにすぎない。

Dの死亡は，Aが執拗に行った頭部に対する打撃が原因であり，ただし，第2暴行までで死亡に至るものであったかどうかは明確ではない。

【Q】 Dの死亡による損害賠償請求権を相続したDの両親EFが，固有の慰謝料請求権とともに，ABCに対して賠償請求をしたとして，これらは認められるか。

【A】 ○（全員が719条1項前段の共同不法行為責任を負うが，BCは寄与度の範囲内に減責される）

【解説】 本問も719条1項前段の共同不法行為について考えてもらう問題である。
　最高裁判決ではないが，名古屋地判平12・4・26判タ1040号221頁は，集団で3回にわたって被害者を暴行して死亡させた事例で，第一現場と第二現場での暴行に加わっているが，第三現場での暴行には関与していない加害者について，「第一現場から第三現場までの一連の暴行に，客観的な関連共同性を認めることができる」として，これらの者についても，「719条1項前段，後段により，Dの死亡との間に因果関係が推定され，D死亡につき各自連帯して損害賠償責任を負」うものとした。ただし，第三現場での暴行に関与していない者の責任については，2割を減額している。死亡まで第二現場での暴行がどの程度関与しているのは不明なので，719条1項後段まで持ち出したのである[*1]。
　これが確立した判例の扱いといえるのかはわからないが，訴訟になった場合に採用される可能性は高い。そうすると，ABC全員がDの死亡について責任があり，ただBCについては減責の可能性はある。○が正解である。

*1 『民法Ⅵ』22-16以下

[2]　加害者不明の共同不法行為（719条1項後段の共同不法行為）

CASE33-5 甲マンションの5階の居住者Aは，ベランダで大工仕事をしていて，誤って金づちを落としてしまった。他方で，同じ頃，甲マンションの6階の居住者Bは，ベランダで子どもと遊んでいて，金属製の飛行機のラジコンを下に落としてしまった。同マンションの庭付きの1階に居住するCは，庭に放し飼いにしている乙犬が，上からの落下物により怪我をしていることに気がついた。よく見ると，Aの落とした金づちと，Bの落としたラジコンが庭にあった。いずれかが乙犬に当たったことは間違いないが，いず

れが当たったのかは，はっきりしない。

【Q】　Cは，ABの両者に対して，乙犬の負傷の治療費の賠償を請求しようとしているが，これらは認められるか。

【A】　○（ABが719条1項後段の共同行為者と認められ，いずれかが損害を与えたと推定される事例である）

[解説]　本問は719条1項後段の共同行為者の連帯賠償責任について考えてもらう問題である。

本問では，ABのいずれかの落とした物が，1階のCの庭にいた乙犬にぶつかり負傷させたのは確かである。709条の不法行為の成立要件は原告になるCが証明しなければならない。Cが自分の乙犬を負傷させた者を証明する必要があるが，ABいずれもその可能性があるものの，いずれかまでは特定ができない。しかし，ABいずれかだけ，たとえばAだけであれば，乙犬はAの落とした金づちで負傷したと事実上の推定が認められる。Bだけでも同じである。ところが，そのような推定が働く者が複数いるがためにいずれと特定できないと，いずれに対しても賠償請求が認められないというのは公平ではない。

そのため，証明責任を転換して，AB側に自分の落とした物が乙犬に当たったのではないことを証明しない限り，いずれも責任を免れないとしたほうがよい。このような証明にかかわる規定が719条1項後段である。いずれも709条の不法行為者の可能性があることまで証明する必要があり――これが「共同行為者」という要件で，判例の719条1項前段の客観的関連共同性と紛らわしい――，719条1項前段と異なる点は，自分の落とした物が当たっていないこと＝自分が損害を与えた不法行為者ではないことを証明して免責される点である[1]。

ABは，乙犬の負傷について「共同行為者」――主観的共同行為性は不要――といえ，Cはいずれへの賠償請求も，ABが自分の落とした物が当たったのではないことを証明できない限り――乙犬が鳴く声を聞いた他の住民にその時刻，また，自分が物を落としたのはその前であり，その時刻には乙犬の鳴き声はしていなかったことを証言してもらうなど――，ABは連帯して損害賠償を義務づけられる。よって，○が正解である。

[1]『民法Ⅵ』22-22以下

[3] 寄与度不明の共同不法行為（719条1項後段の共同不法行為）

> **CASE33-6**　　Aは，B会社に雇われ，建物の解体作業に従事していた。Aが解体作業に従事した甲建物にはC会社製造の建材が使用されており，それにはアスベストが使われていた。また，Aは，乙建物の解体作業にも従事したが，乙建物にはD会社製造の建材が使用されており，これにもアスベストが使用さていた。さらにAは，丙建物の解体作業にも従事したが，丙建物にも，E会社製造の建材にアスベストが使用されていた。以上の作業では，作業前にアスベストが確認されていなかったため，十分な粉塵吸引に対する防護措置が取られていなかった。それ以降は，アスベストが社会問題になり，アスベストが確認されなくても，粉塵吸引に対する厳重な防護対策が取られるようになった。
>
> 　Aは，丙建物の解体作業に従事してから10年を経過した頃から，肺の調子が優れないため，病院に行ったところ，アスベスト関連の疾患と診断された。解体作業中に吸引したアスベストが体内に取り込まれて蓄積して，本件疾患が発症したものと考えられるが，いずれの作業現場での吸引が原因かは不明である。
>
> 　**【Q】**　Aは，CDEに対して，アスベスト吸引を原因とする疾患による損害を賠償請求したいと考えているが，これは認められるか。

【A】　○（全員が719条1項後段の類推適用により責任が認められる）

[解説]　本問は719条1項後段の類推適用について考えてもらう問題である[*1]。

　[CASE33-5]にみたように，719条1項後段は，複数の行為者の中に「損害を与えた1人の不法行為者」がいる場合に，選択的推定を認める規定である。ところが，本問では，CDEどれもAの吸引したアスベストをその製造した建材に使用していたのである。いずれもAの健康被害に影響を与えた可能性があり，全員が不法行為者であるが，どれがどの程度影響を与えているのかが明確ではないのである。

　大阪高判平30・8・31判時2404号4頁は，719条1項後段の類推適用により問題を解決した。719条1項後段類推適用の要件として，「少なくとも，被災者らの就労した建築現場に到達した（その結果，当該建材に由来する石綿粉じんに曝露した）相当程度以上の可能性が必要」とする。免責立証には，「自らの製造・

販売した石綿含有建材が当該被災者らの就労した建築現場に到達していないことや，当該被災者らに石綿関連疾患を発症させないことなど，自己の行為と結果との間に因果関係がないことを主張・立証して免責を求めることができ」るだけでなく，「当該被災者らの石綿関連疾患の発症には他の原因の寄与もあることなど，……相当因果関係のある損害の範囲を主張・立証して，減責を求めることができる」という。

　こうして，CDE は減責の可能性はあるものの，全員が損害賠償義務を負うことになる。○が正解である。

*1 『民法Ⅵ』22-3

[4]　使用者責任が絡む場合の求償

CASE33-7　　Ａ会社の従業員Ｂは，Ａ所有の甲車を運転中，信号機のないＴ字路において，対向車線が一瞬空いたので，右折しようとした。ところが，対向車線を走っている乙車を運転していたＣが，右折しようとしている甲車に気がつき，早く通り過ぎようと，スピードを上げた。そこに，Ｂが無理に右折をしたため，甲車と乙車は接触し，乙車は制御を失い，反対側の歩道に突っ込み，歩道を歩いていたＤに衝突した。Ｄはこの事故により入院し，治療を受けた。Ｄは，Ｃと示談をして，かかった治療費，入院中の休業損害，傷害慰謝料として合計 1000 万円を支払うことを合意し，その後，実際に支払がなされた。本件事故について，ＢとＣの過失の程度はＢ 7 対Ｃ 3 である。

【Ｑ】　この場合，Ｃは事故を起こしたＢだけでなく，Ａに対しても，700 万円の求償請求ができるか。

【Ａ】　○（ＡとＢは求償においては一体として扱われる）

　[解説]　使用者責任が絡む場合の共同不法行為における求償を考えてもらう問題である。判例・通説は 719 条 1 項前段の共同不法行為者間の求償を認める。したがって，共同不法行為者である AC 間においては，求償は可能であり，Ｂに対しては 7 割の過失なので 700 万円の求償が可能である。

　問題は，Ｂの使用者Ａである。Ｃの乙車が損傷を受ければ，Ａも 715 条 1 項の使用者責任を負い，Ｃの 3 割の過失相殺をした上で賠償義務を負う。Ｃの請求が賠償請求ではなく求償という形をとると，Ａは何ら責任を負わなくてよいという

のは不合理である。

　そのため，最判昭 63・7・1 民集 42 巻 6 号 451 頁は，「使用者と被用者とは一体をなすものとみて，Aとの関係においても，「使用者は被用者と同じ内容の責任を負うべき」ものとした。また，最判平 3・10・25 民集 45 巻 7 号 1173 頁は，両者とも被用者運転の車であり，使用者間の求償が問題となった事例でも同様の解決をした*1。

　条文上の根拠づけについては議論があるが──判例は 715 条 1 項の「趣旨に照らせば」と説明しており，715 条 1 項の趣旨の類推適用といえる──，C は AB に 700 万円を求償することができることになる。よって，○が正解になる。その後の AB 間の求償は 715 条 3 項により，A から B に対して 700 万円全額の求償ができるかのようであるが，信義則による制限が考えられる（☞ [CASE29-4]）。

　　*1『民法Ⅵ』22-22

著者紹介

平野　裕之（ひらの　ひろゆき）

1960 年　東京に生まれる
1981 年　司法試験合格
1982 年　明治大学法学部卒業
1984 年　明治大学大学院法学研究科博士前期課程修了
　　　　明治大学法学部教授を経て
現　在　慶應義塾大学大学院法務研究科教授
　　　　早稲田大学法学部，日本大学法科大学院非常勤講師

主要著書

『製造物責任の理論と法解釈』（信山社，1990 年）

『債権総論［第 2 版補正版］』（信山社，1994 年）

『契約法［第 2 版］』（信山社，1996 年）

『考える民法Ⅰ〜Ⅳ』（辰巳法律研究所，1998-2001 年）

『基礎コース民法入門』（新世社，2001 年）

『基礎コース民法Ⅰ総則・物権［第 3 版］』（新世社，2005 年）

『基礎コース民法Ⅱ債権法［第 2 版］』（新世社，2005 年）

『法曹への民法ゼミナール 1・2』（法学書院，2003 年）

『プチゼミ債権法総論』（法学書院，2005 年）

『保証人保護の判例総合解説［第 2 版］』（信山社，2005 年）

『間接被害者の判例総合解説』（信山社，2005 年）

『プラクティスシリーズ債権総論』（信山社，2005 年）

『民法総合 5 契約法』（信山社，2008 年）

『民法総合 3 担保物権法［第 2 版］』（信山社，2009 年）

『民法総合 6 不法行為法［第 3 版］』（信山社，2013 年）

『事例から考える民法』（法学書院，2012 年）

『新・論点講義シリーズ物権法』（弘文堂，2012 年）

『物権法』（日本評論社，2016 年）

『担保物権法』（日本評論社，2017 年）

『民法総則』（日本評論社，2017 年）

『債権総論』（日本評論社，2017 年）

『コア・テキスト民法Ⅰ〜Ⅵ［第 2 版］』（新世社，2017-2019 年）

『新・考える民法Ⅰ　総則』（慶應義塾大学出版会，2018 年）

『債権各論Ⅰ　契約法』（日本評論社，2018 年）

『新・考える民法Ⅱ　物権・担保物権』（慶應義塾大学出版会，2019 年）

『コア・ゼミナール民法Ⅰ〜Ⅲ』（新世社，2019-2020 年）

『新・考える民法Ⅲ　債権総論』（慶應義塾大学出版会，2020 年）

ライブラリ 民法コア・ゼミナール-4

コア・ゼミナール 民法IV 債権法 2
契約各論・事務管理・不当利得・不法行為

2020 年 6 月 25 日 ©   初 版 発 行

著 者 平野裕之   発行者 森平敏孝
                       印刷者 加藤文男

【発行】   株式会社 新世社
〒151-0051 東京都渋谷区千駄ヶ谷 1 丁目 3 番 25 号
編集☎(03)5474-8818(代)   サイエンスビル

【発売】   株式会社 サイエンス社
〒151-0051 東京都渋谷区千駄ヶ谷 1 丁目 3 番 25 号
営業☎(03)5474-8500(代)   振替 00170-7-2387
FAX☎(03)5474-8900

印刷・製本 加藤文明社
《検印省略》

サイエンス社・新世社のホームページのご案内
https://www.saiensu.co.jp
ご意見・ご要望は
shin@saiensu.co.jp まで。

ISBN 978-4-88384-312-1
PRINTED IN JAPAN

ライブラリ 民法コア・テキスト 5

コア・テキスト
民法 Ⅴ
契約法 第2版

平野 裕之 著
A5判／424頁／本体2,500円（税抜き）

民法学修の「コア」を明快に説き，初学者から司法試験受験生まで幅広く好評を得ている「ライブラリ 民法コア・テキスト」を2017年の民法（債権関係）改正に合わせ，内容を刷新・拡充！ 本巻では今改正においてとりわけ影響の大きい契約法を扱い，解説を新たにしている。さらに図表を大幅に追加し，各巻のクロスリファレンスのリファインも行い，一層のわかりやすさを配慮した。

【主要目次】
契約の意義及び契約関係の規律／契約の分類／契約の成立／契約の効力／同時履行の抗弁権／危険負担／契約解除／売買契約及び交換契約（総論）／売買契約及び交換契約（各論）／利息付消費貸借契約／賃貸借契約／雇用契約／請負契約／有償委任契約／有償寄託契約／無償契約総論／贈与契約／無利息消費貸借／使用貸借契約／無償委任契約／無償寄託契約／組合契約／和解契約／終身定期金契約

発行 新世社　　発売 サイエンス社

ライブラリ 民法コア・テキスト 6

コア・テキスト
民 法 Ⅵ
事務管理・不当利得・不法行為
第2版

平野 裕之 著
A5判／352頁／本体2,000円（税抜き）

民法学修の「コア」を明快に説き，初学者から司法試験受験生まで幅広く好評を得ている「ライブラリ 民法コア・テキスト」を2017年の民法（債権関係）改正に合わせ，内容を刷新・拡充！ 第Ⅵ巻ではとくに不法行為法分野において初版刊行以降に出された重要新判例に対応し，さらに図表を大幅に追加している。ライブラリ各巻のクロスリファレンスのリファインも行い，一層のわかりやすさを配慮した。

【主要目次】

事務管理／不当利得総論／侵害利得／費用利得及び求償利得／給付利得（原状回復）／不法行為法の基礎理論／不法行為の基本的成立要件／過失と違法性をめぐる各論的考察／損害の発生及び不法行為との因果関係／不法行為責任の成立を阻却する事由／不法行為責任の効果／損害賠償の調整／損害賠償と相続／特定的救済（差止請求）／不法行為債権の期間制限／失火責任／責任無能力者の監督者責任／使用者責任／請負の注文者の責任／土地工作物責任／動物占有者の責任／共同不法行為／無過失責任を認める特別法

発行 新世社　　発売 サイエンス社